ANTROPOLOGÍA EN IBEROAMÉRICA
Diálogo Intercultural, Religiosidades Populares, Músicas y Migraciones

ANTROPOLOGIA EM IBERO-AMÉRICA
Diálogo Intercultural, Religiões Populares, Música e Migrações

Editores:
Espina Barrio, Ángel-Baldomero
Corrêa, Luiz Nilton
Montes Miranda, Jaime Roberto

FICHA TÉCNICA
Título: Antropología en Iberoamérica: Diálogo Interncultural, Religiosidades Populares, Música y Migraciones.
Editores: Angel-B Espina Barrio, Luiz Nilton Corrêa, Jaime Roberto Montes Miranda
Coordenação Editorial: Luiz Nilton Corrêa
Capa: Flauta e Tambores, Virgem de Andacollo, Chile. Luiz Nilton Corrêa
Data: 12 de março de 2019
Local: Salamanca
ISBN: 9781790469871
Editorial: Univeridad de Salamanca, Universidade de Lá Serena, Universidad Catórica del Norte.

Corrêa, Luiz Nilton
Espina Barrio, Angel-B
Montes Miranda, Jaime Roberto

Antropología en Iberoamérica/Angel Espina Barrio, Luiz Nilton Corrêa, Jaime Roberto Montes Miranda. Salamanca, 2019.

1. Antropología cultural 2. Antropología Social 3. Antropología de la Religión 4. Etnomusicología 5. Etnografía 6. Pesquisa Etnográfica.
I. Corrêa, Luiz Nilton. II. Título.

Índice para catalogo sistemático"

1. Antropología Cultural y Social: Ciências Sociales 306

ISBN: 9781790469871

ANTROPOLOGÍA EN IBEROAMÉRICA

Diálogo Intercultural, Religiosidades Populares, Músicas y Migraciones

ANTROPOLOGIA EM IBERO-AMÉRICA

Diálogo Intercultural, Religiosidades Populares, Música e Migrações

Editores:
Angel-B Espina Barrio
Luiz Nilton Corrêa
Jaime Roberto Montes Miranda

PREFACIO

El XXIII Congreso Internacional de Antropología de Ibero-América, liderado por la Universidad de Salamanca de España, fue realizado en la Región de Coquimbo, distinguida como parte del Norte Chico de Chile, ubicada a 470 kilómetro al norte de Santiago, bajo el alero de la Universidad de La Serena y la Universidad Católica del Norte, instituciones que respetaron el espíritu científico del Congreso, enmarcado en lo multidisciplinar e integración insertos en la contemporaneidad, manteniendo como fundamento teórico disciplinar la *Antropología Aplicada,* interactuando con áreas tan diversas como conexas, como son la sociología, la historiagrafía, la musicología y la filosofía, como también la comunicación, la religión, la política y la literatura, confluyendo en la temática centrada en el *"Diálogo intercultural: religiosidades populares, músicas y migraciones".*

El Congreso fue realizado entre el domingo 1 y el miércoles 4 de octubre, dos fechas emblemáticas, es decir que fue iniciado el primer domingo de octubre, día de celebración de la Fiesta Chica a Nuestra Señora del Rosario de Andacollo, la segunda Fiesta Mariana más antigua de Latinoamérica, con una data registrada desde 1584, donde el *Baile Chino*[1], cofradía de mineros de esa época que vivían en los alrededores de Andacollo hacían sus rogativas y pagos a la Virgen, a la que también reconocían como la *Pachamama,* bailando en filas con saltos al son de flautones, tipo *pifülka*[2] y tamboriles. Con esta Fiesta fue iniciado el Congreso en la que participaron un buen número de congresistas, cuyo propósito fue vivir *in situ* la religiosidad popular, aplicando la *observación etnográfica* como si fuera un *trabajo de campo;* así fue posible ver y escuchar no sólo a los *Chinos,* sino que a una gran variedad de cofradías o bailes religiosos que, a través de la historia de la Fiesta fueron agregándose, como los Turbantes y Bailes de Danza que aparecieron en la segunda mitad del siglo XVIII; y los Bailes de Indios, introducidos desde los años sesenta del siglo XX, con sus coloridos trajes y atuendos emplumados imitando a los indígenas de América del Norte, saltando al ritmo de tambores, bombos y platillos;

---

[1] *Chino*, palabra derivada del quechua que significa servidor.
[2] Aerófono de la cultura mapuche.

todos ellos expresándo una fe popular, una devoción que se inició con el sincretismo entre las cosmovisiones y creeencias en deidades propias de las culturas ancestrales de Latinoamérica y el cristianismo católico traído por los colonizadores españoles y portugueses. Así, para dar un marco a este tema en el Congreso fue invitado el Dr. Aldo Ameigeira, profesor e investigador del Instituto del Desarrollo Humano de la Universidad Nacional de General Sarmiento de Buenos Aires, Argentina; quien ofreció la conferencia *"De la diversidad de planteos a un planteo desde la diversidad"*, compartiendo la mirada de la religiosidad popular en la sociedad argentina.

La segunda fecha emblemática fue el día final del Congreso, el miércoles 4 de octubre, día en que todo Chile celebraba los Cien Años del nacimiento de Violeta Parra, mujer música cantautora, es decir compositora e intérprete de un repertorio comprometido con la sociedad en que vivió, develando, por medio de sus canciones, las injusticias y el dolor de las mujeres, de los obreros y campesinos, y del trato que daban *los propios chilenos* a las gentes de las culturas originarias; naciendo con ella la *Nueva Canción Chilena*. También abordó en las temáticas y géneros musicales de sus canciones la religiosidad popular y las problemáticas de la emigración desde lo rural a lo urbano. Para fundamentar la presencia de la música conectada con las otras temáticas del Congreso, fue invitado a cerrar el evento el Dr. Juan Pablo González, musicólogo de la Universidad Alberto Hurtado de Santiago-Chile, quien ofreció la conferencia *"Violeta Parra y la interculturalidad musical"*.

En medio de estas dos temáticas fue abordada una situación actual que está viviendo Chile: la llegada de emigrantes de diferentes países de América Latina, siendo mayoritariamente la entrada de cubanos, peruanos, bolivianos, venezolanos y colombianos, pero lo que más ha impactado ha sido la llegada de haitianos, los que además de aportar una serie de aspectos culturales diferentes: formas de hablar el castellano u otro idioma, vestuario, comida, música, también es acrecentada la *religión popular* agregándose otras deidades y otros rituales. Las ponencias centradas en esta temática basadas en estudios antropológico-sociales del fenómeno, presentadas por investigadoras e investigadores chilenos y brasileros fueron un enriquecedor aporte, pues mostraron situaciones complejas vividas como inmigrantes y/o emigrantes, respecto a la sobrevivencia en el nuevo lugar de llegada y cómo estos son recibidos. Uno de los graves problemas vividos por haitianos en Santiago de Chile, donde ha aflorado y se ha manifestado fuertemente el "racismo" chileno lo planteó la Dra. María Emilia Tijoux, profesora e investigadora de la Facultad de Ciencias Sociales de la Universidad de Chile, a través de su conferencia: *"Aspectos racistas que tiñen negativamente a las migraciones contemporáneas y dañan las relaciones sociales"*.

Los textos que contienen las Actas de este XXIII Congreso Internacional de Antropología de Ibero-América, son partes del *corpus* de ponencias presentadas, la mayoría de ellas basadas en estudios apoyados por un *trabajo de campo in situ*, lo que visualizó el Comité Científico que evaluó y seleccionó a las y los participante que presentaron resúmenes de sus trabajos, siendo posteriormente ratificado a través de las exposiciones con apoyo de respectivos PPT documentados.

Un rol protagónico para el éxito de este Congreso lo tuvieron los profesores Ángel Espina, de la Universidad de Salamanca-España y Luiz Nilton Corrêa del Instituto Histórico y Geográfico de Santa Catarina de Brasil, quien además ha sido el editor de este libro. En la organización por parte de Chile estuvieron los profesores Marcelo Sepúlveda y Juan Navarrete de la Universidad Católica del Norte; como Director del Congreso, el profesor Jaime Montes de la Universidad de La Serena, quien contó con la colaboración de quien suscribe.

Lina Barrientos Pacheco
lbarrien@userena.cl
Musicóloga/Etnomusicóloga
Departamento de Música
Universidad de La Serena

ÍNDICE

PATRIMONIO E IDENTIDAD CULTURAL
PATRIMÓNIO E IDENTIDADE CULTURAL

DANZAS Y MÚSICA
DANÇAS E MÚSICA

DIÁLOCO INTERCULTURAL Y EMIGRACION
DIÁLOGO INTERCULTURAL E EMIGRAÇÃO

Flauta e Tamboras da Virgem de Andacollo - Chile

FILOSOFÍA INTERCULTURAL Y ETNOFILOSOFÍA: UN DIÁLOGO EPISTEMOLÓGICO

Jaime Montes Miranda[3]

RESUMEN: pretendemos introducir al lector en una forma de hacer filosofía desde el trabajo de campo, aunque preferimos llamarlo "estar-con" o mejor, "habitar-con". La etnofilosofía es un saber que se construye en diálogo con el 'otro hombre' haciendo los senderos del 'otro hombre'. En cuanto tal, es un quehacer pensante que se construye en el caminar, en el compartir y en el acompañar. En cuanto quehacer pensante, interroga y se interroga sobre identidades y cosmovisiones. Lo encarna un filósofo-antropólogo que renuncia al gabinete para pensar en terreno las formas del ser de nuestro pueblo latinoamericano. Nos servimos de dos figuras notables del pensamiento latinoamericano: Raúl Fornet de Betancourt, uno de los exponentes más reconocidos de la filosofía intercultural; y Rodolfo Kusch, quien elaboró, por decirlo así, una filosofía "en terreno" y en diálogo con los habitantes de la América profunda. Se trata de dos estilos de filosofar que, pensamos, están en íntima comunión.

PALABRAS CLAVES: Identidad cultural, Diálogo intercultural, Filosofía intercultural, Etnofilosofía, Filosofía.

ENCUBRIMIENTO DE AMÉRICA Y MISIÓN DE LA FILOSOFÍA

Con las celebraciones del V Centenario del Descubrimiento de América, aparecieron voces de connotados pensadores latinoamericanos cuestionando el concepto de "descubrimiento" y sustituyéndolo por otras nociones que iban desde el "tropezón" de Colón:

> Quienes patrocinaron y siguieron a Cristóbal Colón marchando hacia el Occidente, tenían una cierta idea de lo que pensaban encontrar. Esperaban encontrar las fabulosas tierras de la China y del Japón; la tierra de los grandes Khanes y las Indias. De acuerdo con la teoría de Colón sobre la redondez de la Tierra, estaba seguro de

---

[3] jmontes@userena.cl / Universidad de La Serena / Chile

llegar al lejano Oriente marchando siempre al Occidente. Fue en esta marcha que Europa esperaba encontrar a las Indias, tropezando con un gigantesco continente plenamente desconocido. Tropiezo, más que encuentro, fue éste el de Europa sobre un mundo desconocido. Tropiezo de un continente que se confundió con otro, que marcó las equívocas interpretaciones de esta región" (Zea, 1989:194).

hasta el "encubrimiento" (DUSSEL, 1994) y la "invención" (O'GORMAN, 1958) de América por parte de España. Afines a todas estas posturas se encontraba la sospecha de que las "esencias" de América fueron ignoradas entonces y, según pensamos, siguen siendo ignoradas hoy. El problema de América es el problema de su encubrimiento. La filosofía debería ayudar a des-ocultarla. Muchísimas obras se han dedicado a este tema a lo largo y ancho de nuestro continente americano. Dina Picotti, la célebre filósofa argentina, lo señaló tempranamente:

> A nosotros, latinoamericanos, formados en la filosofía y poco, escasamente, en el pensar abrigado por nuestro modo de vida, constituido por el mestizaje de culturas autóctonas y otras advenidas a este pródigo suelo, se nos impone de manera impostergable la tarea de saber pensar y actuar desde nuestra amplia y compleja experiencia histórico-cultural, para poder ser nosotros mismos y al serlo cumplir nuestro rol en la historia universal (Picotti, 1990, p. 1).

Picotti tiene razón. Los intelectuales latinoamericanos estudiamos, durante nuestra formación, principalmente (en la mayoría de los casos, exclusivamente) filosofía europea. Comenzamos con los griegos y terminamos con los alemanes, los franceses y los ingleses. Filosóficamente hablando, somos eurocéntricos. Nuestra cultura filosófica es eurocéntrica. Sin embargo, de ese pensar abrigado por nuestro modo de vida de que nos habla Picotti, sabemos muy poco. A lo sumo, tarareamos algunas canciones folclóricas tradicionales, pero eso no es apropiarse una cultura, en este caso nuestra cultura popular.

Para ello, hiciera falta algo imprescindible: 'saber pensar y actuar desde nuestra amplia y compleja experiencia histórico-cultural'. La Dra. Picotti habla de 'saber pensar y actuar' y sobre todo usa la expresión "desde". Es preciso ordenar todos estos conceptos para aproximarnos a lo que nos quiere decir la autora. Lo primero es el pensar o, mejor dicho, el "saber pensar". Pensamos en clave europea. Esto significa que cuando pensamos tenemos como referente la sociedad europea con sus propios avatares que rara vez coinciden con los nuestros. El pensar en América enfrenta desafíos desconocidos para Europa. Si cada filosofía es hija de su tiempo y lugar, hemos de afirmar que el pensar europeo responde a circunstancias histórico-culturales europeas. Por lo tanto, sus problemas son también problemas europeos. En nuestro caso, como lo dijera Kusch, traducimos a lenguaje filosófico problemáticas eminentemente europeas. Saber pensar América supone entonces hacerse cargo, como lo dijera Ortega y Gasset en las *Meditaciones del Quijote* de 1914, de nuestra particular circunstancia: "Yo soy yo y mi circunstancia, y si no la salvo a ella no me salvo yo". (Ortega, 1957, p. 322).

Sin embargo, no conocemos la historia de nuestro continente. No nos la han enseñado. No conocemos sus avatares, sus defectos y sus excelencias. No nos conocemos a nosotros mismos. Hemos ido asimilando una mirada despectiva hacia todo lo nuestro. Sentimos que todo ocurre mejor en otras latitudes. Sentimos que aquí todo es caos y tierra de nadie. Un complejo de inferioridad se va haciendo fuerte dentro de cada uno de nosotros. La única forma de combatirlo consiste en mirar nuestra realidad a los ojos, sin tanto prejuicio. De ese modo, seremos capaces de asombrarnos por la calidez de nuestro trato que rara vez se percibe en Europa. Los gestos de cariño, la hospitalidad, el esfuerzo solidario por levantar al débil o al que ha caído. Hay un fondo de humanidad dentro de nuestra América de la que sabemos muy poco. También hay filosofía y hay arte, y hay literatura y también hay ciencia. De todo hay, pero no lo vemos, porque hemos limitado la visión. Tal vez lo que nos dice Picotti es que lo primero es conocernos a nosotros mismos, estudiar nuestra historia y nuestras realizaciones.

Pero Picotti (1990) nos dice también que debemos "saber actuar" desde aquí. Hacer lo que debemos hacer como latinoamericanos es una tarea desconocida. Intentamos adecuar nuestras acciones a lo que los medios nos proponen a través de su publicidad en vez de obrar de cara a las necesidades del país o del continente. Nuestro actuar es errado en cuanto a que no sabe bien hacia donde deben concurrir nuestros pasos. Seguimos ciegamente los dictados del mercado transformándonos en mercaderes insolidarios y ambiciosos. Todo se ha vuelto una mercancía y hasta nosotros terminamos por transformarnos en mercancías. Hasta ahí la alienación que vivimos resignadamente. No obstante, si supiéramos ver, veríamos que también hay gente que trabaja para los demás de mil modos distintos. Gente que ayuda, gente que se solidariza, cuida y protege a los demás. Hay un pueblo muy estremecido por la pobreza y la violencia, pero también hay un pueblo que se sobrepone a esas limitaciones y aprende a vivir con pocas cosas, pero en armonía con el paisaje y el vecindario. Hacer algo por sacar a este pueblo de su postración económica es una tarea absolutamente irrenunciable para nosotros. Contribuir a la felicidad de los niños, a la seguridad social de los ancianos, al diálogo generoso con nuestros pueblos ancestrales y al respeto con nuestras minorías que no son pocas: he ahí algunas tareas necesarias. Hay muchas otras. ¿Qué nos impide entonces invertir nuestro tiempo en los demás? Tal vez una ideología foránea, individualista y materialista que nos aísla de nuestros semejantes transformándolos(nos) en competidores. Con qué facilidad absorbemos esos influjos tan nocivos. Será que nuestra identidad es frágil y sobre todo desconocida.

Pensar desde América supone conocerla, abrirnos a su misterio y actuar en consecuencia. Para ello, la filosofía debe hacerse intercultural.

FORNET, TRANSFORMACIÓN INTERCULTURAL DE LA FILOSOFÍA.

De la interculturalidad en general, y de la filosofía intercultural en particular, cada vez vamos sabiendo más. Será que vivimos en una sociedad multicultural en donde el diálogo intercultural se hace imprescindible si el propósito central es borrar las fronteras que separan a los seres humanos:

Resulta imprescindible referirse a la interculturalidad si queremos hablar de la posibilidad de lograr una convivencia entre nosotros que ya habitamos un mundo que es, antes que nada, pluricultural". (GONZÁLEZ, 2008:17).

Ha sido, precisamente *Raúl Fornet de Betancourt*, padre de la filosofía intercultural, quien ha hablado de la transformación intercultural de la filosofía. El aporte de Fornet a la filosofía es inmenso, pero no podemos detenernos aquí en las infinitas aristas de su pensamiento.

Comenzamos con la consabida crítica al modo cómo se viene haciendo filosofía entre nosotros. La filosofía latinoamericana, dirá Fornet sólo es *parcialmente* latinoamericana, dado que:

> ha privilegiado ser vehículo de voces y tradiciones 'criollas', 'mestizas' o 'europeas' en el continente, prefiriendo con ello además interlocutores y destinatarios 'profesionales' de la filosofía, esto es, reconocidos como tales por los cánones establecidos por una tradición filosófica que, en el fondo, es transmitida por Occidente. Este privilegiar el 'rostro occidental', la cara 'latina' del continente, ha llevado lógicamente al descuido e incluso olvido y marginalización de otras voces, como son las tradiciones indígenas o las afroamericanas. Y son precisamente esos otros 'rostros' de América los que hoy desafían a la 'filosofía latinoamericana' con la tarea imperativa de emprender una nueva transformación de sí misma, es decir, de acometer un proceso autocrítico de reconstrucción conceptual y de reubicación cultural, para redefinirse como filosofía desde el diálogo con los imaginarios indígenas y afroamericanos y aprender a leer nuestra realidad y nuestra historia contando con ellos en tanto que sujetos de interpretación" (FORNET, 2000:63).

Es el tema al que nos referíamos anteriormente y que escuchamos reiteradamente en los representantes del pensamiento latinoamericano contemporáneo. Tal vez haría falta recordar el giro gestáltico que nos proponía Jorge Gissi consistente en poner como figura el continente latinoamericano y como fondo Europa y los EEUU. Del mismo modo, en un contexto intrapaís:

> Cambiemos (...) intrapaís figura y fondo. La figura serán las clases medias y populares, y el fondo las clases dominantes, verdaderos marginales de América Latina (GISSI, 1988:15).

A reglón seguido Fornet señala el camino:

> El desafío, o, si se prefiere, la tarea fundamental que debe afrontar hoy la 'filosofía latinoamericana' es, (...), la tarea de la transformación intercultural de sí misma. Pero esta tarea implica no sólo el momento deconstructivo crítico de la desoccidentalización conceptual por el que la 'filosofía latinoamericana' se 'desfilosofa' en el sentido de liberarse de la concepción de filosofía acuñada por la tradición dominante occidental. Este momento es, ciertamente, esencial, porque marca la experiencia de la inflexión teórica que permite abrir el horizonte categorial heredado. Pero tiene que ser acompañado por un momento explícitamente constructivo que llamaremos el momento de la reubicación cultural, en sus diferentes tradiciones, voces, y formas de articulación. Sería el momento del *renacimiento* a partir de muchos suelos y de muchas raíces. Para llevar a cabo ese *renacimiento*, que sería lo decisivo en este segundo momento, la 'filosofía latinoamericana' tiene, sin embargo, que rehacer su propia historia. Esta sería, si se prefiere, una tarea concreta y puntual dentro de la tarea fundamental de la transformación intercultural, pero que nos parece decisiva porque indica no simplemente un rescate historiográfico sino también el reconocimiento de la polifonía con que se expresa América Latina. Cumpliendo esta tarea la 'filosofía latinoamericana' es proyectará como una filosofía de contextura polifónica en la que las diferentes voces de nuestro trenzado cultural no son 'reducidas', sin que encuentran en ella el espacio libre y abierto necesario para expresarse como tales y, por consiguiente, para comunicarse sus diferencias sobre la base del mutuo respeto. Sería, pues,

> un proyecto de 'filosofía latinoamericana' desde la pluralidad de nuestros diferentes sujetos culturales. A este proyecto le hemos dado el nombre de filosofía intercultural latinoamericana porque es, en resumen, el proyecto de una filosofía construida por la experiencia irreductible de los sujetos que convergen en eso que llamamos, desde Martí, nuestra América". (FORNET, 2000:63-64).

Por lo tanto, concluyendo, Fornet entenderá por 'filosofía intercultural latinoamericana' una praxis: la que

> Cultiva precisamente la relación con el otro de una manera envolvente, es decir, no limitada a la posible comunicación racional a través de conceptos sino asentada más bien en el dejarse 'afectar', 'tocar', 'impresionar' por el otro en el trato diario de nuestra vida cotidiana. Quiero decir con ello que para mí la interculturalidad no es sólo un tema teórico sino primordialmente una experiencia; una experiencia además que no brota de ningún ámbito excepcional, que no marca nada extraordinario, sino que, por el contrario, la hacemos en nuestro ámbito más común y supuestamente propio, a saber, nuestro mundo de vida cotidiano. Es, pues, una cualidad que experimentamos en la vida cotidiana en el sentido práctico de que ya *estamos en contacto* con el otro, y esto en el sentido literal del contacto: relación entre personas/cosas que se tocan". (FORNET, 2000:68).

De alguna manera se encuentran en estos textos las ideas que expresa nuestra etno-filosofía, aun cuando sentimos necesaria la compañía del Otro hombre que para nosotros se encuentra un poco más distante de aquel con quien ya estamos en contacto. Ir al fondo de América supone el viaje y para ello nos interesa rescatar el filósofo viajero que es Rodolfo Kusch.

KUSCH, REFERENTE ESENCIAL

Me interesa aportar una mirada entre filosófica y etnográfica a esta cuestión. Para ello, me valgo principalmente de las investigaciones de un notable filósofo argentino: Rodolfo Kusch (1922-1979).

Para enmarcar su figura intelectual, me sirvo de las palabras de Eduardo Azcuy:

> Rodolfo Kusch constituye una figura ineludible en el horizonte latinoamericano actual, donde se perfila una encrucijada decisiva para nuestros países: asumir, preservar y revitalizar la identidad cultural y el destino histórico del subcontinente o exponernos al vaciamiento progresivo, la disgregación y el deterioro. La lección de Kusch conjuga una incitación filosófica y un gesto vital. Desde sus primeros trabajos se fue centrando en el auto-reconocimiento del ser americano, al que concibió con los rasgos de su particularísimo 'estar en el mundo'. Su invitación a pensar a América y pensar, asimismo, desde América y en americano, lejos de constituir una presunción localista significa una reivindicación del pensar mismo concebido como acto genuino y universalizante. Por histórica paradoja ese pensar americano se convierte así, en esta hora de crisis para la humanidad, en un pensar para el mundo (Azcuy, 1989, p. 7).

Este pensador es el gran referente latinoamericano de una filosofía o más bien de una "etnofilosofía" americana. Su filosofía fue misión de vida y, por ello, renunció a las comodidades de la gran ciudad para internarse en la nación altiplánica, buscando desenterrar la identidad y la cosmovisión perdida y olvidada de los pueblos que visitó.

> Pero no hay labor más eficaz, para dar solidez a esa búsqueda de lo americano, que la del viaje y la investigación en el mismo terreno. Desde un primer momento pensé que no se trataba de hurgarlo todo en el gabinete, sino de recoger el material viviente en las andanzas por las tierras de América, y comer junto a su gente, participar de sus fiestas y sondear su pasado en las yacimientos arqueológicos: y también debía tomar en cuenta ese pensar natural que se recoge en las calles y en los barrios de la gran ciudad. Sólo así se gana firmeza en la difícil tarea de asegurar un fundamento para pensar lo americano (Kusch, 2000, tomo II, p. 5).

Kusch le impone al filósofo latinoamericano la tarea de iniciar el ascenso de la montaña, cosa que él hizo acompañado de su fiel grabadora.

> Y es que hay viajes que son como la vida misma. La vida se siente cuando se la enfrenta al absurdo, cuando se pone el pie en la huella del diablo. Sólo entonces se la palpa. Y el viaje, un auténtico viaje, consiste en ir al absurdo ubicado en algún lugar de la tierra, lejos de la cómoda y plácida ciudad natal, junto mismo al diablo. Porque el diablo está en los precipicios escalofriantes, en el miedo a la enfermedad circunstancial, en la tormenta, en la lluvia o en el granizo despiadado, o en la súbita detención del tren por algún derrumbe de la montaña. Ahí reencontramos los grandes temas que hemos olvidado en la gran ciudad: la vida junto a la muerte, el bien junto al mal, Dios y el diablo. (Kusch, 2000, tomo I, p. 152).

No obstante, también impuso algunas exigencias. El filósofo que quiera asumir el ascenso, tendrá que dejar atrás una gran cantidad de prejuicios fuertemente arraigados en su mente racionalista y eurocentrista. Tendrá además que renunciar a esas categorías que le ordenaban el mundo en la gran ciudad para abrirse a la experiencia de lo nuevo y originario. Tendrá que dejar de lado la postura del turista que se saca fotos frente a los monumentos y tendrá que atender al misterio que allí se plasma y para el cual no hay palabras. Por una parte saber, por otra, reverencia ante lo sagrado.

Kusch se enfrenta directamente contra esa filosofía académica que se produce en nuestras universidades, con un marcado carácter erudito y que reproduce problemáticas europeas que no siempre son las nuestras. Su obra emblemática: *Geocultura del hombre americano*, Kucsh (1976), es una crítica directa al modo de hacer filosofía que prevalece en nuestra América. Atender a los problemas de la gran ciudad importando modelos de convivencia generados en otras latitudes y desentenderse de lo que acontece en los sectores indígenas y populares, que son la gran mayoría de los habitantes americanos y que en última instancia constituyen la fuente de nuestra cultura más propia, es un delito de lesa ignorancia de nuestra filosofía académica.

Lo dice así:

> La crisis de la filosofía es un tema frecuentado, pero en el caso latinoamericano se concreta a la descolocación que sufre el pensamiento en el tiempo y en el espacio. Hay un desajuste manifiesto entre el pensar y lo político, como lo hay también entre el pensamiento y cualquier práctica asumida por una institución (catequesis, enseñanza, desarrollo, etc.) (Kusch, 2000, tomo III, p. 496).

Además, agrega que "hay en materia de filosofía una continuidad impropia que no responde al trasfondo social, cultural y humano que yace en el fondo del continente. Por eso lo que se piensa, apunta a fomentar la descolocación" (Kusch, 2000, tomo III, p. 497).

Sin embargo, todos sabemos que lo más valioso de nuestra cultura precisamente tiene su origen en eso que la ciudad llama despectivamente la *cultura popular*. Los grandes cantores populares nos traen en sus canciones mensajes de humanidad y lo mismo acontece con nuestros grandes poetas líricos que cantan a la vida en sus poemas. Así podríamos seguir enumerando las diversas formas en que nuestro pueblo ejercita su creatividad y su fe. Al lado de toda esa producción cultural de raigambre popular, también nos encontramos con los antiguos gestos y tradiciones religiosas del pueblo americano. Tradiciones centenarias de piedad popular siguen sobreviviendo a los incesantes cambios políticos y sociales que experimentan nuestros países, demostrando que la fuerza del sentimiento popular y su fidelidad a la verdad de sus antepasados trasciende el tiempo histórico de la gran ciudad.

Nosotros pensamos que la filosofía debe atender a lo que se produce en estos sectores populares, por varios motivos. En primer lugar, porque recuperamos la autenticidad de lo nuestro, ayudando en la tarea de des-ocultar América. En segundo lugar, porque hay allí un logos tan auténtico como el que campea en la gran ciudad aunque de signo distinto. Este logos, designado por Kusch con la palabra "estar" apunta a un sentido de lo humano en re-ligación con el fundamento y con la totalidad cósmica que rodea al indio y al campesino latinoamericano. Hacer caminos en esa dirección supone buscar una sabiduría que se encuentra en el decir y obrar natural de nuestro pueblo.

Dirá Fornet:

> Para Kusch, en efecto, el mundo de las culturas americanas precolombinas debe ser retomado, recuperado. Pero no en un sentido de nueva integración pasiva, pues se trata de una recuperación de lo antiguo que debe ponernos en condiciones de recuperarnos a nosotros mismos en tanto hombres nuevos y salvos" (FORNET, 1985:73).

Una filosofía valiente, que por un momento quiera liberarse de sus prejuicios eurocentristas y hacer los caminos hacia este otro hombre, debe ponerse en condiciones de *dialogar interculturalmente*. Finalmente, en tercer lugar, para decir la verdad que gravita en ellos, en la idea (y esto es más que una hipótesis) de encontrar una sabiduría de la vida que nos ayude a encontrar el camino en medio de una sociedad desorientada y empecinada en buscar su felicidad en la posesión de cosas materiales.

No obstante, si de lo que se trata es de pensar América Latina en su totalidad, entonces, hay que ser inclusivos e incorporar ese otro logos que palpita en el otro extremo de nuestra frontera.

FILOSOFÍA COMO ETNOFILOSOFÍA

La palabra "etnofilosofía" se encuentra históricamente asociada a los movimientos africanos de liberación que lucharon contra la dominación material y cultural de Occidente. Para estos movimientos, la cultura auténticamente africana era aquella que se sostenía sobre la tradición ancestral de sus pueblos. La etnofilosofía buscó lo propiamente africano en tales tradiciones. Obviamente, volver sobre las raíces suponía hacerse de los instrumentos de la antropología y la etnografía para bucear en ese pasado profundo de África, pero la idea era sonsacar de ese pasado las ideas (cosmovisiones) propias de esos pueblos, que eran las fuentes de toda identidad. De ese modo, se pretendía fortalecer la autoestima de un pueblo humillado por la bota del colonizador.

Para nosotros, la filosofía también debe ser un camino hacia el pueblo latinoamericano. Nosotros pensamos emular a Kusch y subir la montaña en un ritual de peregrinación. Porque en ese mundo popular se siguen sucediendo los milagros y todavía no somos capaces de asumir desde nuestra particular racionalidad cientificista esa palpable verdad popular latinoamericana.

Ese nuevo estilo de filosofar, si quiere dialogar con el *otro* hombre, tendrá que hacerse etnofilosofía. Con ello, no deja de ser filosofía, pues su nivel de preguntas permanece en lo propio, desde el diálogo intercultural. Pero se hace *etno* en su metodología, porque necesita del viaje. Una etnofilosofía en nuestro caso, privilegia el diálogo con los auténticos protagonistas de la cultura, para atender a lo que allí se manifiesta.

Este aspecto de la originalidad de Kusch se expresa del siguiente modo:

> Atender al habla cotidiana como reserva original significa romper con la tradición occidental. Ésta divide el mundo entre lo aparente y lo real. De un lado ubica la *doxa* o la opinión y del otro la *episteme* o la ciencia. Alcanzar la *episteme* es un trabajo racional que abandona la opinión. Por tanto, su relación tiene el carácter de enfrentamiento entre opuestos que tienen a anularse. La propuesta de Kusch cambia completamente el esquema. Trata de enlazarlas armónicamente y así prefigura entre ellas una continuidad que acoja a ambos en coherencia intrínseca. Para ello, sostiene que es en el campo de la opinión –de lo popular– donde se esconde la fuente de las significaciones tratándose de un lugar fundante a partir del cual germina el pensamiento. Es precisamente en el discurso popular donde el filósofo debe ahondar para producir un crecimiento legítimo. Si bien su tarea se concreta en la realidad de América, se vuelve factible como metodología a utilizar en el campo reflexivo general advirtiendo que no parte ni procede como universalidad abstracta, sino que cada discurso popular es respetado en su peculiaridad (Bordas, 1997, p. 76).

Kusch va elaborando su propio método a medida que avanza en el conocimiento de las culturas, que no es el que aquí seguimos. No obstante, creemos participar de una inspiración común. Es así que para nosotros, esta etnofilosofía se hace también fenomenológica, porque se vuelve hacia experiencias originarias, dadoras de sentido de todo cuánto es. Va a la raíz, al fundamento. Esta filosofía *etno* se abre a otras disciplinas que buscan parecida inspiración: la *etno*-teología e incluso la *etno*-antropología, porque mientras la antropología se mueva dentro de lo sabido (después de todo ella es parte de eso que llamamos 'ciencias sociales') no logrará dar en lo central, manteniéndose a lo sumo en el inventario de datos y "hechos" científicamente relevantes. Ir al "fondo" de América, a la alta montaña o a la profundidad del valle o la selva, supone una suerte de despojo categorial hasta donde esto sea posible. Es un camino de interculturalidad, de descubrimiento y asombro permanente. No sabemos exactamente si lo que resulte de todo esto se pueda todavía seguir llamando "filosofía" más allá de lo que pueda significar en su sentido etimológico de amor a la sabiduría.

Carlos Pagano se refiere a este sentido del pensar kuscheano como:

> El pensar, así, experimenta su sementalidad. Serenamente y en nueva profundidad, se palpa la pobreza de reducir la filosofía a filosofía pura. O, de otro modo, se enriquece cuando pensar no es hacerlo sólo según pautas de una cultura entarimada, cuando pensar es tarea que no teme arriesgarse a lo desconocido de fuera de dicha tarima; cuando pensar nace, ante todo, de haber vivido la desgarrante experiencia de la interpelación de los que están andando; cuando pensar es deshacerse de moldes y recorrer campos libres, aprendiendo en la calle, bajo la lona de camiones andinos, etc.; cuando pensar no se ejerce en la placidez de arte liberal, sino que fructifica en servicio de convivencia (Pagano, 1990, p.236).

Por ello, esta etnofilosofía es trans-disciplinaria, en cuanto a que abarca conocimientos de frontera (que llamamos "diálogo intercultural") más dirigidos a la fundación común de un campo de luz (de allí viene la expresión "fenomenología") que a la comprensión científica (objetivista-positivista) del mundo. Desde este punto de vista, si hablamos de "interdisciplina" lo hacemos por esta raíz *etno* que vincula. Esta trans-disciplinariedad tiene que ver precisamente con el *trans* como excedencia. El *trans* como excedencia implica que el filósofo en el viaje también hace teología y el teólogo, en el viaje, también filosofa. Significa también, que ni filosofía ni teología abarcan la totalidad de lo allí manifestado, como cuando en nuestras fiestas religiosas el "chino" saluda a la Virgen o el cantor le guitarrea sus versos de cariño y respeto. Las veces que me ha tocado asistir a estos eventos me he quedado sin palabras y eso le debe decir algo a la filosofía. Pensar a la altura de la realidad supone a veces hacer experiencias para las que uno no está acostumbrado y que por momentos parecieran quedar definitivamente en el ámbito de lo incomprensible.

Por lo pronto, Kusch va en busca de la sabiduría que se encuentra en el pueblo, en sus expresiones religiosas y cotidianas. Se acerca a la gente para saber lo que llamará "palabras grandes". Ese es un paso decisivo de su método de trabajo, el cual es más filosófico-hermenéutico que antropológico.

> Hay palabras comunes y palabras grandes. La palabra común se dice para determinar, para decir esto es, aquello es o para señalar causas. Exige una verificación y para ello sirve la lógica aristotélica. Pero la palabra grande trasciende la palabra común, dice más de lo que expresa, porque abarca un área mayor. Para ella no hay lógica, en todo caso una meta-lógica, porque abarca también la verdad de la existencia y, en tanto dice esto, no determina, sino que reitera lo mismo en todos los hablantes. Por todo ello, en tanto no informa, sino que se la cree escuchar, es una palabra que se desempeña en el silencio. Dice lo que creemos saber, o peor, lo que infructuosamente queremos saber.
>
> La palabra común termina en la ciencia, la palabra grande en la poética (Kusch, 2000, tomo III, p. 244).

No requiere de demasiados informantes. Cualquiera de ellos puede ser portador de esa palabra grande y puede decir la verdad que Kusch necesita. En consecuencia, no se trata tanto de un trabajo de campo fiel al preguntar antropológico. Las palabras grandes son aquellas que le hacen sentido al autor en cuanto develan un planteamiento cercano a nuestra vida, al puro vivir del hombre en el mundo. Por ello, cabe hablar más de comprensión que de conocimiento. Rescatamos el fondo de sabiduría que se da en el fondo de América cuando el informante muestra la relación creadora que se da entre el hombre y su realidad: con los demás hombres, con la trascendencia y con la naturaleza en un ciclo de cuidado y equilibrio.

> Conforme a lo que dice Kusch sobre las palabras comunes y grandes, resulta que la tarea del filósofo frente al hablar del (eventual) informante es descubrir si en su decir hay una *palabra grande*. No se trata entonces de que el pretendido informante deba tener alguna característica o propiedad personal específica y empíricamente detectable (como sería la edad, el sexo, la raza, el nivel de instrucción, la o las lenguas que hable, la forma de sociabilidad y de cultura que exhiba, etc.) sino de que en un momento determinado pueda ser el portavoz de la conciencia popular. Es lo que dice –como se aprecia en el trabajo mismo de Kusch- y no tanto cómo, por qué o *desde dónde* lo dice, lo que realmente importa. Esto nos sugiere que Kusch se propone superar la crítica de subjetivismo o de relativismo que implicaría elegir arbitrariamente (sin criterio fijo y determinado) a quién se entrevistará o qué relato se escogerá. Pero no deja de ser verdad que en definitiva es el filósofo el que elige el discurso de palabras grandes, no el informante (Lertora, 2010, p. 74).

Para ello, es que hemos pensado en la etnofilosofía como una herramienta que nos permite hacer ese camino hacia el fondo de América. Somos filósofos que buscamos el conocimiento de una realidad que desconocemos. Por ello, abandonamos el gabinete para irnos en dirección al interior. Llevamos una grabadora y un cuaderno de notas. Conversamos con la gente, con lo que piensan y sienten, con la vida que llevan, buscando esas palabras grandes de las que nos hablaba Rodolfo Kusch. Pretendemos articular un sentido profundo detrás de sus palabras, hacer contacto con ese fondo de sabiduría que sabemos habita en el fondo de América. Rodolfo Kusch ha hecho ese camino. Nosotros vamos detrás de él.

BIBLIOGRAFÍA

1. AZCUY, E. (1989). *Kusch y el pensar desde América*. Buenos Aires: Fernando García Cambeiro.

2. BORDAS, N. (1997). *Filosofía a la intemperie. Kusch: ontología desde América*. Buenos Aires: Editorial Biblos.

3. DUSSEL, E. (1994). *1492. El encubrimiento del Otro*. La Paz, Bolivia: Plural Editores.

4. FORNET-BETANCOURT, R. (1985). *Problemas actuales de la filosofía en Hispanoamérica*. Buenos Aires: Ediciones FEPAI.

5. FORNET-BETANCOURT, R. (2000). *Interculturalidad y globalización. Ejercicios de crítica filosófica intercultural en el contexto de la globalización neoliberal*. San José, Costa Rica: Editorial DEI.

6. GISSI, J. (1988). *Identidad latinoamericana: Psicología y sociedad*. Santiago de Chile.

7. GONZÁLEZ, G. (2008). *Interculturalidad y convivencia. El 'giro intercultural' de la filosofía*. Madrid: Editorial Biblioteca Nueva.

8. KUSCH, R. (2000). *Obras completas*, (tomo I). Buenos Aires: Editorial Fundación Ross.

9. KUSCH, R. (2000). *Obras completas*, (tomo II). Buenos Aires: Editorial Fundación Ross.

10. KUSCH, R. (2000). *Obras completas*, (tomo III). Buenos Aires: Editorial Fundación Ross.

11. LÉRTORA, C. (2012). "La propuesta metodológica de Rodolfo Kusch para la antropología filosófica". *Análisis*, 77.

12. O'GORMAN, E. (1958) *La invención de América*, FCE, México.

13. ORTEGA Y GASSET, J. (1957). *Obras Completas* (tomo I). Madrid: Revista de Occidente 4ª ed.

14. PICOTTI, D. (1990). *El descubrimiento de América y la otredad de las culturas*. Buenos Aires: Rundinuskin Editor.

15. PAGANO, C. (1999). *Un modelo de filosofía intercultural: Rodolfo Kusch (1922-1979). Aproximación a la obra del pensador argentino.* Aachen: Concordia Monographien.

16. ZEA, L. (1989). "12 de octubre de 1492. ¿Descubrimiento o encubrimiento?" en Leopoldo Zea (Comp.): *El Descubrimiento de América y su sentido actual,* FCE, México, 1989, p.194.

COMPRENDER LA INMIGRACIÓN Y ENFRENTAR EL RACISMO

*María Emilia Tijoux**

RESUMEN: La presente comunicación aborda el problema del racismo dado en el contexto de las migraciones contemporáneas hacia Chile y considera que trabajar para enfrentarlo y buscar las formas de erradicarlo de la vida social es una tarea que debe abordarse desde un enfoque de derechos humanos. Chile es hoy un país de inmigración y las personas provenientes de América Latina y del Caribe han ido en aumento. Sin embargo con su llegada, la "raza", una palabra sin sustento científico, parece regresar para instalar la xenofobia y el racismo que dañan a los inmigrantes. Invitamos a reflexionar sobre este problema, con el objetivo de contribuir a la búsqueda de igualdad entre quienes vivimos actualmente en Chile.

PALABRAS CLAVE: migraciones, "raza", xenofobia, racismo.

ABSTRACT: This communication addresses the problem of racism in the context of contemporary migrations to Chile and considers that working to confront it and find ways to eradicate it from social life is a task that must be approached from a human rights perspective. Chile is today a country of immigration and people from Latin America and the Caribbean have been increasing. However with his arrival, the "race", a word without scientific support, seems to return to install the xenophobia and racism that harm immigrants. We invite you to reflect on this problem, with the aim of contributing to the search for equality among those who currently live in Chile.

KEYWORDS: migrations, "race", xenophobia, racism.

Las dinámicas contemporáneas de las migraciones dan cuenta de los miles de hombres y mujeres empobrecidos, perseguidos y excluidos del mercado del trabajo y de las oportunidades que se

---

* Dra. en Sociología Universidad Paris 8. Académica de la Universidad de Chile. Coordinadora de la Cátedra Racismos y Migraciones Contemporáneas de la misma casa de Estudios.

desplazan por el mundo, en un contexto de globalización en tiempos duros, cuando la política se subsume en una economía desterritorializada y las fuerzas de apropiación privada operan sin traba. Esta situación generalizada conduce a procesos de explotación dados como prácticas y discursos racistas contra refugiados e inmigrantes que intentan atravesar las fronteras de otros países con el propósito de sobrevivir. Hemos sabido de sus fatales consecuencias, sobre todo en estos últimos años.

Tratándose de un fenómeno generalizado y estructural que protagonizan hoy los migrantes y considerando las importantes transformaciones que implican para las sociedades de salida y de entrada, es preciso pensar que la potenciación del fenómeno migratorio implica desafíos y también aperturas. Vale por lo tanto trabajar por "sacarlo" del "lugar-problema" en que se le ha consignado, pues implica cambios profundos que deben ser examinados debido a su duración en el tiempo y al efecto que tiene y seguirá teniendo en las estructuras sociales. Los flujos migratorios han aumentado en este siglo y han ido configurando espacios transnacionales antes no imaginados, lo que implica nuevas formas de ciudadanía que deben ser consideradas (SASSEN, SASKIA, 1994; CASTLES, 2004).

Chile no ha quedado exento del fenómeno social que representan las migraciones, aunque más que un país de inmigración, hasta los años noventa fue de emigración, no solo a causa de la dictadura que obligó a partir a miles de chilenos, sino también debido a crisis económicas que ya antes empujaban a partir en busca de trabajo. Hemos observado que en razón de las consecuencias que tiene este fenómeno globalizado en la vida de una persona que migra, ésta no elige partir, y, a diferencia de un turista, de un profesional contratado o de un estudiante que parte a una universidad distante de su país, el inmigrante está obligado a un viaje difícil, de retorno incierto que nunca planificó y cuya meta es sobrevivir y tener trabajo. Esta búsqueda implica considerar la totalidad del fenómeno migratorio que, más allá de lo económico, involucra la "producción" de la emigración en el país de origen que termina con la expulsión de una persona por razones estructurales donde la economía es central y luego de la producción de la "inmigración" en el país de llegada que generalmente acusa al inmigrante de problemas sociales ya existentes.

Si bien un(a) inmigrante es potencialmente un(a) trabajador que vende su fuerza de trabajo para sumarse a un mercado mundial de mano de obra que se ofrece por el mundo (SAYAD, ABDELMALEK, 1989), según demanda, y generalmente a cualquier precio; es necesario examinar el proceso migratorio que experimenta como un hecho social "total" que atañe a las condiciones estructurales en que se produce la migración para evitar reducirla a factores económicos que dejan de lado aspectos políticos, o a lo que una persona podría decidir individualmente. Por ello es indispensable considerar las características de la trayectoria migrante que explica los vaivenes de una historia específica dada en un contexto mundial y en el caso de Chile en un capitalismo neoliberal que sigue siendo potente.

Las últimas décadas han mostrado un cambio en el patrón migratorio chileno. A partir de los años noventa, los inmigrantes llegaron desde Perú, Bolivia y Ecuador y en los últimos años desde Colombia, República Dominicana, Haití y Venezuela, conformando un universo pleno de diversidades. Se trata de comunidades conformadas por ciudadanos que llegan individualmente o con sus familias a Chile y cuya historia y cultura debieran considerarse en sus particularidades, para evitar generalizar la mirada que se construye sobre la inmigración "en general" y organizar tanto los puntos de vista con que se abordan las políticas públicas y luego la comprensión del fenómeno migratorio en el país.

La migración en Chile ha aumentado y se ha diversificado de manera significativa en los últimos años. La principal razón es que con el cierre de fronteras en Europa y Estados Unidos, Chile atrae a los migrantes por su estabilidad económica y política y por su oferta de trabajo. El Censo de 2017 cifró el número de inmigrantes residentes en aproximadamente 746.000 personas a abril de 2017, correspondientes al 4% de la población. Cabe señalar, sin embargo, que durante el año 2017 más de 240.000 personas solicitaron su primera visa en Chile, luego de haber ingresado como turistas. Esto quiere decir que a finales de año esta cifra fue mayor.

Según la caracterización del Censo 2017[4], el 25,2% de los extranjeros residentes provendrían de Perú, el 14,1% de Colombia, el 11,1% de Venezuela, el 9,9% de Bolivia, el 8,9% de Argentina, el 8,4 %

---

[4] http://www.censo2017.cl/

de Haití y el 3,7% de Ecuador. Es interesante notar que según los datos publicados por el Departamento de Extranjería, la migración reciente, es decir, aquellos que habiendo arribado como turistas al país solicitaron una visa de residencia, tendría una composición levemente distinta. Lo que denotaría que existen nacionalidades que están creciendo en importancia, mientras otras estarían perdiendo relevancia. Este último sería el caso de Argentina, que en el acumulado histórico de residentes (Censo) representaría 8,9% de los migrantes y sin embargo entre los nuevos residentes arribados entre los años 2015 y 2016 representaría sólo el 3,7%. Así, entre los años 2015 y 2016 un total de 273.257 personas arribaron como turistas al país y solicitaron su primera visa de residencia. De ellos el 21,2% fueron peruanos, 17,7% colombianos, 16% haitianos, 14,7% venezolanos, 13,3% bolivianos, 3,7% argentinos y 3% ecuatorianos.

La inmigración actual, representada por estas siete naciones, es percibida negativamente por los chilenos que se han forjado un imaginario sesgado, alimentado por discursos errados respecto a los inmigrantes que han hecho mella en toda la sociedad. Si pensamos entonces que la inmigración a la que referimos no representaría a todos los extranjeros que llegan a Chile, sino más que nada a los países que hemos nombrado, las categorías "migración e inmigrantes" se convierten en palabras-estigma y en líneas de separación entre inmigrantes y extranjeros aceptados, como ocurre con europeos o norteamericanos. Vista así, podemos considerar que la inmigración en Chile contiene al racismo, es decir a una ideología que basada en la falsa idea de "raza" jerarquiza entre superiores e inferiores. ¿A qué se debe esta separación? ¿Acaso seguimos pensando desde un racismo biológico? ¿Cómo se puede entender el rechazo y el lugar de sospecha que se les da a los inmigrantes?

En estos últimos años han sido responsabilizados de afectar el mercado laboral y se ha generalizado la idea que "quitan el trabajo a los chilenos", cuando la realidad muestra que trabajan en nichos que ya de cierto modo le están destinados. También de copar los servicios públicos, complicar las relaciones vecinales e incluso las matrimoniales, estas últimas, como consecuencia de una sexualización racializada que las(os) exhibe en escenarios exotizantes, los ridiculiza en programas de pésimo humor y los convierte en objeto de burla y desprecio. La mirada chilena se detiene en la forma de sus cuerpos, en su color, acento, forma de vestir, hablar y reír, atando sus características físicas a una "forma de ser" o a "su cultura". Al mismo tiempo se les busca como mano de obra sumisa y disponible. Pero es necesario también detenerse en esta mirada nacional si entendemos que desde los años noventa que comenzaron a llegar a Chile hasta hoy, no ha habido una información seria al respecto, ni tampoco una formación destinada a la sociedad chilena que hoy ve y sabe que la migración, como en otros países del mundo llegó para quedarse en el país. Las políticas públicas deben considerar al mismo tiempo que la acogida en las instituciones, la capacitación a funcionarios y a la sociedad en general.

Así, independientemente de su formación y debido a que sus títulos profesionales no siempre son reconocidos, se observa que trabajan principalmente en sectores de servicios, de construcción y de agricultura: recolectores de basura, jornaleros, cargadores, vendedores ambulantes, en el mundo agrícola, limpiando calles, plazas, malls, arreglando jardines, cuidando enfermos y adultos mayores. Algunos(as) han logrado independizarse y trabajan en oficios vinculados al embellecimiento del cuerpo, como peluqueros de cortes tribales y manicuras. También dan clases de baile, atienden en los cafés con piernas y night-clubs (TIJOUX, M. EMILIA, PALOMINOS, SIMON, 2015). En sectores más pudientes las inmigrantes jóvenes son solicitadas como chica *"scort""*, acompañantes de turistas, entre otros. Importante también es aclarar que interesa su irregularidad, menos costosa y no sujeta a Ley, pues si se enferman o mueren, hay una oferta de mano de obra numerosa, pagada al mínimo o en el caso de irregulares sub-pagada aunque solicitada para abaratar los costos de la producción. Se les ha convertido en sujetos que parecen ser intercambiables y hemos podido leer sobre los abandonos en el desierto cuando se han enfermado para convertirse en un fardo. Ha habido asesinatos y han muerto de frío. También han fallecido los niños en hospitales por falta de dinero y las mujeres son castigadas continuamente, siendo la sexualización racializada que se naturaliza y funciona en su contra.

En la frontera, por ejemplo, de Chacalluta y Colchane, lugares que dan curso a diversas formas de desplazamientos, la entrada está repleta de peligros, abierta a los "coyotes", al despojo de bienes, de dignidad y al miedo permanente. Después cae sobre ellos(as) la vida clandestina o semi-clandestina, el hacinamiento, la vergüenza de vivir en malas condiciones, la soledad y el silencio de sus situaciones ante sus familiares y cercanos. Habitan en viviendas precarias y en barrios tildados con el nombre de sus países; sus hijos llegan a escuelas donde pueden ser bien o mal recibidos, las mujeres son cuestionadas por su forma de criar a sus hijos y sus colectivos enfrentan los prejuicios que se han ido construyendo en su contra. Se produce así el sufrimiento social de los y las inmigrantes que precisa ser pensado conjuntamente con las condiciones estructurales que caracterizan y posibilitan la inmigración y que dan cuenta de las dificultades que tienen en una sociedad que no les proporciona garantías para tener los soportes institucionales que les permitan la existencia.

En el año 2017 hemos sido testigos de diversas manifestaciones racistas principalmente contra los centroamericanos. En mayo, un trabajador haitiano del Terminal Pesquero de Santiago era apuñalado por un compañero de trabajo[5]. Los medios de comunicación y las redes sociales mostraron la escena donde se observaba cómo -a pesar de la ayuda solicitada por el atacado-, no hubo esfuerzo alguno por brindársela. Durante el Censo del mes de abril se denunciaba el extremo hacinamiento de más de 100 haitianos en una fábrica abandonada de Quilicura que vivían en piezas exiguas cuyo arriendo superaba los 100 mil pesos donde compartían baño y cocina[6]. En junio, moría un joven haitiano por hipotermia debido a las deficientes condiciones de su vivienda en Pudahuel[7]. En Longaví, trabajadores(as) haitianos realizaban labores en precarias condiciones y vivían hacinados[8]. En el desierto morían por abandono dos inmigrantes dominicanas intentando entrar a Chile. Y a pesar de estar viviendo hace varios años en el país, hay inmigrantes peruanos que

---

[5] http://www.adnradio.cl/noticias/nacional/haitiano-fue-apunalado-por-la-espalda-en-terminal-pesquero-de-lo-espejo/20170525/nota/3473831.aspx

[6] http://www.24horas.cl/nacional/censo-2017-detectan-grave-hacinamiento-de-inmigrantes-en-construccion-de-quilicura-2359169

[7] Disponivel em: http://www.ahoranoticias.cl/noticias/nacional/199129-haitiano-fallecido-por-presunta-hipotermia-no-podra-ser-sepultado-en-su-pais-por-falta-de-recursos.html

[8] Disponivel em: http://www.diarioelcentro.cl/noticias/cronica/temporeros-haitianos-vivian-en-precarias-condiciones

siguen siendo discriminados. Las mujeres otavaleñas han sido reprimidas por su venta ambulante, por ser mujeres y llevar con ellas a sus hijos. El trato despectivo hacia los bolivianos es recurrente y ser pobre, sin diplomas, madre soltera y negra, deja a las mujeres colombianas y dominicanas muchas veces sin posibilidades laborales, pues sobre ellas se extienden sospechas permanentes acompañadas de racismo sexualizado.

La BBC ha publicado que hay xenofobia en Chile[9] y que las élites chilenas han ocultado la ascendencia africana de la sociedad, además que una desactualizada legislación obliga a los inmigrantes a asumir riesgos cuando ingresan al país. La carta abierta del espacio de reflexión Haití-Chile[10], denunciaba a los medios de comunicación que se culpaba a los inmigrantes haitianos de contaminar con lepra, hace algunos meses el Ministerio de Salud difundía un afiche de prevención del VIH con la foto de un hombre de piel negra junto a una mujer blanca[11]. Es solo una muestra de lo que sucede. Y en el período pre-electoral hemos sido testigos de cómo se amalgama migración y delincuencia. La muerte trágica de Joane Florvil marcará el sufrimiento del racismo vivido por las mujeres haitianas en el año 2017. Como ha señalado el Movimiento de Acción Migrante (MAM), su muerte fue consecuencia de una cadena de prejuicios, de un sesgado proceder, de la ausencia de indagación y de la torcida información de la prensa. Joane fue objeto de escarnio público, al igual que su familia y la impunidad atravesó su historia de inmigrante en Chile. ¿Acaso estas vidas no valen? En Joane se enlazan el racismo, el clasismo y el sexismo que a pesar de ser denunciados no han conseguido justicia para ella y para los suyos. Es preciso preguntarse por esa distancia extraña y dura que chilenos y chilenas han puesto con los inmigrantes interrogando al racismo que hoy opera contra hombres mujeres y niños que han llegado a Chile.

---

[9] http://www.bbc.com/mundo/noticias-america-latina-43720865

[10] Disponivel em: https://www.biobiochile.cl/noticias/nacional/chile/2017/08/30/comunidad-haitiana-tras-caso-de-lepra-somos-victimas-de-una-campana-de-desinformacion.shtml

[11]Disponivel em: https://www.elciudadano.cl/salud/ organizaciones-y-academicos-advierten-racismo-latente-en-afiche-del-ministerio-de-salud-sobre-vih/08/13/

¿Qué se entiende por "raza"? ¿Por racismo? ¿Por racialización? Y, ¿cuáles son las principales manifestaciones del racismo?

Acerca de la "raza", podemos recordar que desde el descubrimiento del llamado "Nuevo Mundo" en el siglo XV, Europa inferiorizaba a las culturas indígenas (de negros" y de "indios") a partir de la norma dada por la "civilización" que entregaba el hombre blanco y cristiano (GUILLAUMIN, COLETTE, 2002). El imaginario racista se biologizará con las ciencias provenientes de la genética humana en el siglo XIX, cuando la "raza" se asocia con el racismo científico que emergía, convirtiéndose en el indicador de un grupo genealógico humano, desde el cual Charles Darwin (DARWIN, CHARLES, 1998) construirá jerarquías sobre salvajes y civilizados, asimilando a negros y aborígenes con gorilas que debían separarse de las "razas" civilizadas, y que Joseph de Gobineau (GOBINEAU, JOSEPH, 1853)[12] analizaba señalando que la especie humana estaba dividida en "razas" que eran jerarquizables.

Este racialismo reconocía la existencia de "razas" y clasificaba a los seres humanos en superiores e inferiores. Sociológicamente, la "raza" es una noción que ramifica problemas sociales no aislables, provenientes de una historia colonial y de una economía política que intervienen en la división geográfica y en la creación de fronteras del mundo social con consecuencias en la vida cotidiana. La "raza" además, establece clasificaciones que construyen sentido común, incorporando experiencias que los sujetos desarrollan como estrategias adaptadas a las necesidades del mundo social. Actualmente, la violencia observable contra los inmigrantes moviliza la idea de "raza", lo que conduce a preguntarse sobre su construcción, su estructuración y su subjetivación. Podemos afirmar que la "raza" es fuente de un

---

[12] El conde y filósofo francés Joseph de Gobineau publicó en 1853 el ensayo "Sobre la desigualdad de la razas humanas", una obra de corte fuertemente racista. Sus ideas provienen de la antropología de clasificación del género humano a partir de conceptos como "especie" y "raza" desarrollados por científicos en los siglos XVIII y XIX. En su ensayo afirma que la raza de los germanos que habitan en Inglaterra, Francia y Bélgica, es la única raza pura entre aquellas de vienen de la raza superior de los arios.

racismo moderno que proviene de dos raíces globalmente afines: la constitución de los Estados-naciones y la expansión colonial europea.

El racismo es una formación histórica-estructural que adquiere diversas formas a través de la historia, manteniendo componentes que pueden modificarse según las circunstancias y las diferentes dimensiones que lo configuran, lo que permite estudiarlo desde diversos puntos de vista, tanto en sus dimensiones estructurales como en sus aspectos más subjetivos. Remite a rasgos como "pureza" y "superioridad", provenientes de jerarquías culturales y raciales y se convierte en una potente ideología abordable desde una lógica universalista que justifica y legitima la dominación, pues supone la creencia en una diferencia natural que naturaliza a un "otro" y lo separa del "nosotros". Pero es también una relación social indisociable de las estructuras sociales que lo hace compatible con la "separación centro-periferia" y por lo tanto es funcional al capitalismo mundial, cuando adopta la forma "etnificada" de la fuerza de trabajo que jerarquiza posiciones y remuneraciones, según los intereses de los mercados.

El racismo se inscribe en prácticas sociales que lo convierten en un hecho social "total", si seguimos a Marcel Mauss (2010) quien buscó abordar las realidades sociales en su totalidad y considerar un hecho social desde las distintas dimensiones que lo explican, evitando reducirlo a un solo aspecto. Sin embargo, los racistas precisan de teorías que les permitan existir y por lo tanto adquieren importancia los significantes construidos por ideólogos o pseudo-científicos para argumentar decisiones políticas, económicas y sociales contra quienes ven como "inferiores". El racismo clásico -o colonial- que postula la existencia de "razas" biológicamente superiores, ha servido para justificar instrumentos de control en las fronteras o de políticas de seguridad pública, que abren múltiples debates sobre el tema. Actualmente, el racismo surge travestido en neo-racismo basado en diferencias culturales, marcadas por la obsesión seguritaria por cuidar la nación de quienes la invadan o dañen.

En este marco, el racismo latinoamericano puede entenderse como un sistema de "dominio étnico-racial" proveniente de la legitimación del colonialismo europeo, y como una poderosa ideología que asocia lo blanco a cualidades y valores positivos (inteligencia, habilidad, educación, belleza, amabilidad) contra aspectos no europeos (negativos) atados a la fealdad, la pereza, la delincuencia, la irresponsabilidad, etc., tal como ha sucedido históricamente contra los pueblos originarios. El racismo actual no puede separarse del capitalismo colonial del siglo XVI, al momento de una esclavitud que es fuente de un proceso de acumulación capitalista que continuó tras la Independencia, cuando los criollos siguieron dominando sobre los pueblos originarios. Los terratenientes aumentaron su poder con las llamadas guerras "civilizatorias" que sirvieron para dominar, extraer, aniquilar y explotar. Para ello fue necesario funcionar bajo la supuesta superioridad "étnica-racial", al igual que en otros países del continente (y cuyos habitantes vemos hoy llegar bajo la condición de "inmigrantes"). Vemos cómo el racismo entrega la base explicativa de una diferencia jerarquizada que se vuelve regla común y se confunde con la clase social, a tal punto que son muchas las discusiones sobre si lo que observamos hoy día claramente como racismo es solamente "clasismo". Pero además el racismo, además de estar vinculado a la clase, también afecta de modo particular a las mujeres y por lo tanto el género debe ser también considerado.

La xenofobia proviene de *xénos* (extranjero) y de *fobos* (miedo). Designa el odio, el temor, la hostilidad y el rechazo a determinados extranjeros, pero en el caso de Chile, señala hoy principalmente a los inmigrantes. Puede ser entendida como un correlato del etnocentrismo que le atribuye superioridad absoluta a las normas y valores de su propia comunidad, lo que conduce a la hostilidad permanente contra las personas consideradas exteriores a sus grupos de pertenencia. La xenofobia da cuenta de la hostilidad resultante del temor a quien se desconoce y se considera como peligro, y se manifiesta como un sentimiento de rechazo que fragiliza las interacciones sociales con la persona designada como "inferior", debido a su origen, color, rasgos o condición económica. Este sentimiento de temor y rechazo proviene de antiguos y de nuevos conflictos económicos y políticos y de supuestas diferencias culturales transmitidas pedagógicamente contra naciones específicas, que luego se traducen en distintos odios: "nacionalistas", odios "populistas" e odios "tecnócratas" que desean reducir el número de trabajadores inmigrantes por razones económicas.

Es a partir de esta "producción" de las migraciones que se inicia la racialización, un proceso referido a prácticas y representaciones racistas que según los contextos, reposa en la interpretación de apariencias físicas que traduce en orígenes comunes o en linajes biológicos fundados en la naturaleza, que están inscritos en relaciones de dominación-subordinación que constriñen la vida cotidiana. La racialización remite a procesos históricos y a relaciones sociales y políticas de construcción de categorías hechas sobre la "raza" y se sostiene en un carácter social construido sobre categorías de individuos y grupos pensadas sobre la visibilidad de un cuerpo que se vuelve intolerable por sus rasgos o color. Así surge el ideal "blanco" que responde a la herencia de formas de esclavitud y de figuraciones nacionalistas de las "razas". El encuentro entre colonizador y colonizado sigue presente en las construcciones mentales imaginarias del poder, como señala Aníbal Quijano (2000), cuando analiza las relaciones de dominación de un país, imbricadas en una cartografía mundial del poder, construida desde la ideología colonial. En suma, la racialización se construye en las relaciones sociales y se convierte en una construcción mental y social, que biologiza la percepción social de la creencia en la "diferencia" y en la separación "natural" entre los seres humanos. Y la sexualización-racialización refiere a los procesos que principalmente viven las mujeres inmigrantes consideradas como objetos sexuales, en razón de la racialización que viven por parte de los chilenos.

La fuerza de la constitución de un estado nación tiene efecto en que sigamos pensándonos y sintiéndonos "blancos y blancas" y en ese sentimiento tan profundo, es posible buscar la razón que buscó y proclamó el desarrollo "a la europea", en tiempos donde la inmigración no era un "problema", pues llegaban principalmente desde Alemania familias que recibían tierras, dinero y herramientas, invitadas para "poblar los territorios del sur y mejorar la raza". Hoy se dice que la "raza" chilena "se desmejora" con un color de piel que se niega y se evita.

Es necesario seguir examinando lo que nos sucede con los inmigrantes, también desde ese carácter colonial que permanece en las relaciones sociales y que designa la reproducción de antiguas jerarquías coloniales demostrables en el hecho de buscar trabajadoras de casa particular a cambio de techo y ropa vieja de la patrona: o en la paga miserable de trabajadores bolivianos y peruanos en los valles; o la sumisión y la "obediencia haitiana" buscada y exhibida cuando se les señala como los "mejores trabajadores". ¿Acaso de trata de separar entre buenos y malos inmigrantes? ¿Acaso ello lleva consigo la imposibilidad de reclamar, denunciar o pedir los mismos derechos? El autoritarismo, permanentemente presente en la sociedad y en el Estado, ha articulado relaciones que marcan, impregnan y condicionan la vida. Esta colonialidad forjada en el Estado y en la vida privada ha permanecido y hoy adquiere otras formas, para expresarse con evidencia en el trato a inmigrantes convertidos en sujetos que se intentan re-humanizar.

Podríamos sin embargo, ponernos de acuerdo y trazar alguna ruta reversa para desarmar lo que se aprendió como verdad y buscar una salida. Comenzar por entregar la palabra a este "otro(a)", construido(a) como "inmigrante" cuyo nombre, apellido e historia desaparece y cuya voz parece haberse apagado por la fuerza colonial que surge nuevamente como coraza dura de romper. Los estados naciones y sus guerras por lo demás, siempre favorecen a unos pocos pero hoy la cuestión de la ciudadanía apela a nuevas teorías y metodologías. El mundo se mueve a pesar de la deshumanización que viven los que principalmente se desplazan, porque muchos, muchas permanecen en los países a los que llegan, forman familias y nacen sus hijos. Son los chilenos cuyos padres han traído consigo otras historias y culturas que lentamente ingresan en el modo de vida nacional para enriquecerla.

Luego valdría la pena enfrentar lo que somos y reír un poco frente a la idea de la blancura chilena como signo de europeización. Porque la piel que nos cubre tiene diversas tonalidades que nos hace ser como somos. Pero ellas no dan cuenta de una forma de ser, de sentir o pensar. La piel no es más que el envoltorio que nos cubre, se estría, se arruga y se mancha. Y su color menos o más claro, menos o más oscuro no es sinónimo de bondad o de maldad.

El racismo además no es un fenómeno individual, propio de los "sujetos racistas", ni se da como hecho aislado o coyuntural. Es una formación histórico-estructural que adquiere diversas formas a través de la historia, manteniendo algunos componentes y que no se puede entender desvinculada de los procesos de colonización, constitución nacional y distinciones de clase y de género. Es necesario articular este racismo general con el racismo cotidiano, entendiendo que éste se reproduce en prácticas y discursos rutinarios, naturalizados en las interacciones repetidas, estructurando, reproduciendo y actualizando jerarquías raciales y volviéndose incuestionado, tanto para los sujetos racistas como a veces para quienes son víctimas del racismo, que llegarán a decir que en Chile hay que callarse para quedarse y que por ultimo siendo un país mejor quizás habrá que parecerse a nosotros. El racismo cotidiano es una dimensión de análisis, un lente que permite fijar la atención en las experiencias de los sujetos cuando están en contextos racialmente estructurados. Lo cotidiano advierte del carácter naturalizado e invisible de las violencias dadas en prácticas y discursos que remiten de cierto modo a una necesidad de "purificar el yo y el nosotros" de lo que se supone sería la promiscuidad o la invasión.

Hay mucho por reflexionar y por hacer, son muchas las dudas y las aristas a examinar como los encuentros que deberíamos tener cuando se trata de políticas públicas que precisan pensarse en coherencia con una humanidad que enfrente la violencia del racismo en todas sus formas, incluida la más familiar.

Solo puedo terminar con preguntas ofrezco a la reflexión: ¿Cómo y qué hacer para propiciar la comprensión de las razones que empujan a personas de otros países a venir a vivir al país? ¿Se trata únicamente de una cuestión de "diferencias" falsamente y jerárquicamente atribuidas? ¿Acaso no sería necesario un trabajo reflexivo sobre nuestra historia y la producción del imaginario nacional? Y, ¿qué hacer ante los hechos de violencia que actualmente se desencadenan? ¿Cuál es el rol de los derechos? ¿De los medios de comunicación, de las ciencias humanas y sociales, de la investigación científica, del arte? Y, ¿qué hacemos cuando enfrentamos violencias de corte racista contra las personas? ¿Cómo hacerse cargo no sólo de la descripción y cuantificación de interacciones particulares, sino de la cuestión de la *emancipación* respecto de estructuras lógicas, imaginarias e institucionales que articulan los hábitos de la violencia y la clausura del horizonte de lo común?

Por ahora tenemos en las manos y en la conciencia un sufrimiento que nos quema y que apela a considerarlo. Se trata del sufrimiento social cotidiano y generalmente silencioso de personas inmigrantes que callan y también observan nuestra forma de reaccionar frente a sus presencias. Tanto con el racismo explícito que mata, hiere, escupe y humilla, como con el racismo cotidiano presente en los encuentros de la calle, los transportes públicos, las instituciones o los supermercados cuando se los convierte en sospechosos, se les evita o mira de reojo, pero que también suele estar presente en la idea constante de la ayuda que supone que la persona, su familia o su colectivo no pueden pensar por sí mismos.

En este trabajo que será sin duda de largo plazo, las Universidades tienen una responsabilidad fundamental. Tanto en las tareas de investigación científica y producción de conocimiento, como en las de trabajo constante para asegurar que sus existencias se den en la igualdad. Ojala que lo hagan atentas a ser el ojo vigilante contra los racismos y la deshumanización.

BIBLIOGRAFIA

Castles, Stephen. (2004): "Globalización e inmigración", en G. Aubarell y R. Zapata (eds), Inmigración y procesos de cambio, Barcelona, Icaria, pp. 33-56.

Guillaumin, Colette (2002) L'idéologie raciste: genèse et langage actuel. 2ª edición, Paris, Gallimard.

Darwin, Charles (1998) El origen de las especies, Espasa libros SLU Madrid.

De Gobineau Joseph (1853) Ensayo sobre la desigualdad de las razas humanas.

Mauss, Marcel (2009) Ensayo sobre el don. Forma y función del intercambio en las sociedades arcaicas. Katz Barpal Ediciones, Madrid.

Quijano, Anibal (2000). Colonialidad del poder, eurocentrismo y América Latina. En La colonialidad del saber: eurocentrismo y ciencias sociales. Perspectivas Latinoamericanas. Edgardo Lander (comp.) CLACSO, Consejo Latinoamericano de Ciencias Sociales, Buenos Aires, Argentina, p.246

Sassen, Saskia (2003): Contrageografías de la globalización. Género y ciudadanía en los circuitos transfronterizos, Traficantes de sueños, Madrid.

Sayad, A. (1989) «Elements para une sociologie de l'inmigration». Les Cahiers Internationaux de Psychologie Sociale.

Tijoux, María Emilia, Palominos, Simón (2015) "Aproximaciones teóricos para el estudio de procesos de racialización y sexualización en los fenómenos migratorios de Chile". Revista POLIS, Vol. 14, N° 42, pp. 247-275.

LA SIKURIADA URBANA COMO SISTEMA INTERCULTURAL

José Pérez de Arce A[13]

RESUMEN: Se revisa un modelo de orquesta originado en los Andes, basado en un tipo de flauta de pan, para definir las características que permiten explicar su traspaso a las ciudades de La Paz, Lima, Santiago, Buenos Aires y Bogotá, ocurrido a partir de fines del siglo pasado. El análisis se hace en base a la teoría general de sistemas, lo que permite describir cierto tipo de enseñanza que emerge del uso del sistema en cuanto instrumento musical y orquesta. Esta descripción a su vez permite describir la diferencia que existe entre este sistema y sistemas similares propios de las ciudades donde la sikuriada se ha inserto.

PALABRAS CLAVE: Sikus, flauta de pan, instrumento musical, orquesta, uso, función, teoría general de sistemas

ABSTRACT: A panflute orchestra originated in Central Andes, is revised to define it characteristics that explain it trasnfer to the cities of La Paz, Lima, Santiago, Buenos Aires and Bogotá, that take place at the end of last century. The analisys is done base on the general system theory, which permits to describe certain type of teaching that emerges from the system as a musical instrument and as an orchestra. This description, in turn, permits to describe the difference between this system and similar ones proper to the cities where sikuriada has inserted.

KEYWORDS: sikus, panlflute, musical instrument, orchestra, use, function, general system theory.

ANTECEDENTES

Este artículo se refiere a un tipo de orquesta formada por flautas que genéricamente llamaré sikuriada, cuya descripción la hago en base al concepto de sistema complejo. Mi interés es describir la sikuriada como un sistema intercultural, tal como lo conciben los músicos que la ejecutan en ciudades como Santiago, La Paz, Lima,

---

[13] Musicólogo, Estudiante de Doctorado, CECLA, Universidad de Chile.

Buenos Aires y Bogotá, como producto de un proceso de tránsito entre dos sistemas culturales. Me concentraré sólo en el análisis de las diferencias interculturales que presenta el sistema frente a otros sistemas similares, y no en el proceso mismo. Para eso, haré un análisis de la sikuriada bajo los conceptos de uso y función en tanto instrumento musical y orquesta.

Primero describo lo que entiendo como proceso intercultural y su interpretación en cuanto a diferencia, para luego describir lo que entiendo por sikuriada. Luego analizo los conceptos de uso y función en relación al instrumento musical, destacando su relacion con el aprendizaje y la enseñanza, antes de entrar a analizar la sikuriada desde una perpectiva sistémica en la segunda parte.

EL PROCESO INTERCULTURAL COMO DIFERENCIA.

El proceso intercultural implica dos culturas que presentan diferencias, entra las cuales se produce un proceso de traspaso cultural. El concepto de 'proceso intercultural' lo usaré acotado al caso específico de traspaso del sistema sikuriada entre una poblacion indígena y otra no-indígena. Conocemos este traspaso porque la sikuriada que hallamos hoy en manos de personas de Santiago, Buenos Aires o Bogotá proviene de las sikuriadas que utilizaban poblaciones que habitaban la región altiplánica del Titicaca hacia principios del siglo pasado. Esas poblaciones eran aymara o quechua hablantes, y practicaban formas de vida y de comprensión del mundo propias, correspondiendo a lo que se conoce generalmente como 'indígena' y como 'andino' (y más específicamente en algunos casos, 'altiplánico'). Conocemos el sistema sikuriada que manejaban esas poblaciones altiplánicas, donde cumplia importantes funciones rituales y festivas, expresándose en una enorme variedad de modalidades regionales, ocasionales, en continuo contacto y transformación interna. Conocemos también sus antecedentes prehispánicos y su vinculación con un sistema mayor de orquestas de flautas surandinas (ver SÁNCHEZ 2013; PÉREZ DE ARCE 1998; 2007; 2015; 2018; LA CHIOMA 2018; VALDIVIA 2018).

Por lo tanto, el sistema sikuriada lo podemos observar en una variedad enorme de situaciones culturales, y su expresión urbana la podemos entender como una variante más. La principal diferencia radica en que en las ciudades el sistema sikuriad cambia radicalmente de usuarios, quienes no hablan quechua o aymara, sino español, y viven de acuerdo a formas de vida urbanas cosmopolitas, cuyos sistemas musicales se rigen por fórmulas heredadas de la colonización europea. Esta diferencia de sistemas musicales es la que utilizaré en mi análisis, pero sólo enfocada en el instrumento musical, y no en la música que se toca en ese instrumento. Por lo tanto, me voy a referir al "sistema musical" como el conjunto de usos y funciones que presentan los instrumentos musicales y las orquestas dentro de una sociedad 'indígena andina' que interpreta 'sikuriadas altiplánicas' y otro tanto respecto a una sociedad 'urbana cosmopolita' que interpreta 'sikuriadas metropolitanas' (SÁNCHEZ 2013; CASTELBLANCO 2014b; 2018).

Sabemos que el proceso de traspaso se produjo entre estas dos sociedades, y que ocurrió durante la segunda mitad del siglo XX; en Lima se sabe que ocurrió en 1977 (ACEVEDO 2003: 44, 60; SUÁREZ 2007: 258; CASTELBLANCO 2014b: 267; SUAÑA 2016), en La Paz puede haber comenzado antes, haciéndose evidente hacia 1950 (RÍOS 2005; 2010; CASTELBLANCO 2016: 135), en Santiago, Buenos Aires y Bogotá ocurre en la década de 1980 (para Santiago, ver IBARRA 2013; 2014a; 2016; para Buenos Aires; PODHAJCER 2008b; WAYRA MARKA 2017; BARRAGÁN Y MARDONES 2013, para Bogotá CASTELBLANCO 2014b: 267; CALISAYA 2014). El proceso, en todos los casos, involucra poblaciones migrantes aymara y quechua que trasladan a la ciudad sus sikuriadas, lo que sumado al mestizaje previo que existe en las ciudades hace borrosos los detalles del traspaso, a lo que se suman los contactos mutuos entre las nuevas sikuriadas urbanas, y los contactos que buscan éstas con las sikuriadas altiplánicas, todo lo cual va siendo parte de los relatos de los sikuri en múltiples formatos, incluyendo publicaciones científicas y congresos (BARRAGÁN Y MARDONES 2013: 55; CASTELBLANCO 2014b: 276; 2016b: 162). Estos acercamientos se van haciendo habituales, borrando las diferencias iniciales (SÁNCHEZ 2007: 201, 229; CASTELBLANCO 2016: 96) y generando una diversidad de respuestas en las diversas sikuriadas metropolitanas (ver PODHAJCER 2008: 14, 15; CASTELBLANCO 2014b: 270-278, 280; 2015; 2016: 95; IBARRA 2014a: 13; LAKITAS DE TARAPACÁ 2014; MATRIASAYA 2014).

De modo que observaré el 'proceso intercultural' referido a estos dos modelos culturales definidos por el uso y las funciones que dan a sus instrumentos musicales, y específicamente a la sikuriada. Ambos modelos, criticados por su ineficiencia respecto a las músicas que representan o respecto a la inexactitud de los términos 'indio', 'altiplánico', 'urbano', 'cosmopolita', 'metropolitano' (ver discusión de CASTELBLANCO 2018 al respecto, cf. TURINO 1992; NETTL [1992] 2001: 142; CONNELL, GIBSON 2001; CÁMARA DE LANDA 2004: 218) no representan problema para mi análisis, porque sólo veo en ellos lo concerniente a usos y funciones organológicas, que mantienen la nitidez de su diferencia a pesar de las borrosidades que va introduciendo su contacto mutuo, y que se manifiesta como uno de los discursos principales de los sikuri. En este sentido, uso los términos 'indígena andino' y 'urbano cosmopolita' como modelos referidos a su diferencia inicial (mediados del siglo XX) y asimismo a los descendientes de ambas poblaciones, sin importar que grado de contacto tengan entre ellos, mientras sus discursos mantengan esa diferencia. La forma mas usual de exhibir esa diferencia es mediante las posturas críticas comunes a los sikuri metropolitanos respecto al sistema político, religioso y social imperante en el entorno 'urbano cosmopolita'.

LA SIKURIADA COMO SISTEMA

El término 'sikuriada' lo entiendo como una categoría precisa de tipo organológico ('siku') y orquestal (compuesta por músicos 'sikuri' y 'sikus'). En cuanto objeto organológico, el 'siku' pertenece a una categoría mayor que se conoce como 'flauta de pan', que consiste en un conjunto de tubos de distinto tamaño unidos entre sí, y que es definida por el sistema clasificatorio de Sachs Hornbostel como una flauta (aerófono con resonador de filo) sin aeroducto, longitudinal, en juego. El nombre 'flauta de pan' tiene, al igual que todas las categorías analíticas, un origen europeo, pero la hallamos en Asia, Oceanía, Europa y Africa, pero en América encontramos una diversidad, una dispersión y una presencia mayor. Todas las variedades americanas, son del tipo "balsa", con los tubos organizados en un solo plano. El modelo más común presenta un perfil escalerado, con tubos organizados de mayor a menor.

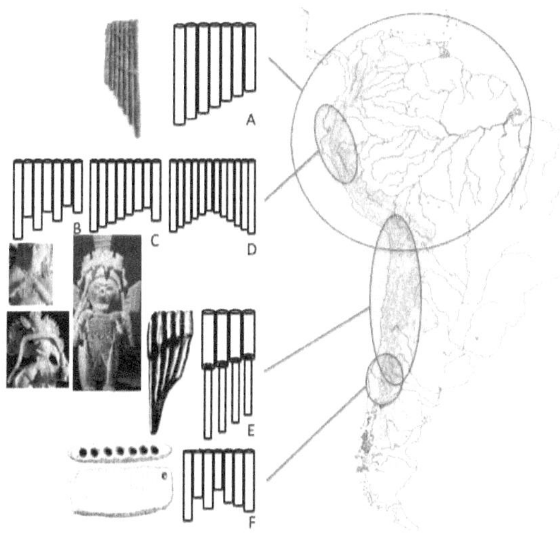

FIG 1 Principales tipologías de flautas de pan andinas prehispánicas de acuerdo a su perfil (escala musical), con las áreas relativas en que han sido halladas (muy esquemático). Hoy día se conservan sólo algunas tipologías (A, B y escasamente C), entre ellas la (C), a la que pertenece el 'siku'.

Ese modelo presenta en los Andes Centrales una enorme variedad de usos que podemos reducir a tres variables, cada una con dos opciones: una variable se refiere a la estructura de la escala, la cual puede estar completa en un solo instrumento (lo habitual en las flautas de pan del mundo), o bien puede estar dividida en un par complementario de dos medias-flautas, tocadas por dos músicos. Otra variable se refiere al uso solista o al uso colectivo (en orquesta). La tercera variable se refiere al uso colectivo, que puede ocurrir de modo unificado (todas las flautas simultáneamente hacien lo mismo), o bien pareado (dos mitades de la orquesta van alternando su ejecución para formar la melodía).

La flauta de pan de perfil escalerado usada colectivamente en pares complementarios constituye la categoría que denomino 'sikuriada'. Su nombre viene de *siku*, el nombre vernáculo más habitual, también conocido como zampoña o *lakita* o por muchos otros nombres según el lugar, el estilo u otras consideraciones. Nombraré 'siku' a la flauta, 'sikuri' al ejecutante y 'sikuriada' a la orquesta, en tanto categorías de análisis, reservando los en cursiva para los nombres étnicos. El mismo instrumento 'siku' se ejecuta también en escenario (por conjuntos urbanos) entre dos músicos (pareados) o en forma solista (un músico sostiene las dos mitades). Estos usos no corresponden a mi descripción, la que incluye la enorme variabilidad de 'sikuriadas' descritas por la Arqueología, la antropología de los Andes Centro-Sur y la etnografía urbana en Sudamérica.

USO, FUNCIÓN Y ENSEÑANZA DEL INSTRUMENTO MUSICAL

Para la descripción de la sikuriada voy a distinguir entre el uso y la función del instrumento musical y de la orquesta.

Por función de un objeto se entiende aquel propósito de uso que le dio el diseñador, aquello para lo cual fue diseñado. En este sentido se habla de la función que cumple una institución, o un órgano, o una persona, como la tarea que le corresponde realizar (RAE 2017). Este sentido es habitual cuando se refiere a objetos fabricados, implicando una relación entre un diseñador que inscribe implícitamente una función al objeto, y un usuario que usa el objeto para esa u otra función. Este sentido también se usa cuando decimos que una cosa esta 'en función' de otra, o cuando nos referimos al papel que desempeña una cosa ('un puente cumple la función de proveer acceso sobre un río') o que algo 'está funcionando bien'.[14]

El uso está relacionado con la 'función' o intención de uso que le imprimió el diseñador, pero no necesariamente deben ambas coincidir, y por eso por eso se habla de 'buen' o 'mal uso de un instrumento. El uso depende del usuario, quien puede determinar el uso específico de algo ('se usa para moler'), o su capacidad o posibilidad al respecto ('ha recuperado el uso de sus piernas', 'voy a usar una camisa'), y puede establecer un hábito ('se usa hacerlo así'), e incluso determinar su frecuencia ('este pantalón está muy usado') (RAE 2017; SCRIBD 2018a uso y función; ANSWERS 2018 uso y función).

---

[14] También tiene otras acepciones que no nos interesan ('función de teatro', 'función armónica', 'función lingüística', etc). Todas las descripciones sacadas de RAE 2018 función; SCRIBD 2018a uso y función; ANSWERS 2018 uso y función; OXFORDDICTIONARIES 2018 function; Grove Music Online 2018.

Un instrumento es un objeto fabricado para realizar una actividad o conseguir un fin (RAE 2017), lo cual implica una función implícita y un uso práctico. El instrumento musical está fabricado para hacer música, lo cual restringe sus funciones y usos. La función del instrumento musical está determinada por el diseño acústico que le diò el fabricante, el cual restringe sus capacidades a un rango manejable (una cierta escala, un cierto rango, un cierto timbre, una cierta dinámica, etc.).

El uso de un instrumento musical está determinado por el músico, dentro de las posibilidades que le entrega el diseño acústico del instrumento, pero que no necesariamente se rige por la música que tenía en mente el fabricante al diseñarlo. La estructura, fruto del diseño acústico, posee funciones operativas que afectan la manera como el usuario va a usar el instrumento. Debido a la extraordinaria precisión que en general exige el control del diseño acústico de un instrumento para lograr el sonido deseado, es necesario un aprendizaje del instrumento musical que consiste en repetir infinitamente (a veces durante muchos años intensamente, varias horas al día), las mismas series de movimientos, hasta alcanzar su dominio tal que el movimiento base se hace automático y el músico puede comenzar a interpretar la música a partir de allí.

Esta particularidad hace decir que el instrumento musical "enseña" reglas de ejecución muy específicas; tocar tambor "enseña" movimientos de mano y corrdinación rítimica, tocar trompeta "enseña" a utilizar los labios y la presión del soplo, tocar piano "enseña" a usar ambas manos con movimientos precisos e independientes. Esto se basa en que la llamada "performance", referida a prácticas "corporalizadas" como bailar, tocar música, tejer, son capaces de transmitir saberes a través de acciones reiteradas, sin la necesidad de recurrir a textos escritos (TAYLOR 1993). En el instrumento musical se puede llegar a una extraordinaria capacidad de precisión en la reiteración de movimientos, lo cual potencia y define esa trasmisión. En la enseñanza musical, el maestro enseña el "buen uso" del instrumento en contraposición a su mal uso, o defectuoso. Ese "buen uso" ideal se transforma en la función que el maestro otorga al instrumento musical, y que el alumno deberá lograr a través de la repetición de la ejecución performática. Este uso organológico es diferente al uso musical que describe Merriam (cit. CÁMARA DE

LANDA 2004: 128), expresado por el lenguaje (canto de amor, señuelo para cazar), y a las funciones musicales que debe descubrir el observador (la función relacionada con la reproducción oculta en el canto de amor).

En las orquestas, entendidas como un conjunto organizado de numerosos instrumentos musicales que es ejecutado coordinadamente por músicos, esta identificación entre uso y función es compartida socialmente, produciendo una enseñanza también compartida. Los maestros del Gamelan de Bali (compuesto básicamente por juegos de metalófonos) dicen que cuando el mazo para percutir se transforma en el maestro (*guru panggul = teacher mallet*) el músico está preparado para ejecutar correctamente su parte dentro de la orquesta (HARNISH 2004: 132). El sistema sikuriada opera como una orquesta en que los usos y funciones de los instrumentos son compartidos en forma igualitaria: todos hacen simultáneamente lo mismo. En este sentido, funciona como una Flauta Colectiva, algo habitual en orquestas de flautas vernáculas de los Andes Sur (PÉREZ DE ARCE 2018). Este uso colectivo implica un aprendizaje de movimientos reiterados que intensifica la enseñanza, no sólo a nivel del uso correcto del instrumento, sino también de las relaciones entre los músicos, que se repiten a lo largo de todo el sistema. Cada guía de sikuriada podrá determinar una función determinada que diferencie el sonido de su orquesta de otras similares, lo cual significa que cada sikuri deberá aprender el uso correcto de su siku de acuerdo a esa función específica, y ese aprendizaje será compartido entre todos los sikuri. A esto se suma un ingrediente específico de la orquesta sikuriada, que es el par de medias-flautas, cuya descripción aparece mas abajo, que obliga a un uso social pero a nivel de instrumento, amarrando más la experiencia del aprendizaje a un hecho social. Esto imprime al sistema sikuriada una dimensión pedagógica sumamente efectiva, que es analizada mas abajo.

Todo lo anterior corresponde a la sikuriada concebida como un sistema cerrado, es decir, conectado internamente consigo mismo en un bucle permanente, en que los sonidos emitidos son escuchados dentro del sistema. Este sentido de la sikuriada se corresponde con el de un instrumento musical cualquiera, pero de uso colectivo (Flauta Colectiva). Pero la sikuriada también puede ser considerada como orquesta abierta a un entorno. No voy a considerar en mi análisis los factores relativos a la comunicación de señales por parte del sistema sikuriada hacia oyentes externos, porque al decodificar esas señales pueden estar utilizando diferentes tipos de códigos, que pueden no coincidir con los utilizados dentro del sistema. Tampoco voy a considerar la utilización de diversos códigos compartidos con el entorno (medio social, amigos, lecturas) para interpretar cada una de las enseñanzas que el sistema le entrega. En resumen, voy a analizar el sistema sikuriada como sistema cerrado, salvo las referencias necesarias para explicar los aspectos de mayor complejidad del sistema, que exigen la presencia del entorno.

La enseñanza de instrumento musical y de orquesta que ofrecen ambos modelos de sociedad (indígena andino y urbano cosmopolita) es muy fácil de contrastar en los niveles inferiores de complejidad del sistema, como veremos, lo que se refleja en los comentarios de personas urbanas cosmopolitas que se enfrentan por primera vez a aprender la sikuriada. Muchas veces esa experiencia es principalmente somática, no elaborada discursivamente; yo mismo estoy participando de esta experiencia (a partir del año pasado), lo cual me permite observar desde dentro la relación entre esta experiencia y su conocimiento discursivo. Dejaré de lado el papel que juegan los discursos que explican este contraste desde perpectivas que no provienen de la experiencia de participar en el sistema, pero que son los más habituales en los contactos entre sikuris, quienes van generando un pensamiento compartido al respecto, sobre todo en temas como la dualidad y lo comunitario. La base de este pensamiento compartido son las descripciones acerca de las sikuriadas altiplánicas, luego reinterpretadas en la ciudad y cuya discusión forma parte importante de la literatura acerca de las sikuriadas en general (MÉTRAUX 1970: 55; VALENCIA 1982: 2; WITNEY 1985: 47, 52; TURINO 1988:77; 1993:45-46; LANGEVIN 1990: 118, 126; SÁNCHEZ 1996: 91-98, 101; BAUMANN 2004: 104; APAZA 2007: 35; BELLENGUER 2007: 127; PONCE 2007: 173; SAN MARTIN 2009: 28; ÁVILA 2012; BURMAN 2014: 101–112; CASTELBLANCO 2016: 36). En mi análisis voy a comparar las funciones que obedecen al diseño organológico del sistema, las cuales son comparables, pero no estas otras que obedecen a discursos originados fuera del sistema, porque no son comparables.

LAS CUALIDADES SISTEMICAS DE LA SIKURIADA

La teoría general de sistemas me permite crear un modelo que reúna las características de los sistemas en general, constituido por características estructurales determinadas. Este sistema permite una gran variabilidad interna sin perder sus cualidades, que corresponde a las diferencias observadas en la amplia bibliografía que describe las diferentes sikuriadas altiplánicas y sikuriadas metropolitanas. El modelo no incluye los aspectos no sistémicos que provee el entorno (un músico introduce una flauta afinada de otra manera a la sikuriada, por ejemplo). El modelo de sistema sikuriada que presentaré se adapta tanto a los dos sub-modelos de sikuriada (altiplánica y metropolitana), y los dos tipos de usuario (indígena andino y urbano cosmopolita), y me permite contrastar las diferencias entre ambos en cada uno de los niveles de análisis, que corresponden a niveles de complejidad del sistema.

El modelo de sistema sikuriada que describiré se estructura en base a una cadena sintagmática de objetos y relaciones que se van superponiendo como una pirámide. Los objetos los he llamado tubo/serie de tubos/media-flauta/siku/fila/par de filas/tropa. El paso de un nivel al otro presenta características sistémicas de emergencia; el nivel superior posee cualidades y atributos nuevos que emergen de la interacción entre sus partes, que no los poseen (ARNOLD, OSORIO 2008: 36; JIMÉNEZ 2013: 79). Otra característica sistémica es que cada nivel puede ser estudiado como un sistema independiente.

La cadena sintagmática está también formada por usos obligados por reglas precisas que determinan las relaciones sonoras y de comportamiento entre los ejecutantes que he detallado en un artículo anterior (PÉREZ DE ARCE 2018). En su conjunto, la cadena sintagmática dibuja una serie de complejidades sucesivas del sistema, desde el mas simple (tubo) hasta el mas complejo (tropa), pero sin perder su cualidad de instrumento musical como Flauta Colectiva. Los usos reiterados en torno a reglas de ejecución generan códigos comunes que son las "enseñanzas" del sistema, y corresponden a los guiones de los sistemas complejos, los cuales cumplen (en forma latente) una función orientadora, sin necesidad de ser explicitados en nuevas comunicaciones (DOCKENDORFF 2008: 98). Cada uso permite funciones diferentes, que los modifican quizá de manera mínima (soplar mas corto o mas largo) pero muy importante para el estilo musical, lo cual corresponde a las posibilidades que ofrecen los guiones, cuyos esquemas generan un campo de posibilidades para que el sistema escoja un comportamiento. (LUHMANN 2000, cit. DOCKENDORFF 2008: 99). En el caso de la cadena sintagmática, el esquema cierra su campo de posibilides en función del deseo de la tropa.

Las "enseñanzas" se van sedimentando de un nivel a otro del sistema: la "enseñanza" del tubo estrá presente en la serie de tubos, y estas dos en media-flauta, etc. Esto es posible gracias a la cualidad fractal del sistema, que replica en otros niveles los guiones, generados por las decisiones del fabricante respecto al uso. Sistémicamente el carácter fractal (conocido también como invariancia de escala, cualidad autosemejante, o principio hologramático) hace referencia a la presencia del todo en cada una de las partes (VÁSQUEZ ET AL 2001: 44). La cantidad de decisiones sonoras tomadas al momento de construir el tubo van a cubrir la totalidad de tubos empleados por la tropa, y por lo tanto corresponden al sistema en su totalidad. Esta cualidad fractal hace que los usos que pertenecen al tubo estén presentes en cada uno de los niveles superiores, pero de modo gradual en un proceso de aprendizaje, desde el tubo hasta la tropa, lo que hace sumamente efectivo su método didáctico.

A continuación, describo los siete niveles de complejidad del sistema de acuerdo a sus usos y funciones.

1º NIVEL - TUBO

La estructura del tubo determina su uso y función. El uso está determinado por la embocadura, y la función sonora está determinada por la forma tubular, la materialidad y en algunos casos por el tubo secundario. La estructura de la embocadura determina el uso con la boca, el como soplar para obtener un sonido. BARRAGÁN (2002: 346, 347) distingue seis tipos de embocadura con propiedades de ejecución diferentes. La forma de tubo cerrado posee propiedades acústicas determinadas que son activadas mediante el uso, produciendo un timbre característico, que no es el caso detallar (Gérard 2018). La materialidad determina ciertas cualidades de ese timbre; en un tubo de caña, esas cualidades van a depender del tipo de caña, donde creció, en que época se colectó y que tratamiento recibió (CIVALLERO 2014). El tubo secundario actúa como modificador del timbre producido por el tubo principal. El tubo secundario no se ejecuta (su uso es consecuencia del uso del tubo principal, pero un buen sikuri sabe adaptar su soplido para realzar esa función). Al no ser ejecutado, uso y función coinciden, porque no dependen (casi) del usuario, sino del fabricante. Este decide si el tubo secundario es abierto o cerrado, que tamaño tendrá en relación al tubo principal (igual, mitad, tres cuartos) (SÁNCHEZ 1996: 97-99; GÉRARD 2014; GÉRARD 2015). Todas las decisiones que elige el fabricante para construir el tubo son fractales, se repiten en todos los tubos de la orquesta. La gran cantidad de posibilidades le permite al fabricante elegir un sonido de la tropa diferente en cada caso.

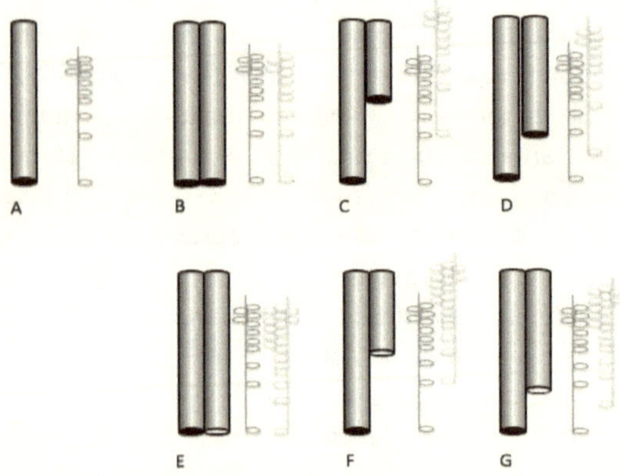

FIG 2 Diferentes posibilidades de manejo tímbrico en el tubo del siku: A: tubo cerrado solo, con su perfil armónico (todas las notas suenan simultáneamente, como parte del sonido del tibo, muy esquemático); B: un tubos secundario cerrado del mismo tamaño, coincide su perfil armónico con el del tubo pricipal. C: El tubo secundario de mitad de tamaño agrega su perfil armónico a la octava aguda. D: el tubo de 2/3 de tamaño agrega su prefil armónico a la quinta. E, F, G: el tubo secundario abierto agrega un perfil armónico distinto al del tubo principal. Hay muchas otras combinaciones posibles, ver texto.

Cada sikuriada va a imprimir su sello sonoro del tubo mediante una mínima variación del uso, la cual está en función de ese sonido determinado. La función que los aymaras buscan en sus tubos es un tipo de sonido muy complejo que a su vez pertenece a un paradigma mayor extendido desde el Collasuyu hasta el sur de Chile y que se conoce en Bolivia como sonidos *tara* (GERARD 2010b: 132) y en Chile como *sonido rajado* (PÉREZ DE ARCE 1998). Algunas sikuriadas metropolitanas, por el contrario, persiguen funciones del tubo que pertenecen al paradigma de sonido puro habitual en la música urbana cosmopolita, de origen europeo. Otras funciones permiten distinguir el sonido de la tropa respecto a las dinámicas (fuertes o suaves), enfatizar algunas frecuencias (graves o agudas) por ejemplo (PÉREZ MIRANDA 2016), lo cual ocurre por igual en sikuriadas metropolitanas y altiplánicas.

En general, el uso del tubo cerrado no presenta diferencias significativas en instrumentos de distintas partes del mundo, debido a las restricciones de uso que impone su estructura, pero las mínimas variaciones pueden cumplir funciones muy diferentes. Es decir, la enseñanza del tubo es solamente performática de ejecución; controlar el soplo y la posición relativa de los labios y del tubo para obtener el sonido correcto.

2° NIVEL - SERIE DE TUBOS

La estructura de la serie de tubos es escalar; los tubos se alinean en una serie de mayor a menor. La estructura arrastra las características tubulares (materialidad y embocadura) y por lo tanto es fractal (todos los tubos son iguales estructuralmente). El uso está obligado por la estructura: la boca debe recorrer la serie de manera muy exacta en cuanto a posiciones y tiempos. Esto implica un movimiento de manos y/o de cabeza básico, muy preciso, que encontramos en todas las flautas de pan del mundo.

Las funciones de la serie de tubos son tres: otorgar la escala; otorgar la tonalidad y; otorgar un "temperamento". Ninguno de los tres se ejecuta, son cualidades que determinan un cierto lenguaje sonoro, pero la escala se usa para construir las melodías, escogiendo el sistema de notas que propone, en cambio tonalidad y temperamento son propiedades de la escala, y no se usan (vienen dadas). La escala propone sobre la cual se construirá la música. La tonalidad propone donde comienza la escala (La o Sol, por ejemplo). Si dos sikuriadas usan la misma escala puedan intercambiar instrumentos, algo habitual entre tropas amigas, pero si ambas sikuriadas poseen diferentes escalas, no pueden intercambiar sus instrumentos o tocar juntas. Es decir, el diseño de la escala tiene fuertes implicancias a nivel de encuentro entre dos o mas sikuriadas.

Las sikuriadas altiplánicas usan (y más aún en el pasado) muchas escalas, muchas tonalidades y muchos temperamentos según la región y la tradición. Hay descripciones de fabricantes *luriris* que guardan celosamente estos datos, heredados por generaciones (BAUMANN 1996: 17; VERSTRAETE 2010: 233; CIVALLERO 2014). Esto incide en que no pueden tocar juntas, es decir, coincidir musicalmente; y el no-coincidir es precisamente la función que cumple la competencia musical (topamiento, *trolla*, enfrentamiento, *tinku*; AVILA PADILLA 2002: 28, 31; ÁVILA 2012; CASTELBLANCO 2016: 243). En las sikuriadas metropolitanas, por el contrario, lo habitual es usar una sola escala ("temperada") y un temperamento ("La 440") entre todas las sikuriadas (CIVALLERO 2014), y con frecuencia se usa el formato de "competencias" con presentaciones sucesivas ante un jurado (BARRAGÁN 2005: 13). En Buenos Aires (y probablemente en otras ciudades) se da la coincidencia de varias tropas en una sola gran tropa. La escala temperada es una herencia del renacimiento europeo; el la 440 fue acordado en 1936, y la posibilidad de sumar dos orquestas coincidiendo sus músicas es la que conoce la tradición europea.

Esto no es absoluto, hay sikuriadas metropolitanas que afinan un poquitito mas alto o bajo que el resto, para evitar que otros 'sikuris' puedan intervenir sus filas (Claudio Bertin, comunicación personal 2018, ver CASTELBLANCO 2016: 70) o bien, en las sikuriadas que cantan, para adecuar a las voces de niños, jóvenes o adultos (AVILA PADILLA 2002). Por otra parte, también hay sikuriadas altiplánicas que usan la escala y el temperamento urbano (probablemente cada vez mas), porque es lo que les permite "conversar" musicalmente a nivel urbano. Asimismo, hay sikuriadas metropolitanas que utilizan el método de competencia sucesiva, propio de la ciudad cosmopolita o bien la unión de ambas tropas en una mayor (BARRAGÁN 2005: 14; CASTELBLANCO 2016: 66, 67), que es al parecer una invención urbana. Entre el enfrentamiento y la unión de dos sikuriadas hay dos posturas frente al uso de escalas y temperamentos que corresponden, la primera, a la tradición indígena altiplánica y también es habitual en las músicas del mundo en que el ejecutante decide su temperamento en base a su voz, y la segunda es habitual en la música europea.

La enseñanza de la serie de tubos es también performática de ejecución (modificar rápida y precisamente las posiciones relativas de labios y tubos, manteniendo la enseñanza del tubo) de modo de utilizar correctamente la escala. Tonalidad y temeperamento son propiedades de la escala, y no se usan a nivel individual, pero permiten usos diferenciados fuera del sistema, cuando la sikuriada se encuentra con otra, lo cual incide en el tipo de comunicación (confrontación o unión) se establecerá, y esa decisión está influenciada por posiciones que provienen del sistema indigena andino o del sistema urbno cosmopolita, respectivamente.

3° NIVEL - MEDIAS-FLAUTAS

La estructura de la media flauta es fragmentaria, dual, diferenciada y complementaria. La estructura arrastra las características escalares del nivel anterior, pero fragmentadas. Es fragmentaria porque consiste en fragmentos de la escala que resulta del entresacado (uno por medio) de tubos. Es una estructura que no tiene sentido en si misma, sino en relación a la escala de donde fue extraída, y por eso las cualidades de su estructura se refieren mutuamente con la otra-mitad. Es dual porque el entresacado de tubos produce dos medias flautas que se refieren mutuamente respecto a la escala. Es diferenciada porque el par de flautas (conocido como "ira" y "arka") no comparten ningún sonido. Es complementaria porque ambas series de sonidos se combinan complementando la escala.

El uso de una media-flauta es sumamente específico e inusual; consiste en ejecutar una música incoherente, asimétrica, ininteligible, llena de silencios, aparentemente errática. Este uso sólo tiene sentido cuando se integra con su par (por eso, curiosamente, no es registrado por ningun sikuri).

La función de la media-flauta es fragmentaria también, y no tiene sentido sin su 'par'. Cada músico debe concentrarse, no en la música que produce su flauta, como ocurre normalmente con cualquier flauta, sino en la música que están produciendo ambos, su flauta y su par.

La existencia de la media flauta es, hasta donde conozco, única a nivel mundial. Por lo general las flautas imprimen directamente la escala en un solo objeto, en cambio la sikuriada obliga a coordinarse entre dos ejecutantes, cuyos sus efectos son percibidos al siguiente nivel, porque allí obtienen el sentido.

La enseñanza de la media flauta es sumamente extraña, porque se refiere a un uso que no tiene sentido en si misma, sino respecto al par, es decir, depender del otro (par). Esa enseñanza proviene enteramente del mundo indigena andino.

4° NIVEL - SIKU

La estructura del siku consiste en la unión de las dos medias-flautas ira y arka, ejecutadas por un par de músicos. Esto integra, a partir de este nivel del sistema, una relación entre dos o mas sujetos, agregando una estructura social. La estructura exhibe propiedades sistémicas; es a la vez dual y unitaria, pero también unitaria, dual, tri- y tetra-unidad. La teoría general de sistemas, gracias a que basa su método en un principio de complejidad, permite la coincidencia de paradigmas distintos en un mismo sistema (MORIN 1981 cit. JIMÉNEZ 2013: 23, 79). Es unitaria en cuanto posee un solo diseño acústico (material, configuración tímbrica, cantidad de tubos, escala), comportándose como un instrumento musical. Es dual porque esta compuesta de dos objetos (ira y arka). Puede ser concebido como tri-unidad compuesta por ira, arka y un siku. Puede ser concebida como tetra-unidad constituida por ira, arka y dos sikuri. La estructura a la vez dual y unitaria de 'ira' y 'arka' corresponde a una "unidualidad" desde el punto de vista sistémico, que consiste en dos partes ineliminables e irreductibles, insuficientes por separado, que se relacionan en bucle retroalimentandose constantemente para ajustar su conducta (ARNOLD, OSORIO 2008a: 41; JIMÉNEZ 2013: 79). Arrastra las características estructurales del nivel anterior, y por lo tanto es fractal, porque ambas partes, 'ira' y 'arka' se corresponden exactamente a nivel de normas organológicas (no asi musicales).

Los usos están configurados por esta estructura compleja; la estructura unitaria permite usar el siku como un instrumento, en que sus partes sonoras no son percibidas; la estructura dual obliga a los sikuri a coordinarse según reglas de ejecución muy precisas, determinadas por la música. La estructura tri-unidad obliga a ambos sikuri a ejecutar un mismo siku, integrando su uso a "sonar como un solo instrumento" (TURINO 1988:75). La estructura cuatri-unidad obliga a coordinar sikus y sikuris como unidad. Su uso es mimético; cada intención, cada soplido debe corresponderse en el 'par', deben seguirse mutuamente permanentemente, deben igualar su soplido (GORDILLO 2013; LANGEVIN 1990: 120) de un modo reflejo (se van repitiendo acciones en forma espejada) y alternado.

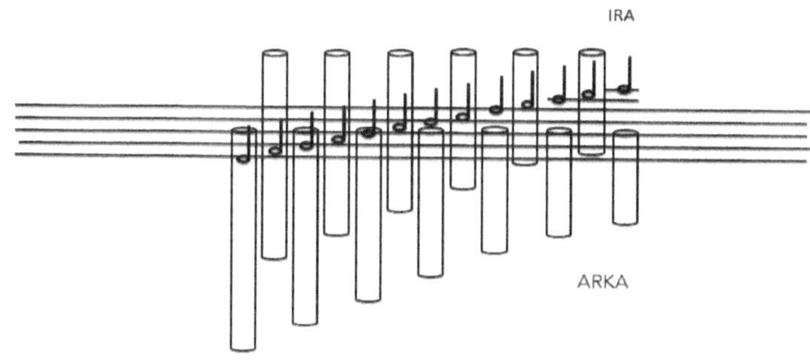

FIG 3 El concepto de siku dividido en ira y arka, explicado en base a la partitura de su escala, de acuerdo al tamaño suli de una tropa de Kantus de Quiabaya (Witney 1985: 51).

La función del siku es dar sentido a ambos usos incoherentes, asimétricos, ininteligibles, llenos de silencios, aparentemente erráticos del nivel anterior, al acoplarlos entre si mediante la precisión de las reglas de ejecución, permitiendo la emergencia de la melodía. La coordinación matemática entre ambas partes obliga a una gran concentración y produce mucha experiencia compartida. Por eso este es el aspecto más comentado de la ejecución del siku. Los 'sikuri' hablan de 'conversación' (AVILA PADILLA 2002; BARRAGÁN Y MARDONES 2013: 13), 'pregunta y respuesta', 'dialogar', 'contestar' (SÁNCHEZ 2013: 126), 'tocar contestado' (VEGA 2012: 33), también se refieren a 'trenzar' o 'tejer' los sonidos (GOMEZ 2007: 92; SÁNCHEZ

2013: 126; IBARRA 2011: 2), o también 'contrapunto' (GÉRARD 1996: 14). En la literatura ha sido llamado "dialogo musical" (VALENCIA 1982), "entramado musical" (BELLENGUER 2007: 137), *interlocked* o "diálogo asimétrico" (STOBART, cit. CASTELBLANCO 2016: 35). La función de esta ejecución alternada es optimizar la respiración, la calidad y fuerza de los soplos y la construcción de las frases melódicas (ACEVEDO 2003: 21), permite "buscar el tubo", da tiempo para embocar y producir sonidos limpios, de ataque claro, intensidad constante y duración exacta, permite ligados más precisos y fluidos, entrar y salir de la frase de forma pertinente y elegante, concentrarse en aspectos sutiles de la interpretación musical (CLEMENTE 2015). Esto también permite que la música dure largos periodos de tiempo sin descanso, porque reparte entre ambas mitades el esfuerzo de tocar y bailar.

Todos estos usos son compartidos en sikuriadas altiplánicas y metropolitanas. La ejecución pareada la encontramos en las pifilkas de los bailes chinos y mapuches, asi como en ciertas flautas, clarinetes y trompetas amazónicas, y en las *gaitas* y el *cachovenao* de los Sicuani en Colombia (MENGUET 1981; MENDÍVIL 2004: 109). En cambio, son ajenas al sistema musical urbano cosmopolita, y asimismo ajenas a todo otro sistema musical, al parecer.

Para lograr la melodía se deben acoplar las dos mitades mediante el baile. La función del baile es lograr el acoplamiento de ambas mitades articulando su diálogo corporal, el cual actúa sobre la ejecución (PODHAJCER 2011: 280). Esto integra, desde este nivel en adelante, el cuerpo de los sikuri como parte del sistema. La dependencia melódica del sikuri lo obliga a depender de su par, lo cual prioriza la ejecución dual por sobre la individual (VALENCIA 1982). Esta dependencia sostenida en el tiempo va siendo percibido como una progresiva conección del par hacia la unidad, "donde los yo individuales, que tenemos en el momento previo a la ejecución, poco a poco van transitando hacia un yo colectivo, primero en relación entre mi persona y mi compañero de melodía" (AVILA 2012). Pero, simultáneamente, la ejecución pareada también tiene un aspecto de competencia, de dificultad y riesgo cuando se alcanza rapidez, que los lakita de Tarapacá denominan "pelea" o "picar" (Alberto Díaz, comunicación personal). El tocar flautas bailando es lo habitual, no sólo en América, sino en las músicas del mundo, salvo excepciones.

Una de esas excepciones es la música urbana cosmopolita más conservadora, basada en modelos europeos barrocos, que privilegian la quietud del músico para facilitar la lectura. Varios autores se refieren a la técnica dual complementaria como *hoquetus* (BAUMANN 1979: 2; 1996: 12; SÁNCHEZ 2013: 129; GÉRARD 2014) pero es bueno notar que se diferencian en que el *hoquetus* (*hocket, oketus, ochetus,* Europa, siglos XIII-XIV) se basa en el canto idividual, en sus silencios como "notas", y puede ser solista (GROVE 2018).

La enseñanza del siku proviene de la media flauta, dandole sentido mediante el concepto de 'unidualidad' que obliga al individuo a percibirse como la mitad de un individuo musical, en que su participación individual desaparece en la melodía, en que la coordinación entre pares debe obedecer a un solo propósito común, siguiendo pautas matemáticas complejas que exigen el máximo de atención en seguirse mutuamente en las funciones cambiantes de la ejecución. Toda esa enseñanza proviene enteramente del mundo indigena altiplánico. También enseña el baile, que es un apoyo a la compleja coordinación de la ejecución, el cual proviene enteramente del medio indigena andino.

5º NIVEL - FILA

La estructura de la fila se basa en la superposición de todas las medias-flautas de un tipo (todas las *ira*, o todas las *arka*). Es una estructura fractal, acumulativa, diferenciada por tamaños, que posee una orquestación y puede poseer un "unisono denso". La estructura fractal se refiere a la relación entre todas las *ira*, o entre todas las *arka*, que repiten su estructura, sus usos y funciones, pero aumentando su complejidad. Es obligada: no depende del constructor. La estructura acumulativa se refiere a la cantidad de medias-flautas que componen la fila. Normalmente fluctúa entre 3 y 20, pudiendo legar hasta 150 pares (ASOCIACIÓN JUVENIL PUNO sf). La cantidad depende del constructor o de sikuris que aportan ocasionalmente sus sikus, y también está determinado por un estilo determindado, por la disponibilidad de sikuris en un momento determinado u otros factores.

La fractalidad permite que todos los ejecutantes hagan lo mismo al mismo tiempo, redundando en la unidad del subsistema. La ejecución fractal de imitación simultánea apoya los conceptos unitarios, de actuar como uno solo, siendo esta una de las enseñanzas más importantes de la fila. Los ideales de cohesión (unidad de acción, unidad musical, poca diferenciación interna, integración el ideal de sonar como un solo sonido denso que expresa identidad del grupo total, incluyendo hombres, niños y ancianos) son mencionados por muchos utores (MÉTRAUX 1970:55; TURINO 1988: 73-75, 80; MANGA 1994: 180; SÁNCHEZ 1996: 101; BORRAS 1998:43; GÉRARD 2010b 111, 132, 114; 2015: 11; ÁVILA 2012: ESPINOZA ET AL 2012: 10)

La estructura es diferenciada en tamaños. Lo más habitual es (1/2 o 2/1), que que se refiere a un intervalo de 8º, el más básico de todos, que consiste en una no-diferencia entre ambos tonos. Luego el tamaño de 2/3, que corresponde al intervalo de 5º, bastante habitual y hay tamaños menos habituales, como 4/5, por ejemplo, que corresponde a la 3º superior (GÉRARD 2015: 9). El fabricante es el responsable de esta estructura, el elige un acorde determinado por relaciones interválicas y sus repeticiones de octavas. En las sikuriadas altiplánicas y en las metropolitanas lo habitual es usar tres tamaños. Cada combinación de tamaños corresponde a un tipo de acorde simple (por ejemplo, 8º / 8ª / 5ª), que puede extenderse a otras 8º. Este concepto de acorde forma parte del timbre de la Flauta Colectiva, lo encontramos en las orquestas andinas de flautas (tarkas, pincullos, kenas), asi como en orquestas de trompetas Warraos y Puinaves (ARETZ 1967: 252, 253), y lo volvemos a encontrar en diferentes orquestas étnicas a lo largo del mundo, como la batucada o el gamelan. La sikuriada, sin embargo, presenta ejemplos de mayor complejidad, alcanzando hasta 12 tamaños. La música urbana cosmopolita utiliza el concepto de fila por tamaños basado en el modelo de cuatro voces (tiple, contralto, tenor, bajo) propio de la música europea clásica. Sin embargo, no concibe un uso de acordes como parte de una construcción tímbrica, sino como parte de un juego armónico.

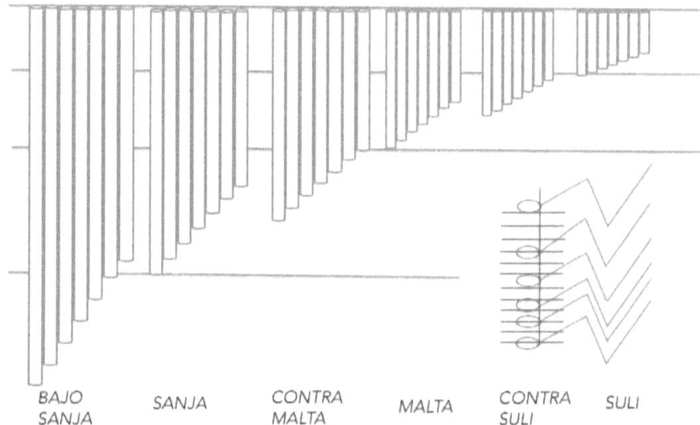

FIG 4 Modelo de seis tamaños de siku en una tropa que practica el estilo mohoceño (Chávez 2018: 128). El tamaño medio (*Malta*) guía los dos tamaños a la mitad (*Suli*) y al doble de tamaño (*Sanja*), y entremedio se ubican los *Contra*. El acorde es estable para todas las músicas, moviéndose junto con la melodía, sin cambiar sus funciones armónicas.

La orquestación es el diseño de la 'equalización' del sonido, eligiendo los tamaños y distribuyendo las cantidades de cada uno de ellos dentro de la fila para lograr un sonido equilibrado en que ninguna voz sobresalga, o logrando un sonido más brillante al aumentar las flautas pequeñas. La responsabilidad recae en el fabricante, pero también en la decisión del guía o de la tropa. La orquestación se decide en base a poner y sacar elementos (tamaños y cantidades). Este diseño responde a la mezcla de ingredientes sonoros, los cuales pierden su identidad previa y se funden en un timbre sonoro. Su construcción es bastante sencilla, consiste en agregar flautas, pero el resultado es muy complejo, pareciéndose mucho a una preparacion culinaria, en que se pueden agregar o quitar elementos sonoros de modo muy selectivo y cuidadoso para lograr una particular combinación deseada (Agradezco a Ricardo Jofré el entregarme la idea culinaria del sonido).

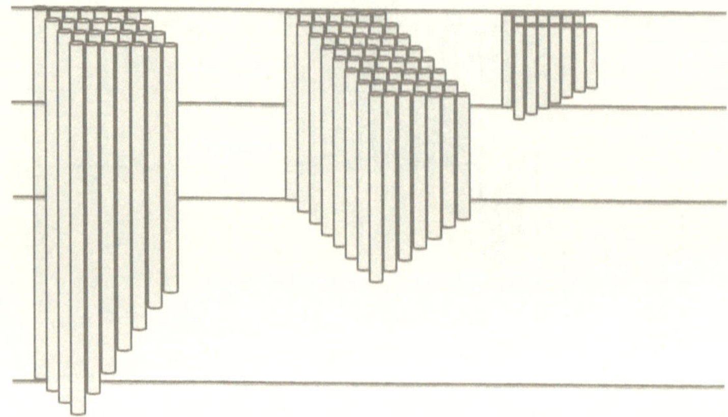

FIG 5 Modelo de equalización del acorde en la fila *arka*, con ocho *maltas*, cuatro *sanjas* y dos *chuli*. La fila *ira* repite el mismo esquema.

La música urbana cosmopolita concibe el timbre separado del concepto de armonía que se refiere a la estructura armónica de una pieza. Al parecer los sikuri metropolitanos no utilizan tanto la orquestación como las comunidades altiplánicas, donde la información al respecto es extensa (BORRAS 1998; AVILA, PADILLA 2002; IBARRA 2011; GÉRARD 2010b; 2014).

El "unisono denso" es un ajuste milimétrico de tamaño entre medias-flautas que se traducen en disonancias. En la fila esas disonancias se multiplican produciendo el "unísono denso". El resultado acústico se escucha como un sonido con una cualidad vibrada característica (batimiento, ver CIVALLERO 2014; GÉRARD 2015: 52), de altura un poco confusa, cambiante, vibrante, inestable, es decir, una altura compleja. Es un recurso muy utilizado en las sikuriadas altiplánicas no asi por las metropolitanas, que por lo general pefieren afinar todos los instrumentos a la misma altura, siguiendo la norma europea.

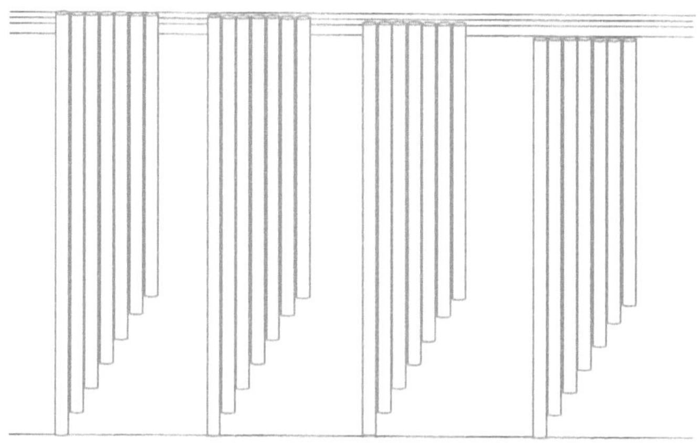

FIG 6 Modelo de producción del 'unísono denso' mediante la desigualación milimétrica del largo de todas las medias-flautas de un mismo tipo dentro del acorde.

El uso de la fila arrastra de la media-flauta el ejecutar una música incoherente, que sólo tiene sentido cuando se integra con su par (la fila opuesta). En la fila ocurre lo mismo, respecto a la integración del par de filas, y las incoherencias son reforzadas por la fila, pero la cohesión de la fila en torno a sus ejecuciones miméticas transforma estas incoherencias en un sub-sitema musical propio, diferente para la fila *ira* que para la fila *arka*. El carácter fractal de los instrumentos permite su mezcla sonora, borrando sus individualidades y haciendo emerger un sonido complejo, de tímbre-armonía densa, que se mueve en una "melodía gruesa" interiormente inestable. La ejecución de la fila es como un solo individuo soplando una mitad (*ira* o *arka*) de la Flauta Colectiva. Esto es posible porque las relaciones fractales permiten la resonancia entre objetos, personas y acciones.

La estructura acumulativa permite un uso inclusivo. Esto implica preferir la cantidad a la calidad de los músicos. El uso inclusivo fomenta el aceptar a personas sin conocimientos o habilidades musicales, pero con deseos de integrarse, y ofrece posibilidades de integrar a niños pequeños directamente en la ejecución grupal junto con adultos, todo lo cual aumentar su dimensión sonora y social (ÁVILA 2012). Pero las consecuencias sonoras de esto son inestabilidades de diversos tipos, pequeños errores generados en la ejecución. Estos errores pueden ser interpretados como defectos que deben ser eliminados, o pueden ser interpretados como parte de las "discrepancias participatorias" (ir un poco a destiempo o desafinado), que es un recurso usado por orquestas de todo el mundo (por ejemplo, el *groove* en EEUU), y es reconocida la función que cumple esto como facilitador para lograr la integración dinámica y creativa del grupo, y que fomenta la participación en la música en general (KEIL 2001: 261, 264; SOLÍS 2004b: 238). Los *jach'a sikuri* la usan, mediante soplidos excesivos, desviándose de afinación o de tiempo intencionalmente para "desestructurar" la interpretación (CASTELBLANCO 2016: 215, 216). Hay sikuriadas metropolitanas que recuerdan como la mejor ejecución una que realizaron estando todos borrachos, porque la música fue "discontinua, desigual, heterogénea, densa, altamente expresiva CASTELBLANCO 2016: 222).

En contraste, hay sikuriadas que rechazan esos errores y autores que los asocian algo confuso, como una discusión (CASTELBLANCO 2016: 222, 254-256), o que "oscila entre lo sublime y lo caótico" (CIVALLERO 2014). Estas posturas coinciden con la música urbana cosmopolita que tiende a evitar todo error, discrepancia, desafinción o destiempo (CASTELBLANCO 2016: 100, 101). Quienes adhieren a la primera postura, considera a las segunda como "interpretaciones rígidas y predecibles" que "reproducen en forma literal lo practicado durante los ensayos" (una sikuri cit. CASTELBLANCO 2016: 222). Como consecuencia de lo anterior, las orquestas más conservadoras de la ciudad cosmopolita operan bajo el paradigma europeo de 'exelencia' y 'perfección' en base a un 'original' (partitura) lo cual excluye a todo aquel que "no es músico", significando con ello a quien no se ha especializado dedicado su vida (o parte importante de ella) al estudio intenso y específico de un instrumento a través de la lectura y memorización de partituras (HARNISH 2004: 129-132; SOLÍS 2004b: 240; SUSILO 2004: 57; TRIMILLOS 2004: 32; VETTER 2004: 122; JIMÉNEZ 2013: 170, 171).

Con respecto a los usos de la fila, coexisten dos modalidades opuestas: una ejecución fractal de imitación simultánea, que apoya los conceptos unitarios, ya mencionada como una de las enseñanzas mas importantes de la fila, y las ejecuciones diferenciadas por especialización funcional. La primera acopla todas las ejecuciones, aumentando el volumen y complejidad del sonido, haciéndolo capaz de hacerse sentir a gran distancia y expresando una identidad. VALVERDE (2007: 340) relata que un gran orgullo sikuri consiste en mofarse de los conjuntos urbanos que necesitan de la tecnología (amplificación) para hacer música. Las posibilidades de combinación que permite la noción "culinaria" de la orquestación son infinitas, permitiendo a cada sistema sikuri elegir su identidad sonora, lo cual permite que cualquier sikuri experimentado los reconozca a lo lejos.

Las ejecuciones diferenciadas por especialización funcional se distribuyen por diferencias de responsabilidad, estableciendo una graduación desde el guía hasta el novato, y por subsistemas de tamaños de siku. En ls sikuriadas altiplanocas por lo general el guía debe observar y corregir los defectos de la fila, elegir su forma de ejecución y su sonido, lo cual exige talento musical, experiencia y paciencia, y por lo general la cumplen hombres de edad (ACEVEDO 2007: 15, 16; PODHAJCER 2008: 6). Los guias son llamados caporal por los misti sikuri de Bolivia (GÉRARD 2014), y por los lakita en Chile (ÁVILA Y PADILLA 2002: 25; BARRAGÁN Y MARDONES 2013: 23), y su manejo obedece a un tipo de dominio suave, de bajo perfil y generalmente dual, habitual a las jefaturas andinas altiplánicas (TURINO 1988:77-79; LANGEVIN 1990: 125, 128; MAYTA Y GÉRARD 2010: 179, 196). Este rasgo no corresponde ni con el tipo de dominio jerárquico preferido por la sociedad urbana cosmopolita, ni menos aún con su rasgo marcadamente individual, cuestiones que lo sikuri discuten y critican habitualmente. La diferencia de tamaños de los siku exige tecnicas diferentes de ejecución; las flautas pequeñas, de sonido agudo y penetrante, exigen más experiencia; las flautas grandes, en cambio, son más difíciles de hacer sonar para equilibrar los armónicos (LANGEVIN 1990: 118, 119). Las flautas medias, mas numerosas y mas fáciles, son tocadas por los músicos con menos experiencia. La distribución de los sikuri respecto a los tamaños de siku es generalmente una atribución del guía. La distribución de tamaños en el altiplano sigue la norma de las relaciones familiares, estableciendo jerarquías que van desde el anciano, que representa la autoridad por experiencia, hasta el hijo menor que representa el aprendiz (ASOCIACIÓN JUVENIL PUNO sf; BARRAGÁN 2005: 9). "El sikuri esta en la familiarización" (VILLASANTE 2013: 28). Este modelo fomenta las relaciones de cariño "basadas en el respeto hacia quien lo dirige, hacia el instrumento y lo que se interpreta" (RUIZ 2007: 190), funcionando una vez más en un sentido formador social mas allá de la orquesta.

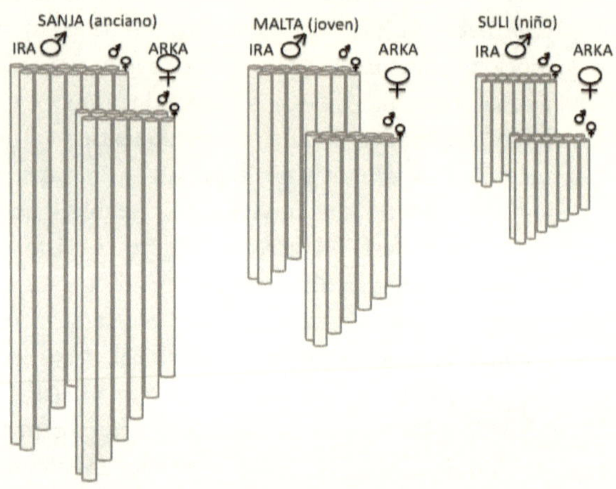

FIG 7 Modelo de tropa mostrando la organización familiar de tamaños (viejo, joven, niño) y la división de género (masculino y femenino) tanto en *ira* y *arka* como entre tubos principales y secundarios. (basado en Baumann 1996). Se muestra tan solo un par por tamaños. Hay innumerables modelos, basados en este y en otros esquemas, en general mucho más complejos.

A nivel de fila todos los usos son colectivos, y por lo tanto se transforman en acuerdos, en funciones que se esperan de la fila como partes de su función pedagógica. Es decir, los sikuris interpretan las enseñanzas del sistema como una metodología didáctica que sirve para ser aplicada a la sociedad. Mi análisis no se basa en esta noción (que es compartida entre los sikuris de muchas maneras) sino que se basa en la observación de los usos del sistema.

La enseñanza de la fila es compleja, integra muchas variables, algunas mas importantes que otras. Las más importante es la enseñanza de la unidad del grupo, y le sigue la enseñanza roles y responsabilidades asociadas a cada tamaño. La estructura del acorde y la orquestación no enseñan, son el medio donde ocurre la enseñanza. El 'unísono denso' tampoco enseña, pero invita a participar en forma inclusiva.

La enseñanza de la unidad del grupo es la mas compleja, pero a la vez basada en el método más intuitivo e innato. El método mimético simultáneo permite un aprendizaje inmediato, sin teoría: "hay que tocar para aprender" (PODHAJCER 2008: 10). Se trata de un aprendizaje natural, que ocupan muchas orquestas orquestas étnicas (BORRÁS 1985: 142; MARCUS 2004: 209) y es innato al ser humano, es el que utilizan los niños (COX 2006: 48; LEMAN 2010: 143), y también los mamíferos y vertebrados, basado en la actividad mimética simultánea mediante las neuronas espejo. Cuando se realiza colectivamente, este método ayuda a integrar al individuo al comportarse igual al resto, generando una armonía de comportamientos integrados que acrecienta la percepción de afecto entre los participantes (LEMAN 2010: 145). "La visualización de un movimiento con una gran empatía vale más que mil lecciones" (BLEICHMAR, 2008 cit. JIMÉNEZ 2013: 169). Esto explica su efectividad: es habitual que los sikuris relaten experiencias de integrarse a otras sikuriadas que tocan melodías o estilos que no conocen, y que al cabo de un rato dominan (ver CASTELBLANCO 2016: 36, 39). La enseñanza de unidad tiene como consecuencia la pérdida de individualidad, que se funde en la fila.

A este método se puede añadir la inclusividad. La enseñanza de inclusividad puede existir o no, dependiendo de la norma (andina o cosmopolita) que escoja la sikuriada. Cuando existe, se transforma en muy importante, porque permite integrar a niños junto con adultos en una ejecución conjunta a través de las 'discrepancias participativas'. El 'unísono denso' forma parte de estas 'dircrepancias participativas', pero definido desde la estructura de la fila. Esta discrepancia participativa enseña la tolerancia al error, lo que permite invitar a tocar al amigo, al hijo o al visitante, rasgo que otorga a la sikuriada una cualidad vista como vanguardista, auténtica, inclusiva, tolerante, de lucha contra las desigualdades y contra el modelo hegemónico (BARRAGÁN Y MARDONES 2013: 56). La inclusión de niños y adultos en una misma actividad es considerada muy importante en la pedagogía (JIMÉNEZ 2013: 34; Entrevista M. Ibarra 2017), y permite a la sikuriada abrirse a la sociedad. Esto también explica parte de las cualidades terapéuticas asociadas a la sikuriada que reconoce TARRILLO (2007) en su experiencia con pacientes adolescentes impedidos físicos. El rasgo inclusivo es defendido por los sikuri como uno de sus mayores aportes sociales, siendo uno de los escasos medios capaces de revertir la anomalía de la segregacíon urbana, restituyendo su tejido social básico (Entrevista M. Ibarra 2017). En efecto, la tendencia de las ciudades cosmopolitas es a segregar por especialidades y por edades, como en el colegio, la universidad y en el trabajo. Esto fomenta la segregación social y en el caso de las orquestas, excluye a la gran mayoría de la población, considerada "no-músicos". En resumen, la enseñanza de inclusión es posible, pero no necesaria al sistema, y es sugerida por el uso indígena altiplánico, en cambio su ausencia es sugerida por el uso urbano cosmopolita.

Aparte de lo anterior, cada tamaño enseña especialidades diferentes de ejecución, y enseña roles y responsabilidades respecto a la fila. Cuando se sigue el método altiplánico, esta enseñanza enfatiza las relaciones familiares de afecto y los modos de ejercer autoridad por respeto y horizontalmente.

6° PAR DE FILAS

La estructura de par de filas multiplica la estructura del siku por la estructura colectiva de fila. El sistema sikuriada alcanza así su máxima complejidad estructural, arrastrando del nivel anterior (fila) la cualidad fractal, acumulativa, diferenciada por tamaños, con una orquestación y un (posible) "unisono denso" y arrastrando del nivel siku la estructura a la vez unitaria, dual, tri- y tetra-unidad. Algunas sikuriadas introducen variedad al tejido sonoro mediante diversas técnicas, como ir callando pares de siku (AVILA PADILLA 2002) o hacer ornamentos improvisados (el *liko cantor* de lakitas), que solo son posibles si hay parejas que tocan hace tiempo y son capaces de reaccionar mutuamente por reflejo condicionado (Entrevista M. Ibarra 2017).

La complejidad estructural, que integra objetos y personas en acciones recíprocas hace fluidos los conceptos, pudiendo de uso a función dependiendo de acciones o intenciones. La complejidad estructural permite que algunos procesos generados durante la ejecución, sean más apreciados, y convertidos en funciones deseadas por el grupo, que los atraen a la participación. Los principales autores que se refieren a estos temas son RUIZ (2007), PODHAJCER (2011) y CASTELBLANCO (2016). A esto se suman los relatos de los sikuri que otorgan funciones a aspectos estructurales (la disposición circular en función de la horizontalidad no jerarquica, la unidualidad en función de la *mit'a,* o *ayni*), cuestiones que, a pesar de su importancia respecto al discurso de los sikuri, dejo fuera porque son interpretaciones que vienen de las sikuriadas altiplánicas.

La estructura introduce necesidades espaciales, debido al gran tamaño que adquiere, lo que exige organizar las dos filas de tal modo que cada una de las partes escuche a su par y a su fila simultáneamente. Esta organización depende del estilo, de la ocasión y del lugar; lo habitual es que el guia va al frente, seguido de su par, intercalandose las parejas hacia atrás, mientras la fila de enfrente se dispone en espejo, enfrentando los pares opuestos (ÁVILA Y PADILLA 2002: 26). Esta formación permite desplazamientos diversos, otorgándole movilidad y dinámica al sonido (LAKITAS DE TARAPACÁ 2014). El uso del espacio es obligado, y se efectúa mediante el movimiento de los cuerpos y de los sonidos. Este movimiento hace fluido el concepto de par, el cual, dependiendo de la formación, puede estar ubicado a la izquierda, al frente o a la derecha (LANGEVIN 1990: 120).

El uso de esta estructura requiere del baile y de la 'escucha periférica'. La función del baile es cohesionar ambas filas (CIVALLERO 2014) coordinando la ejecucion colectiva, la procesión y la danza. Los movimientos son naturales, como caminar o trotar, no enfatizando su rol estético, sino su rol integrador (AVILA PADILLA 2002).

La escucha periférica (TRIMILLOS 2004: 32) consiste en que todos los sikuri estén escuchándose mutuamente, cada uno atento al sonido total, adaptándose permanentemente a el, reaccionando instantáneamente a alguna señal sonora, buscando el acuerdo sonoro. Esto se facilita debido a que cada sikuri está simultáneamente escuchando y "cantando" lo mismo con su flauta. Las distancias variables y los movimientos de las partes hacen complejo este proceso, que se prolonga hacia la atención corporal, que incluye el modo de "soplar la caña", la mirada con la pareja y el grupo, el entendimiento tácito entre el par y el grupo (PODHAJCER 2008).

La enseñanza del par de filas incorpora la compleja enseñanza de cada una de las dos filas respecto a la unidad del grupo (sobre todo si integra la enseñanza de inclusividad propia de la sikuriada altiplánica), y la enseñanza de roles y responsabilidades asociadas a cada tamaño, y todo eso lo relaciona de acuerdo a la enseñanza de la 'unidualidad' del siku. La enorme complejidad del sistema didáctico que alcanza el sistema es interpretada por diversos sikuris mediante métodos aplicados a la pedagogía en Colegios, principalmente para fomentar la responsabilidad, disciplina, trabajo colectivo, solidaridad, respeto, tolerancia, inclusión, empatia, compañerismo, compromiso, socialización, reciprocidad y combatir el individualismo (LÓPEZ 2000: 65; AVILA, PADILLA 2002; MEME 2006; RUIZ 2007; TIMANÁ LA ROSA 2009; BARRAGÁN Y MARDONES 2013; CALISAYA 2014; CASTELBLANCO 2016).

El uso del espacio no enseña, porque es obligado (se integra a la estructura). El baile enseña una forma básica de coordinación, muy intuitiva y corporal, pero que adquiere tal importancia que muchas sikuriadas y otras Flautas Colectivas andinas se nombran a si mismas "Baile". El danzar tocando flautas lo encontramos en todo el mundo como una forma natural de enlazar el esfuerzo de la interpretación con los cuerpos del grupo. La orquesta urbana cosmopolita tiende a basarse en el modelo de la música europea del XVIII, que enfatiza el estar sentado, quieto, evitando todo movimiento, fórmula que encontramos también en grupos instrumentales del mundo.

La 'escucha periférica' enseña a estar pendiente, simultáneamente, de la ejecución personal y de la ejecución de cada uno de los participantes en la orquesta. Esto es algo común a muchas orquestas étnicas del mundo que dependen de la unidad del grupo para su organización, pero es desconocida a la orquesta tradicional urbana cosmopolita organizada en torno a músicos absortos en sus respectivos roles escritos y coordinados por un director. Esta diferencia es notada por casi todos los profesores de orquestas étnicas en EEUU (LOCKE 2004: 184; SUSILO 2004: 56; TRIMILLOS 2004: 32).

La complejidad de este nivel permite incorporar enseñanzas complejas de tipo social, como la unidad dual colectiva y la identidad sonora. Además, la disolución del individuo, que existía separadamente en la fila y en siku como consecuencias del uso, se unen en una consecuencia mucho más estable, que podemos considerar otra enseñanza.

La unidad dual colectiva es una "enseñanza" que proviene de la intención compartida por los sikuris de lograr un sonido complejo mediante el uso del par de filas. El sistema, que hasta el nivel anterior era fragmentario, alcanza su estabilidad gracias al equilibrio entre las dos mitades. La ejecución repetida por el grupo se basa en el modelo de imitaciones simultáneas de la fila, pero entrelazadas dualmente según el modelo del siku. Esto produce "modos somáticos de atención", "como si ira y arka estuviesen adheridas por un 'pegamento musical', un ideal que buscan continuamente los guías (PODHAJCER 2011: 284, 285). Muchos sikuri se refieren a que el instrumento pasa a formar parte del cuerpo, como una extensión del mismo, o que el cuerpo del sikuri forma parte de otro cuerpo mayor, el de la sikuriada (ACEVEDO 2003: 111; VALVERDE 2007: 347; PODHAJCER 2011: 285; BRAULIO ÁVILA, cit IBARRA 2016: 149, 152), el el cual tiene vida propia, tiene latido y pulso, respiración y canto (ÁVILA 2012). Este último autor propone el concepto de "animal sonoro" para señalar ese "cuerpo de cuerpos" formado por todos los miembros de la tropa. Los sikuri también se refieren a esto como ejecutar música en sincronía, a compartir una sensibilidad musical, una experiencia estética, al placer de la interpretación colectiva, de la aceptación, la falta de teorización, la sensación de "pertenecer" dentro de un clima de relaciones directas, cara a cara, cuerpo a cuerpo, de compañerismo y amistad, de intercambio de ideas, sueños, aspiraciones, alegrías y tristezas (RUIZ 2007: 189, 192). Los efectos de esto se proyectan a la vida diaria, influye en su filosofía de vida, en sus relaciones familiares y de trabajo (TARRILLO 2007: 268). Una parte importante de esta enseñanza está compuesta por la disolución del individuo, simultáneamente en el par, en la fila, y en el par de filas, transformándose en una experiencia tansformadora. Esta enseñanza proviene enteramente de la estructura de origen indigena andino, como lo testifican todos los sikuri.
La identidad sonora que logra el par de filas es la de un solo instrumento, la Flauta Colectiva, la cual posee un sonido complejo dual, de enorme poder expresivo a pesar de no pertenecer a la música: pertenece al timbre del instrumento, que es expresión de su estructura. La identidad sonora es un atributo de todas las orquestas del mundo,

pero en la Flauta Colectiva opera como indentidad del instrumento grupa, además.

7º NIVEL - TROPA

La estructura de la tropa es igual al par de filas, pero se agrega la sección rítimica. Mientras todos los niveles anteriores eran cerrados, relativos solo a su interiore, la tropa es un sistema abierto, que depende del entorno, y que se abre al exterior mediante la sección rítmica y la música. Los entornos corresponden a los modelos andino o metropolitano, o sus mezclas, quienes nombran la tropa como 'conjunto', 'grupo', 'tropa', 'comparsa' o 'banda' (SÁNCHEZ 2013: 24). La sección rítmica, la música y la pertenencia a un entorno no pertenecen al sistema, por diferentes razones.

La sección rítmica no es necesaria al sistema, puede no existir. Su uso no es obligado al sistema. Cuando existe, su estructura no pertenece al sistema; no posee flautas sino tambores e instrumentos rítmicos, los cuales pueden variar de uno a muchos bombos, puede incluir cajas, platillos y otros idiófonos, puede ser ejecutada por el mismo sikuri o por un percusionista ajeno a las dos filas. Una misma sikuriada puede cambiar su sección rítmica al pasar de un estilo a otro. Esta variación la observamos en las sikuriadas metropolitanas y altiplanicas, dependiendo de la localidad, el estilo y otros factores. La información es muy abundante (WITNEY 1985; ÁVILA Y PADILLA 2002; DUTTO 2008: 405; HUJMAYA 2009; BARRAGÁN Y MARDONES 2013; GORDILLO 2013; SÁNCHEZ 2013; VILLASANTE 2013; LAKITAS DE TARAPACÁ 2014; CASTELBLANCO 2016; IBARRA, 2016). La unidad básica de la seccion rítmica es un tambor del tipo 'bombo', sobre la cual se agrega el resto. Es posible que varios bombos tocados por los mismos sikuri fuera la fórmula originaria, y la variedad algo más o menos reciente. La sección rítmica tiene una función definida respecto al sistema, cual es otorgar señales claras respecto al ritmo, o para marcar inicios, finales, intensidades y velocidades, patrones rítmicos, coreografías y secciones(BUENO 2010). La organología del tambor es óptima para dar señales sonoras poderosas y precisas, y su ergonomía incluye una danza de los brazos que explicita ese uso, permitiendo que su funcion de señales (sonoras y visuales) sea usado en todas partes del mundo. Es considerado por algunos sikuri como el el "corazón" de la tropa, y el concepto de "ritmo" se usa con el sentido de "composición" o "pieza", destacando así su importancia con respecto a la música (LANGEVIN 1990: 135; ÁVILA Y PADILLA 2002: 27; PONCE 2007: 170; ÁVILA 2012; BARRAGÁN Y MARDONES 2013: 20, 21; GORDILLO 2013; CASTELBLANCO 2014B: 272, 273; LAKITAS DE TARAPACÁ 2014).

En cuanto a la música, a pesar de ser la función de la tropa, y el objetivo de los sikuri, no pertenece al sistema como Flauta Colectiva, del mismo modo que la música no pertenece a instrumento musical, que sólo es un instrumento para el intérprete, quien la crea. Del mismo modo, la sikuriada puede variar de música, de temas, de estilos, de repertorios, que son parte del entorno, como cualquier instrumento musical. La Flauta Colectiva se adapta a las músicas que traen los sikuri de su imaginación o de alguna escucha.

La pertenencia al entorno define como se inserta la tropa en la sociedad. Un tipo de inserción es a través de cada uno de sus sikuri, de sus redes sociales. Otra es a través de las partes de la tropa que no pertenecen al sistema sikuriada: sección rítmica, portaestandartes, aguateros, elenco de danza asociado, etc. (ACEVEDO 2007: 15; DUTTO 2008: 405) y de muchas otras formas.

La enseñanza de la tropa está dirigida al entorno, al público que escucha, bajo la forma de música, que es la función de toda orquesta, o bajo la forma de una reacción del sikuri frente a las enseñanzas que le entrega el sistema sikuriada y su diferencia con el entorno urbano cosmopolita. Por lo mismo no corresponden al sistema, sino a la interpretación que hacen los sikuri respecto a su función en el medio social en que se inserta. Esas funciones se multiplican de acuerdo a las posiciones de cada sikuri, cada sikuriada y del movimiento sikuriano con su diversidad interna.

Por lo tanto, la enseñanza de la tropa no pertenece al análisis del sistema, pero sin embargo, pertenece al proceso intercultural que implica su relación con el medio urbano cosmopolita. En efecto, la tropa posee su propia organización social, formada por los sikuri de acuerdo a las enseñanzas del uso del sistema sikuriada. Como varias de estas enseñanzas (el depender del otro (par), la 'unidualidad', la unidad dual colectiva, la inclusividad, la disolución del yo y del individualismo, las relaciones de afecto de tipo familiar, la autoridad horizontal) provienen entera o casi enteramente del mundo indigena altiplánico, se produce un desacople entre estas enseñanzas y las que provienen del mundo urbano cosmopolita, lo que tiene consecuencias personales en cada sikuri que pueden llegar a modificar su percepción del entorno, provocándole una rebeldía por cuestiones que considera básicas y que el entorno no le entrega, transformándose en una actitud de rebeldía que constituye uno de los rasgos más destacados de las sikuriadas metropolitanas. Esa reacción es fruto del proceso intercultural, que se activa cada vez que un sikuri percibe la diferencia entre las enseñanzas de la sikuriada y el medio urbano cosmopolita.

Hay partes de este proceso que son mas ambiguas, como cuando la sikuriada actúa frente a otra persiguiendo la fusión de ambas, de acuerdo a los paradigmas urbanos cosmopolitas, o hacia la competencia, de acuerdo a los paradigmas indígenas andinos, cuestión que está programada (por el fabricante) a nivel de serie de tubos, como vimos. Asimismo, la compleja relacion de usos que hace el entorno de la sikuriada (para animar una fiesta, o una protesta, o una presentación artística) exige de la orquesta definiciones que orientan su función, cuestión ampliamente tratada en la bibliografía consultada (AVILA PADILLA 2002: 26; BARRAGÁN 2005: 15; ACEVEDO 2007: 18, 19; IBARRA 2011: 3; BARRAGÁN Y MARDONES 2013: 39; 48, 57, 58; GÉRARD 2014; CASTELBLANCO 2014B: 268, 277; 2016: 85-94; IBARRA 2016: 157; PÉREZ MIRANDA 2016).

CONCLUSIONES

El proceso intercultural es consecuencia de las cualidades didácticas que emanan del uso del sistema sikuriada. Sin duda que la gran cantidad de enseñanzas que emergen de las diferentes partes del sistema son reinterpretadas por cada sikuri y cada sikuriada de acuerdo a pensamientos propios o sacados de diferentes contextos: los discursos se abren en todas direcciones, pero privilegiando aquellos asociados a los pueblos originarios y específicamente a los indígenas andinos altiplánicos. Pero lo que une a todas las sikuriadas y a todos los sikuris no son los discursos acerca de ellos mismos, sino el uso que hacen todos ellos de un mismo sistema complejo, el cual les enseña lo mismo a todos. La fuerza de convicción de esa enseñanza proviene de las miradas, los movimientos, el esfuerzo compartido y 'trenzado' que exige una atención visual y sonora permanenteme. Esto explica la generación de un movimiento sikuriano internacional carente de organización y de líderes, que sigue el proceso lento, paulatino y

82

suave, producto de una maduración compartida, no de una introducción de ideologías. El separar los discursos de los aprendizajes provistos por el sistema que he realizado mediante mi análisis es una necesidad metodológica para comprender el proceso intercultural, pero no corresponde a observar la realidad, donde (casi)todos los aprendizajes se hallan inmersos en discursos que los explican desde diferentes interpretaciones.

El sistema intercultural funciona por las enseñanzas que provienen del mundo indigena altiplánico y se traspasan al mundo urbano cosmopolita. En esto, la sikuriada se diferencia de muchos otros objetos que han realizado el mismo tránsito, como la kena y el charango, perdiendo sus funciones anteriores y adquiriendo otras al ser asimilados a usos urbanos cosmopolitas.

La sikuriada, en cambio, impone su uso obligatorio mediante reglas que provienen de su sistema, cuya complejidad permite una cantidad de aprendizajes mayor a la de cualquier instrumento musical, la mayor pare de los cuales proviene del mundo indígena altiplánico. Esto impide que la sikuriada sea usada por músicos urbanos haciendo caso omiso a los usos y funciones que emanan de ella, debiendo por lo contrario asumirlas.

A su vez, el medio urbano cosmopolita obliga a la sikuriada a funcionar bajo normas de uso sonoro (patrimonio, propiedad intelectual, *copyright*, sonido en espacios públicos), normas económicas (de acceso a lugares y medios, de trabajo), normas de presentación (escenario, separación entre publico y músicos, tecnología de amplificación), y al mismo tiempo le ofrece nuevos materiales de fabricación (cañería plástica), espacios físicos (calles, plazas, teatros), nuevos escenarios sociales (artísticos, políticos, rituales, incorporación de la mujer) que modifican las formas que el sistema sikuriada se presenta. Todos esos procesos son interpretados por los ejecutantes de diferentes maneras, y sus discursos se difunden en la ciudad de otras tantas maneras, integrándose al panorama cosmopolita que borra las diferencias étnicas, difumina los contrastes culturales y relativiza los contenidos de los discursos como resultado de la globalización, que incorpora todas las variantes dentro de su definición, haciendo inoperante cualquier definición.

Sin embargo, el sistema musical europeo conserva en la ciudad cosmopolita sus usos respecto a los instrumentos musicales, los cuales presentan suficientes diferencias como para distinguirlos de los usos indígenas altiplánicos. Es asi como podemos distinguir las enseñanzas acerca de depender del otro (par), la 'unidualidad', la unidad dual colectiva, la inclusividad, la disolución del yo y del individualismo, la cooperación, las relaciones de afecto de tipo familiar, la autoridad horizontal que propone la sikuriada de las enseñanzas que enfatizan el individualismo, la lectura y el estudio teórico y la especialización y la segregación social que propone la enseñanza de la música urbana. Gran parte de estas diferencias, sin embargo, no se dan sólo entre la sikuriada y las orquestas urbanas en general, sino que entre estas últimas y la mayor parte de las orquestas étnicas del mundo tan diferentes como el gamelan balines, la batucada, la marimba mexicana, la música y danza BaAka (pigmeos), las cuales también enseñan la inclusividad, la disolución del yo y del individualismo y la cooperación (HARNISH 2004: 133, 134; KISLIUK, GROSS 2004: 250; SOLÍS 2004B: 238, 240; VETTER 2004: 118; REIJONEN 2017). Todas las orquestas étnicas que he estudiado están orientadas a la inclusión y a la integración, en mayor o menor medida, y generalmente mediante la no-especialización previa, sino sólo mediante la práctica (movimiento, contacto, imitación), y debido a eso su enseñanza es capaz de provocar transformaciones ontológicas en el ejecutante.

En la sikuriada, el impacto de su enseñanza puede transformar a un individuo, debido a dos factores diferentes que coinciden en llenar vacíos existenciales en su vida. Las relaciones humanas imperantes en el medio urbano cosmopolita latinoamericano se caracterizan por la carencia de aspectos básicos de la vida humana, como son los aspectos colectivos, comunitarios, los espacios de lo sagrado y de los fundamentos que justifican nuestra existencia, (ARNOLD 2008: 46-48; GONZÁLEZ 2008: 345, 351; THUMALA, SALINAS 2008: 312, 320-323; BARRAGÁN Y MARDONES 2013: 36, 37; CASTELBLANCO 2016: 97; EARLS sf: 24). El descubrimiento de esto puede transformar la vida del sikuri (CASTELBLANCO 2016: 66), debido a que le entrega herramientas críticas que no poseía para cuestionar esa realidad. El otro vacío se refiere a la identidad, un problema que arrastramos como colonia que conoce la paternidad foránea y desconoce la propia, lo que se traduce en una crisis de identidad permanente, que ha sido debatida por varios autores (ROA

1993: 9; LARRAIN 2001: 8, 73, 78, 127, 129; ABERCOMBIE 2006: 523; THUMALA, SALINAS 2008: 321; PALOMINOS ET AL 2009: 87, 93; MOSQUERA 2010: 123). La sikuriada viene a llenar ese vacío con contenidos que vienen de ese sector propio y desconocido (los 'pueblos originarios'), y que son aprendidos de modo intuitivo (y luego estudiados y proyectadas hacia el medio por medio de discursos).

Este impacto obliga a cada sikuri y sikuriada, a establecer una posición frente a la realidad del mundo indígena (o pueblos originarios), que conforma el sector social más relegado de su propia sociedad, y al hacerlo, se suma a otros movimientos relacionados con sectores excluidos (mujeres, jóvenes, homosexuales, sectores poblacionales y estudiantiles) por medio de marchas y manifestaciones de todo tipo (ACEVEDO 2003: 114; MEME 2006; SÁNCHEZ 2007: 230; PODHAJCER 2008: 17; BUENO 2010; IBARRA 2013: 10; 2016: 161; CASTELBLANCO 2014B: 268, 270; 2016: 259; FERNÁNDEZ, FERNÁNDEZ 2015: 63-69). La sikuriada introduce en estos movimientos un poderoso ingrediente sonoro que habla desde la perspectiva indígena, al igual que lo hacen otras agrupaciones, como el baile tinku (FERNÁNDEZ, FERNÁNDEZ 2015: 63-69; CASTELBLANCO 2016: 90). Todos estos procesos a su vez se hallan inmersos en un proceso mayor de emergencia indígena que abarca el continente en las últimas décadas, y que está en pleno desarrollo (BENGOA 2015: 94).
Esto nos revela como opera el proceso intercultural a nivel de sistema: no se trata de entregar o recibir, sino de usar o no usar. Por eso podemos decir que la sikuriada metropolitana es, en sí, un sistema intercultural, porque su uso hace aflorar ese proceso. Con cada ejecución musical en el medio urbano cosmopolita se activan formas de comprensión de las relaciones humanas que provienen del medio indigena altiplánico. Este proceso intercultural no sólo afecta las sikuriadas metropolitanas, sino también las sikuriadas altiplánicas y sus ejecutantes y simpatizantes, quienes reciben constantemente los nuevos discursos, como el de la incorporación de la mujer, que van integrando a su práctica junto al uso de internet. Hoy en día un sikuri puede informarse por las redes sociales cuando va a ser la fiesta, que vestimenta llevar, que repertorio se tocará, y las comunidades altiplánicas pueden revisar, por las mismas redes, si sus 'representantes' están ajustados a sus normas al presentarse en

ciudades distantes (Ibarra, entrevista 2018). El proceso por lo tanto es intercultural y unidireccional respecto al sistema sikuriada, pero no respecto a sus efectos, que son recíprocos.

La unidireccionalidad del proceso es uno de sus rasgos más notables, porque revierte cinco siglos de relacion entre ambos modelos culturales. El proceso intercultural entre una sociedad 'indigena andina' que actúa como donante y otra 'urbana metropolitana' que opera como receptora revierte todo lo que sabemos, en que las sociedades 'indigenas' en general son sólo receptoras. El porqué la sikuriada logra romper esta norma es algo que queda sin resolver, pero que el análisis sistémico permite aclarar en razón a la enorme simplicidad, estabilidad y complejidad del sistema, que le permite incrustarse en un medio hostil, como la ciudad cosmopolita, sin perder esas cualidades. Esta coherencia y estabilidad es lo que le permite a la sikuriada actuar en la ciudad como herramienta de enfrentamiento y rebeldía, gracias a que su diferencia no es reductible, sino al revés, es contagiable, porque utiliza el diálogo verdadero (horizontal, responsable, amigable) de modo lúdico y musical, para integrar las identidades separadas, mutiladas, negadas, confusas, que nos habitan.

El proceso intercultural señalado no es percibido por gran parte de la población urbana cosmopolita latinoamericana, que sigue apegada a las normas que emanan de las elites que controlan el poder político y económico. Las sikuriadas metropolitanas nacen en el seno de esa ignorancia, pero como agentes activos de su eliminación desde abajo, trenzada en certezas.

BIBLIOGRAFÍA

ABERCOMBIE, T. [1998] (2006). Caminos de la memoria y el poder, etnografía e historia de una comunidad andina. trad. Joseph Barnadas. Sierpe, publicaciones, La Paz.

ACEVEDO, S. (2003). Los sikuris de San Marcos. Historia del conjunto de zamponas de San Marcos. Talleres gráficos de Alter - Nativa.

ACEVEDO, S. (2007). En torno a los nuevo sikuris. En: Folklore. Arte, cultura y sociedad. Revista del Centro Universitario de Folklore UNMSM. Año 1 N°1 (11-30).

ANSWERS (2017). Uso y función. https://es.answers.yahoo.com/question/index?qid=20070919212440A AO0x4L (8/11/17)

APAZA, R. (2007). El siku en la cosmovisión primaria. En: Folklore. Arte, cultura y sociedad. Revista del Centro Universitario de Folklore UNMSM. Año 1 N°1 (31-48)

ARETZ, I. (1967). Instrumentos Musicales de Venezuela. Ed. Cumaná.

ARNOLD, M. (2008). La sociedad como sistema autopoiético: fundamentos del programa sociopoiético. En: La nueva teoría social en Hispanoamérica: introducción a la teoría de sistemas constructivista. Universidad Autónoma, México (45-80).

ARNOLD, M., OSORIO, F. (2008). La Teoría General de Sistemas y su aporte conceptual a las ciencias sociales. En: La nueva teoría social en Hispanoamérica: introducción a la teoría de sistemas constructivista. México: Universidad Autónoma (17-44).

ASOCIACIÓN JUVENIL PUNO (sf). Conjunto de sikuris 27 de junio. Junta Directiva A.J.P.-Puno

ÁVILA, B. (2012).¿Cuerpo De Cuerpos?: la experiencia de la etnocorporeidad en la música de lakita. En: Actas del I Encuentro Latinoamericano de Investigadores sobre Cuerpos y Corporalidades en las Culturas. Editado por Investigaciones en Artes Escénicas y Performáticas (SNP). Rosario, Argentina.

AVILA, B., PADILLA, F. (2002). Lakitas En el aula: propuesta de unidad temática para el nivel medio 1 (nm1). Memoria para optar al título de profesor en educación musical Universidad Metropolitana de Ciencias de la Educación, fac. de Artes y Educación Física, Dto. Educación Musical. Santiago.

BARRAGÁN, F. (2002). la zampona criolla y su relación con la música popular. En: La música en Bolivia: de la prehistoria a la actualidad. Memoria del Simposio Internacional realizada en Octubre de 2001 en Cochabamba – Bolivia Fundación Simón I. Patiño. (331-351)

BARRAGÁN,F. (2005). Sikuris urbanos, adaptación de una complementariedad en la ciudad (sondeo y seguimiento) (manuscrito)

BARRAGÁN, F., MARDONES, P. (2013). Che Sikuri: expresión del siku en el contexto porteño. Su rol en las dinámicas de reproducción aymara-quechuas y su constitución como parte de la identidad cultural de Buenos Aires. 2013. T. S.

BAUMANN, M. P. (1979). Música Andina de Bolivia. Comentario (record Lauro Stereo LPLI/S-062). Cochabamba, Lauro & Cia.

BAUMANN, M. P. (1996). Andean music, symbolic dualism, and cosmology. En: Cosmología y música en los Andes. Frankfurt am Main : Vervuert ; Madrid : lberoamerica (15-66)

BAUMANN, M. P. (2004). Music and worldview of indian societies in the Bolivian andes. En: Music in Latin America and the Caribbean: An Encyclopedic History, Vol. 1. University of Texas Press (101-121)

BELLENGUER, X. (2007). El espacio musical andino. Modo ritualizado de producción musical en la isla de Taquile y en la región del Lago Titicaca.

BENGOA, J. [2000] (2015). La emergencia indígena en américa latina. Fondo de Cultura Económica

BORRÁS, G. (1985). Músicas tradicionales y dinámicas sociales entre los aymaras del altiplano boliviano. Reunión Anual de Etnología, Museo Nacional de Etnografía y Folklore, La Paz (133-143)

BORRAS, G. (1998). Poco varía: le sésame de l´organologie aymara. En musiques d´Americque Latine. Cordes: CORDAE / La Talavera (33-46)

BUENO, O. (2010). Trascendencia del Siku. Una interpretación etnomusicológica.
http://casadelcorregidor.pe/colaboraciones/_biblio_Bueno.php (20/4/17)

BURMAN, A. (2014). El ayllu y el indianismo. Autenticidad, representatividad y territorio en el quehacer político del conamaq, Bolivia. En: Los Nuevos Caminos de los Movimientos Sociales en Latinoamérica. The Faculty of Humanities, Copenhagen University (99-122)

CALISAYA, Z. (2014). Los sikuris: globalizacion y postmodernismo Vid@rte V.1, N.1 (snp)

CÁMARA DE LANDA, E. (2004). Cien años y algo más: notas alrededor del diálogo intercultural. Revista Argentina de Musicología N° 2. Asociación argentina de musiciología, Buenos Aires (49-61)

CASTELBLANCO, D. (2014). Soplando sikus más allá del Titicaca: conjuntos de sikuris como islas del archipiélago cultural transandino en Buenos Aires, Santiago y Bogotá. Revista de Crítica Literaria Latinoamericana Año XL, No 80. Lima-Boston (265-282).

CASTELBLANCO, D. (2016). Sikuriando melodías de tiempos lejanos: los sikuris cosmopolitas y la vigencia de "lo andino" en Bogotá, Santiago y Buenos Aires. A Dissertation submitted to the Faculty of the Graduate School of Arts and Sciences of Georgetown University in partial fulfillment of the requirements for the degree of Doctor of Philosophy in Spanish, Washington, DC

CASTELBLANCO, D. (2018). Sikuris altiplánicos, regionales y metropolitanos: Revisión de un esquema de clasificación1 En: Música y Sonidos en el Mundo Andino: Flautas de Pan, zampoñas, antaras, sikus y ayarachis. Universidad Nacional Mayor de San Marcos, Lima. (415-442)

CIVALLERO, E. (2014). Una aproximación a las bandas de sikuris http://tierradevientos.blogspot.com.es/ (12/8/17)

CLEMENTE, F. (2015). De la zampoña al naï... menuda voltereta! https://cuscovivo.wordpress.com/2015/01/12/de-la-zampona-al-nai-menuda-voltereta/ (9/8/17)

CONNELL, G. (2001). Sound tracks: popular music, identity and place. Critical geographies, Routledge, London

 COX, A. (2006). Hearing, Feeling, Grasping Gestures. En: Music and Gesture. Ashgate Publishing Company, Hampshire, England (45-60)

DE LA VEGA, G. (1609). Primera parte de los Comentarios Reales. Lisboa. ED facsímil (http://shemer.mslib.huji.ac.il/lib/W/ebooks/001531300.pdf) (7/2/2016).

DOCKENDORFF, C. (2008). Lineamientos para una Teoría Sistémica de la Cultura: la unidad semántica de la diferencia estructural. En: La nueva teoría social en Hispanoamérica: introducción a la teoría de sistemas constructivista. Universidad Autónoma, México (81-117)

DUTTO, S. (2008). La música de los sicuris de Tilcara; Una investigación de campo sobre las prácticas de los sicuris durante la procesión a la Virgen del Abra de Punta Corral. Actas de la VII reunión de la Sociedad Argentina para las Ciencias Cognitivas de la Música (401-411)

EARLS, J. (sf). Aportes del conocimiento y la tecnología andinos en el contexto de la aldea global. Editorial: Pontificia Universidad Católica del Perú. Lima (43 p.)

ESPINOZA, D., CHARALY, D., MUJICA, R., GUERREROS, J., LÓPEZ, L. (2012). Música aymara, Bolivia. En: Música aymara: Bolivia, Chile y Perú. Centro Regional para la Salvaguardia del Patrimonio Cultural Inmaterial de América Latina. Núcleo Focal del CRESPIAL en Bolivia. Unidad de Patrimonio Inmaterial – Ministerio de Culturas

FERNÁNDEZ, F., FERNÁNDEZ, R. (2015). El tinku como expresión política: Contribuciones hacia una ciudadanía activista en Santiago de Chile. Psicoperspectivas. Individuo y Sociedad VOL. 14, N° 2, (62 – 71)

GÉRARD, A. (1996). Las Zampoñas Urbanas Modernas. En: Taquipacha, Revista Boliviana de Investigación en Cultura y Música. CEECUM / H. Municipalidad de Cochabamba, N° 4, Cochabamaba (12-24)

GÉRARD, A. (2010). Tara y Tarka; un sonido, un instrumento y dos causas: estudio organológico y acústico de la Tarka. En: Diablos Tentadores y Pinkillus Embriagadores en la fiesta de Anata/Phujllay T 1, (69-140)

GÉRARD, A. (2014). *Los Misti Sikus. Enfoque organológico.* (manuscrito).

GÉRARD, A. (2015). Tara: La estética del sonido pulsante - Una síntesis. En: Mundo Florido, Arqueomusicología de las Américas Vol.4 Ekho Verlag, Berlin (43-64).

GOMEZ, J. (2007). El siku o zampoña en la ciudad. En: Folklore. Arte, cultura y sociedad. Revista del Centro Universitario de Folklore UNMSM. Año 1 N°1 (85-106)

GONZÁLEZ, L. (2008). Perspectivas autorreferenciales en ciencias sociales: estudio sobre el sujeto. En: La nueva teoría social en Hispanoamérica: introducción a la teoría de sistemas constructivista. Universidad Autónoma, México (343-355)

GORDILLO, T. (2013). Entrevista https://www.pagina12.com.ar/diario/dialogos/21-217509-2013-04-08.html (20/4/17)

GROVE MUSIC ONLINE (2018). Edited by Deanne Root. http://wwww.oxfordmusiconline.com (4/2/2018)

HARNISH, D. (2004). No, Not 'Bali Hai'!: Challenges of Adaptation and Orientalism in Performing and Teaching Balinese Gamelan. En: Performing Ethnomusicology; Teaching and Representation in World Music Ensembles. University of California Press, Berkeley Los Angeles London (126-137)

HUJMAYA (2009). Notas sobre el sikuri http://hujmaya.blogspot.es/1234963440/notas-sobre-el-sikuri/ Organizacion Cultural Armonia de Vientos Sicuris HujMaya / PUNO-PERU / hujmaya@gmail.com / www.hujmaya.wordpress.com

IBARRA, M. A. (2011). Lakitas: continuidad y transformaciones de una práctica musical tradicional andina en el contexto chileno. En: actas del I Congreso Nacional – Internacional del Siku – CONAINS, Lima (1-18)

IBARRA, M. A. (2013). Siku, música andina-urbana y comparsas de sikus en Santiago de Chile: Trenzados y contrapuntos en la formulación de una identidad musical panandina metropolitana. VII Congreso Sociedad Chilena de Musicología. Universidad de Concepción.

IBARRA, M. A. (2014). Lakitas: continuidad y transformaciones de una práctica musical tradicional andina en el contexto Chileno. XI Encuentro de Confraternidad de Sikuris y Sikumorenos "Inkari 2014". Lima.

IBARRA, M. A. (2016). Zampoña, lakita y sikuri en Santiago de Chile: trenzados y contrapuntos en la construcción de Sonoridades andinas en y desde el espacio urbano-metropolitano. Tesis para optar al grado de Magíster en Artes, Mención Musicología Universidad De Chile Facultad de Artes Escuela de Postgrado

JIMÉNEZ, J. C. (2013). Un modelo teórico en torno a la interpretación musical: hacia la construcción de una metodología integral para la guitarra en la línea del pensamiento complejo. Tesis doctoral en música. Departamento de Comunicación Audiovisual, Documentación e Historia del Arte, Universidad politécnica de Valencia, Valencia.

KEIL, CH. (2001). Las discrepancias participatorias y el poder de la música. En: Las culturas musicales; lecturas de etnomusicología. Sociedad de Etnomusicología. Editorial Trona, Madrid (261-272)

KISLIUK, M., GROSS, K. (2004). What's the "It" That We Learn to Perform?: Teaching BaAka Music and Dance. En: Performing Ethnomusicology; Teaching and Representation in World Music Ensembles. University of California Press, Berkeley Los Angeles London (249-260)

LA CHIOMA, D. (2018). La antara en el arte moche: Performance y Simbolismo En: Música y Sonidos en el Mundo Andino: Flautas de Pan, zampoñas, antaras, sikus y ayarachis. Universidad Nacional Mayor de San Marcos, Lima. (137-174).

LAKITAS DE TARAPACÁ (2014). http://www.lakitasdetarapaca.cl/, Centro de Investigación Educativa, Valparaíso (acceso 13/11/14)

LANGEVIN, A. (1990). La organización musical y social del conjunto de kantu en la comunidad de Quiabaya (provincia de Bautista

Saavedra), Bolivia. Revista andina 8/1. Centro de Estudios Rurales Andinos, Cusco, Perú (115- 137)

LARRAIN, J. (2001). Identidad Chilena LOM ediciones, Santiag2001 274 pp

LEMAN, M. (2010). Music, Gesture, and the Formation of Embodied Meaning. En: Musical Gestures: Sound, Movement, and Meaning, Routledge, New York (126-153)

LOCKE, D. (2004). The African Ensemble in America: Contradictions and Possibilities. En: Performing Ethnomusicology; Teaching and Representation in World Music Ensembles. University of California Press, Berkeley Los Angeles London (168-188)

LÓPEZ, M. (2000). Propuesta para la implementación de siku en establecimientos educativos: Una alternativa regional para la enseñanza de instrumentos musicales. Revista Amauta N° 3 de Investigación Educativa del Departamento de Investigación de la Escuela Normal Superior J.B. Alberdi de Tucumán. (62-69)

MANGA, D. (1994). El Sikuri: Genero de Música Tradicional. Revista Cultural Kikuri año 1 N°1. Saúl Acevedo, director. (4-7).

MARCUS, S. (2004). Creating a Community, Negotiating Among Communities: Performing Middle Eastern Music for a Diverse Middle Eastern and American Public. En: Performing Ethnomusicology; Teaching and Representation in World Music Ensembles. University of California Press, Berkeley Los Angeles London (202-212)

MATRIASAYA   (2014). http://www.matriasaya.cl/historia.html(acceso 13/11/14)

MAYTA, E., GÉRARD, A. (2010). Membrillos para espantar al *K'ita Carnaval* – pandillas de carnaval en Samasa Alta. En: Diablos tentadores y *pinkillus* embriagadores en la fiesta de *Anata/Phujllay*. Estudios de antropología musical del carnaval en los Andes de Bolivia. Universidad autónoma Tomas Frias, Royal Holloway University of London, Université Rennes 2 Haute-Bretagne, Université de Paris 8, CONICET/INAPL, FAUTAPO/Plural editores. T. 2 (179-251)

MEME, C. (2006). Declaración de vínculo, principios y rol de la banda de   sikuris en   IMPA. https://ar.groups.yahoo.com/neo/groups/bandadeimpa/conversatio ns/messages/675 (20/4/17)

MENDÍVIL, J. (2004). Flutes and Food for the Ancestors: from the Tradition of Discoveries to the Discovery of Traditions in Archaeomusicology. (manuscrito)

MENGUET, P. (1981). Bresil, Musique du Haut Xingu. Disco Radio France MU/218/y.

MÉTRAUX, A. (1970). Les Incas. Éditions Du Seuil, Paris.

MOSQUERA, G. (2010). Del Arte latinoamericano al Arte desde América Latina. En: Caminar con el diablo. Madrid; EXIT.

NETTL, B. [1992] (2001). Últimas tendencias en etnomusicología. En: Las culturas musicales; lecturas de etnomusicología. Sociedad de Etnomusicología. Editorial Trona, Madrid (115-154)

PALOMINOS, S., FARÍAS, E., UTRERAS, G. (2009). Música en tensión. Produccion simbolica en tiempos de globalización. Lom, Santiago.

PÉREZ DE ARCE, J. (1998). Sonido Rajado, the Sacred Sound of *Pifilcas*. Galpin Society Journal T. LI. The Galpin Society, Chichester. (17 - 50).

PÉREZ DE ARCE, J. (2007). Música Mapuche. Ed. Revista Musical Chilena, Santiago.

PÉREZ DE ARCE, J. (2015). Flautas arqueológicas de Ecuador. En: Revista Resonancias vol. 19, n°37 (47-88).

PÉREZ DE ARCE, J. (2018). La Flauta Colectiva: el uso social de flautas de tubo cerrado en los Andes Sur. En: Música y Sonidos en el Mundo Andino: Flautas de Pan, zampoñas, antaras, sikus y ayarachis. Universidad Nacional Mayor de San Marcos, Lima.

PÉREZ DE ARCE, J. (1998). Sonido Rajado, the Sacred Sound of *Pifilcas*. Galpin Society Journal, T. LI, The Galpin Society, Chichester. (17 - 50).

PÉREZ MIRANDA, L. (2016). Tensiones entre concepciones musicales en la práctica del Siku en Buenos Aires: El caso de la Banda de Sikuris de IMPA. (Manuscrito).

PODHAJCER, A. (2008). *Jjaktasiña irampi arcampi*: emoción y creencias en la creatividad de conjuntos de "música andina" de Buenos Aires y Puno (Perú). En: Actas del IX Congreso Argentino de Antropología Social. Facultad de Humanidades y Ciencias Sociales - Universidad Nacional de Misiones, Posadas.

PODHAJCER, A. (2011). El dialogo musical andino. Emoción y creencias en la creatividad de conjuntos de música de Buenos Aires y

Puno. Latin American Music Review / Revista de Música Latinoamericana, Vol. 32, No. 2. University of Texas Press (269-293)

PONCE, Y. (2007). Sikus masculinos de tiempo seco. En: Folklore. Arte, cultura y sociedad. Revista del Centro Universitario de Folklore UNMSM. Año 1 N°1 (157-176).

RAE (2017). http://dle.rae.es (3/11/17)

REIJONEN, O. (2017). Lost Batucada: The Art of Deixa Falar, Portela and Mestre Oscar Bigode. Ph.D. thesis Ethnomusicology, University of Helsinki, Helsinki, Finland.

RÍOS, F. (2005). Music in urban La Paz, Bolivian nationalism, and the early history of cosmopolitan Andean music: 1936-1970. Dissertation Submitted in partial fulfillment of the requirements for the degree of Doctor of Philosophy in Musicology in the Graduate College of the University of Illinois at Urbana-Champaign. Vol. 1

RÍOS, F. (2010). Bolero Trios, Mestizo Panpipe Ensembles, and Bolivia's 1952 Revolution: Urban La Paz Musicians and the Nationalist Revolutionary Movement. Ethnomusicology, Vol. 54, No. 2 University of Illinois Press Society for Ethnomusicology (281-317)

ROA, N. (1993). El reino de este mundo. Prologo. Andrés Bello, Santiago.

RUIZ, V.H. (2007). El siku y sus perspectivas de utilización en la educación peruana. En: Folklore. Arte, cultura y sociedad. Revista del Centro Universitario de Folklore UNMSM. Año 1 N°1 (177- 196).

SCRIBD (2018). Uso y función https://es.scribd.com/doc/96301113/Definicion-de-Uso-y-Funcion (4/2/2018)

SAN MARTIN, K. (2009). Presencia de Tropas de Lakitas en Santiago: una Identidad Trastocada. Tesis Presentada Al Instituto De Música De La Pontificia Universidad Católica De Chile, para optar al título de licenciado en Música con mención en Musicología

SÁNCHEZ, C. (1996). Algunas consideraciones hipotéticas sobre música y sistemas de pensamiento. La flauta de pan en los Andes Bolivianos. En: Cosmología y música en los Andes. Veuvert Iberoamericana, Berlín (83-101)

SÁNCHEZ, C. (2007). 07 Formación y desarrollo de los sikuris de Lima: de la ideología y el esencialismo a la hibridación. En: Folklore. Arte, cultura y sociedad. Revista del Centro Universitario de Folklore UNMSM. Año 1 N°1 (197-246).

SÁNCHEZ, C. (2013). La flauta de pan andina: los grupos de sikuris metropolitanos. Estudio sobre los conjuntos de zampoñas, sikuris limeños, urbanos o metropolitanos. Universidad Nacional Mayor de San Marcos (513).

SOLÍS, T. (2004). Community of Comfort: Negotiating a World of "Latin Marimba". En: Performing Ethnomusicology; Teaching and Representation in World Music Ensembles. University of California Press, Berkeley Los Angeles London (229-248)

SUAÑA, C. (2016). La eclosión de los sikuris de la universidad nacional del altiplano

SUÁREZ, H. (2007). Hacia los sikuris metropolitanos En: Folklore. Arte, cultura y sociedad. Revista del Centro Universitario de Folklore UNMSM. Año 1 N°1 (247-260).

SUSILO, H. (2004). A Bridge to Java": Four Decades Teaching Gamelan in America Opportunity and Interaction: The Gamelan from Java to Wesleyan Interview with Hardja Susilo by David Harnish, Ted Solís, and J. Lawrence Witzleben. En: Performing Ethnomusicology; Teaching and Representation in World Music Ensembles. University of California Press, Berkeley Los Angeles London (53-68)

TARRILLO, R. (2007). Efecto de la ejecución del siku en la socialización. En: Folklore. Arte, cultura y sociedad. Revista del Centro Universitario de Folklore UNMSM. Año 1 N°1 (261-275).

TAYLOR, CH. (1993). El multiculturalismo y "la politica del reconocimiento". México: Fondo de Cultura Económica.

THUMALA, D., SALINAS, F. (2008). Sentido de vida, juventud y modernidad: estudio exploratorio sobre la noción de sentido de vida de jóvenes urbanos desde una perspectiva psicológica y cultural. En: La nueva teoría social en Hispanoamérica: introducción a la teoría de sistemas constructivista. Universidad Autónoma, México (311-342).

TIMANÁ LA ROSA, R. (2009). El sikuri, cultura Aymara, en un mundo globalizado, ¡Ch'amampi! Vientos del Altiplano por el CEMDUC. Construyendo Nuestra Interculturalidad. N°5. Año 5. Vol. 4. Lima-Perú. (1-4)

TRIMILLOS, R. (2004). Subject, Object, and the Ethnomusicology Ensemble: The Ethnomusicological "We" and "Them". En: Performing Ethnomusicology; Teaching and Representation in World Music Ensembles. University of California Press, Berkeley Los Angeles London (23-52)

TURINO, T. (1988). La coherencia del estilo social y de la creación musical entre los Aymara del Sur del Perú. En: Musica, danzas y máscaras en los Andes. Pontificia Universidad Católica del Perú, Instituto Riva Agüero. (61-96).

TURINO, T. (1992). Del esencialismo a lo esencial: Pragmática y significado de la interpretación de los sikuri puneños en Lima. Revista Andina, Año 10 N° 2, diciembre (441-456)

VALDIVIA, E. (2018). Flautas de pan en la mitad del mundo: Iconografía musical en las representaciones antropomorfas de la cultura Jama Coaque. En: Música y Sonidos en el Mundo Andino: Flautas de Pan, zampoñas, antaras, sikus y ayarachis. Universidad Nacional Mayor de San Marcos, Lima. (209-248)

VALENCIA, A. (1982). *Ijaktasiña Irampi Arcampi*. El diálogo musical: técnica del siku bipolar. Separata del Boletín de Lima N° 22 y 23. Lima. (32).

VALVERDE, C. (2007). La danza de los sikuris: creación y recreación de una danza ancestral andina. En: Folklore. Arte, cultura y sociedad. Revista del Centro Universitario de Folklore UNMSM. Año 1 N°1 (315-351)

VÁSQUEZ, F., BORONDO, F., ROMO, M., DE LA HERRÁN, A., CUÉLLAR, R., RAMOS, M. A. ROMANO, M. (2001). Las teorías del caos y los sistemas complejos; proyecciones físicas, biológicas, sociales y económicas. Encuentros multidisciplinares, Vol. 3, N° 7 (40-70)

VEGA, M. A. (2012). Prácticas y discursos feministas entre las jóvenes de las bandas de sikus de Buenos Aires en el contexto del buen vivir. Mitológicas, vol. XXVII, Centro Argentino de Etnología Americana Buenos Aires, Argentina (32-46)

VERSTRAETE, I. (2010). La *ayawaya* y la *anata*: dos músicas que permiten definir el hábitat de los aimara *asanaque* y *quillaca* (departamento de Oruro, Bolivia). En: Diablos Tentadores y *Pinkillus* Embriagadores en la fiesta de *Anata/Phujllay*. Estudios de antropología musical del carnaval en lo Andes de Bolivia. Universidad autónoma Tomas Frias, Royal Holloway University of London, Université Rennes 2 Haute-Bretagne, Université de Paris 8, CONICET/INAPL, FAUTAPO/Plural editores. TOMO 1 (221- 264).

VETTER, R. (2004). A Square Peg in a Round Hole: Teaching Javanese Gamelan in the Ensemble Paradigm of the Academy. En: Performing Ethnomusicology; Teaching and Representation in World Music

Ensembles. University of California Press, Berkeley Los Angeles London (115-125)

VILLASANTE, R. (2013). Entrevista. Revista Cultural Kikuri año 1 N°1. (26-28).

WAYRA MARKA (2017). Asociación Juvenil Wayra Marka – AJP – Juliaca

http://www.puntosdecultura.pe/puntoscultura/asociaci%C3%B3n-juvenil-wayra-marka-%C2%96-ajp-%C2%96-juliaca (20/4/17)

WITNEY, R. (1985). We Answer Each Other. Musical Practice and Competition Among Kantus Panpipe Ensembles in the Bolivia's Charazani Valley. Thesis Submitted in partial fulfillment of the requirements for the degree of Master of Music in the Graduate College of the University of Illinois at Urbana-Champaign, 1994. B.S., Northwestern University, 1985, Urbana, Illinois

PUEBLOS ORIGINARIOS, GÉNERO Y FEMINISMOS. DIÁLOGOS CONTEMPORÁNEOS

María Gloria Cayulef Contreras[15]

RESUMEN: El presente trabajo forma parte de una investigación teórica con metodología de revisión bibliográfica cuyo propósito es explorar los procesos de construcción del sujeto mujer-indígena; y cómo se ha ido construyendo histórica, simbólica y socialmente tanto su subjetividad de género y etnia, como el lugar que ha ido desarrollando dentro del entramado social de nuestro contexto latinoamericano. De este modo, a través de la ponencia se presenta una aproximación introductoria a la articulación entre género y pueblos originarios, desde una perspectiva feminista y decolonial, con miras a ampliar las posibilidades de interpretación a partir de los discursos y teorizaciones que en la actualidad se están llevando a cabo.
PALABRAS CLAVE: género, feminismos, pueblos originarios

ABSTRACT: The present work is part of a theoretical investigation with methodology of bibliographic revision whose purpose is to explore the processes of construction of the subject indigenous-woman; and how it has been built historically, symbolically and socially both its subjectivity of gender and ethnicity, and the place it has developed within the social framework of our Latin American context. In this way, through the presentation an introductory approach to the articulation between gender and native peoples is deployed, from a feminist and decolonial perspective, with the aim of expanding the possibilities of interpretation from the discourses and theorizations that are currently being carried out.
KEYWORDS: gender, feminisms, native peoples

INTRODUCCIÓN

El trabajo que se pretende desarrollar tiene como propósito explorar los procesos de construcción del sujeto mujer-mapuche; y

---

[15] Magíster en Psicología Social, académica de la Escuela de Psicología, Universidad Central de Chile
e-mail: maria.cayulef@ucentral.cl

cómo se ha ido erigiendo histórica, social y simbólicamente tanto su subjetividad de género y etnia, como el lugar que ha ido desarrollando dentro del entramado social del contexto chileno.

Por tanto, es una breve introducción a una "problemática" que se ha venido planteando en los últimos años, en algunos casos articulada, en otros diferenciada, tanto desde los movimientos de mujeres y feministas como desde los movimientos de los pueblos originarios, que han emergido en el mundo público potentemente con una demanda de reivindicación de diversos derechos que no sólo han sido vulnerados, sino también negados e incluso olvidados por la sociedad contemporánea y el aparato estatal en sus diversos gobiernos y racionalidades.

En esta "rebelión", si se quiere, es que ha sido posible preguntarse por los caminos comunes por los cuales han discurrido ambos movimientos, y que se han ido materializando en un tejido común en el momento presente.

Este escenario, permite a las perspectivas feministas tornarse en una fuente relevante de aportación reflexiva, contribuyendo con la introducción de nuevos marcos ontológicos y epistémicos que instan a re-leer y re-pensar la articulación raza/etnia-género ampliando las posibilidades de interpretación de la realidad social, de entender las categorías sociales y las relaciones de poder.

COLONIALIDAD Y SISTEMA COLONIAL DE GÉNERO

Diversos autores plantean como eje fundante de la modernidad y los pueblos del "tercer mundo" al proceso colonial, fundamento de creación de las categorías de raza y género, cuyas consecuencias las podemos ver hasta el día de hoy.

Según los planteamientos de Dussel (2000) este proceso modernizador será instituido desde una visión eurocéntrica, a partir de la cual el continente Europeo se instala como eje de la historia y del desarrollo de la humanidad, posicionándose como polo articulador de categorías dominador/dominado y de superioridad/inferioridad. Construyendo una ontología eurocéntrica que surge de la experiencia práctica de dominación sobre otros pueblos, es el ego conquiro "yo conquisto", el fundamento práctico del yo pienso que se va a imponer sobre otras experiencias, pueblos y culturas, que a partir de este momento se tornan en "otras", periféricas.

De este modo, a partir de 1492 con la llegada de Colón a América, la cultura europea se transforma en la categoría de universalidad, y por el contrario, la diversidad de otras culturas se desplaza a la periferia, iniciándose el proceso de conquista/genocidio de los pueblos originarios de Latinoamérica configurándola como la cara dominada, explotada y encubierta, justificando una praxis irracional de violencia en contra de nuestros pueblos habitantes de esta zona del mundo.

Este enfoque, eurocéntrico-colonial de concebir nuestra historia, nuestro mundo y nuestra realidad es el que a modo paradigmático, se ha instaurado hegemónicamente en los distintos campos de existencia social e individual, invisibilizando y marginando la alteridad, los pueblos originarios.

Este proceso plantea al menos dos consecuencias que toman relevancia para este estudio, a saber: la construcción de las categorías de raza y de género significantes que vienen a polarizar las subjetividades y las posiciones dentro de la estructura social, bajo parámetros discriminatorios y de acuerdo a códigos occidentales (Mendoza, 2014); categorías que además de articularse entre sí, lo hacen con otras categorías que complejizan aún más la problemática como la clase,territorio, ruralidad, edad, entre otras. Constituyéndose en lo que Lugones (2008) señala como el sistema moderno colonial de género, cuya fuente versa sobre la lógica categorial dicotómica y jerárquica, que siguiendo a Quijano (1992; 2000) se tornan en el argumento de las formas de dominación y explotación del sistema capitalista de poder, y que tiene 4 efectos: a) clasifica a las poblaciones en términos de raza; b) configura un nuevo sistema de control del trabajo, alrededor de la hegemonía del capital; c) eurocentrismo como modo de control de la subjetividad y d) un sistema de control de la autoridad, a través de la hegemonía del estado-nación, que excluirá a la poblaciones racializadas como inferiores.

Esta categorización dicotómico-jerárquica que distingue entre lo humano: *hombre europeo-blanco-burgués*, y lo no-humano: *colonizados-indígenas*, sitúa en contraposición la idea de civilidad versus bestialidad. En su forma de colonialidad de género (Lugones, 2008), categorizará a la mujer colonizada primariamente en términos de sexo, como hembra, en tanto no-humana, característica sólo propia de colonizadas que dará paso al acceso brutal de sus cuerpos, y que la misión civilizadora cristiana buscará normar, ampliándose el espectro de dominación a las prácticas comunitarias y modelos de entender el mundo. En la medida que este proceso de pretensión civilizatoria se profundiza, buscaría entonces "humanizar" a la indígena, es decir, convertirla en mujer, introduciendo por tanto la categoría colonial de género.

De este modo, según plantea Mendoza (2014), en Latinoamérica, es posible advertir, que la mujer ha encarnado un conjunto de experiencias que van configurando la construcción del sujeto mujer a consecuencia de este proceso, entre ellas violaciones masivas a mujeres indígenas como instrumento de guerra, de conquista y asentamiento colonial, perdida de estatus social y político, esclavización y/o servidumbre, intensidad excesiva, en algunos casos letal, del trabajo; consecuencias que siguiendo un desarrollo histórico, han tomado carices de femicidios, tráfico de mujeres pobres, maquilización y feminización de la industria y pobreza bajo el sistema económico capitalista neoliberal imperante.

Asimismo, a partir de los procesos de colonización se genera otro fenómeno que se conjuga con el anterior, el mestizaje, que del mismo modo esculpirá las categorías de género desde una experiencia histórica que situará a las mujeres como sujetos centrales tanto en el escenario de conquista como en el posterior proceso de conformación social de los estado-nación latinoamericanos (Montecino, 1997); construcción social que se irá re-articulando a través del tiempo, dentro de una matriz cultural que tiene como correlato la negación de lo "indio" (pueblos originarios) y la valoración de lo "blanco" (pueblos de occidente) obstruyendo al primero, y su cruce cultural o mestizaje, transformándolo en lo otro, ajeno a un nosotros identificado con lo europeo.

GÉNERO Y PERSPECTIVAS FEMINISTAS

De este modo, los feminismos decoloniales y postcoloniales han abordando el enroque entre las posiciones de género, raza y clase, elaborando asimismo, una crítica a los feminismos occidentales, destacando su condición de privilegio, entendida como una colonización discursiva, hegemónica y universalista más (Mohanty, 2008 citada en Espinoza, 2009), que ha escencializado la categoría mujer en términos de mujer blanca-burguesa-occidental, permeando a los feminismos latinoamericanos, que han requerido de una relectura de esta categoría, introduciendo nuevos marcos explicativos a todos estos fenómenos.

Así, los planteamientos de diversas autoras de la corriente feminista poscolonial y decolonial toman al menos 2 posiciones.

Por una parte, se piensa al sistema colonial de género como fuente que impone esta clasificación a partir de los procesos de colonización, concibiendo dicha categoría, la de género, como propia del mundo europeo, impuesta al mundo originario, que no habría establecido dicha diferenciación en sus culturas.

De esta postura, una de sus autoras relevantes, Oyéronke Oyewúmi, en su texto "La invención de las mujeres" (1997) argumenta que en sociedades indígenas como la yoruba, el género no es un principio organizador, y que éste sólo toma sentido en el contexto de dominación colonial, que divide hombre-mujer, mente-cuerpo, persona-naturaleza, superior-inferior.

Esta perspectiva a su vez, puede entenderse de dos modos, por una parte, desde la inexistencia de la categoría de género en las culturas originarias o bien, desde la existencia de diferencias de género, pero que no se concebían desde opuestos dicotómicos-binarios, sino complementarios.
Un ejemplo de ello podría encontrarse en la cosmovisión maya que entiende que el universo no es más que distintas energías que se entrelazan, planteando una totalidad integrada por distintos seres, sin jerarquías entre sí, a través de los principios de dualidad y complementariedad. Respecto del primer principio dual, sugiere que en todo ser y en todo fenómeno se expresan dos tendencias aparentemente opuestas, pero que están unidas indisolublemente. La complementariedad por su parte, hace referencia a que las co-partes que integran la unidad de opuestos complementarios son mutuamente necesarias y cada cual aporta al otro (Hernández & Hurtado, 2013)

De este modo, estas perspectivas asumen que al iniciar el proceso de colonización, la imposición genérico-racial va a inundar las culturas indígenas, transformándolas bajo los parámetros centro-europeos.

La segunda posición entiende al patriarcado como sistema de todas las opresiones, que actualmente toma forma en el sistema neoliberal; un patriarcado que será concebido como pre y post colonial;

desde lo precolonial, denuncia sistemas opresivos en la cultura indígena originaria, pre-colombina, y desde lo postcolonial, aquellas opresiones establecidas desde la cultura occidental, a partir de la invasión colonial, en lo que se denomina *"entronque patriarcal"* (Paredes, 2010, p. 6), en que ambos tipos de patriarcado (pre y postcolonial) se encuentran, dinamizan y perpetúan, postura del llamado feminismo comunitario. Este además, realiza una crítica al concepto de género y de la equidad propuestas desde los organismos internacionales y el aparato estatal, que se expresa a través de sus políticas públicas, señalando que el concepto de género adquiere un carácter superficial y descriptivo de roles, que busca instituir en el imaginario social la creencia de que es posible que los valores de rol de género podrían alguna vez ser iguales, homologándolo con la categoría de clase. Al respecto, Paredes (2010) señala *"el género, tiene como valor político lo mismo que la clase: nunca va a haber equidad de clase, porque las clases se fundan en la injusticia de la explotación de una clase sobre la otra"* (p. 64); es decir, al igual que la clase, el concepto mismo de género habla de una desigualdad, proponiendo trascender el género, como una lucha y meta desde el feminismo comunitario, superarlo como injusta realidad histórica y acabar con las relaciones de poder que se originan a partir de allí, desafío en que las mujeres de los pueblos originarios tendrían un rol preponderante.

Ahora bien, siendo nuestros pueblos originarios tan diversos, ¿es posible aunar sus experiencias-relatos, cosmovisiones en una sola mirada unificadora? Ciertamente estaríamos utilizando las mismas herramientas opresoras de pretensiones universalizantes.

Al respecto, otra perspectiva feminista nos puede dar ciertas luces de cómo poder sortear dicha mirada totalizadora, la perspectiva de los conocimientos situados postulados por Donna Haraway (citada Balash & Montenegro, 2003), que propone irrumpir en los modos de construir conocimientos totalizantes, para dar cabida a un modo de construir desde la parcialidad, entendiéndose que éste se construirá mediante una conexión parcial, local y encarnada con otras posiciones (Balash & Montenegro, 2003); entendiendo que el conocimiento no es único, ni se pretende buscar/encontrar la verdad universal, de este modo, desde distintas posiciones, se construyen distintas realidades, las que además, se pueden articular con otras, permitiendo la construcción de otros conocimientos.

Desde aquí entonces toma sentido, operando a la vez como condición de posibilidad la articulación de identidades políticas que en los contextos actuales podemos encontrar con las formas de un feminismo articulado con los movimientos de mujeres de pueblos originarios, emergiendo un feminismo maya, aymara o mapuche, etc., y que a partir de correlatos materiales, encarnados, históricos y locales permiten dar nuevas miradas onto-epistémicas en las construcciones psicosociales y desde las opresiones particulares vividas por cada pueblo.

REFLEXIÓN FINAL

Profundizando en esta argumentación, al finalizar, resulta pertinente rescatar la noción de *saberes sujetos* planteada por Foucault (1996), explicados como *"...bloques de saberes históricos que estaban presentes y enmascarados-sepultados dentro de conjuntos funcionales y sistemáticos y que la crítica ha podido hacer reaparecer, a través del instrumento de la erudición"* (p.18), y que en opinión de la autora, no sólo a través de ésta, sino que también a partir de los propios oprimidos, en contextos de erudición, como de ocupación de distintos escenarios públicos.

En estos saberes sujetos o sepultados yace la memoria histórica, el saber histórico de los pueblos originarios, y que volviendo a Dussel (2004), procuran el espacio para pensar una transmodernidad, como un desafío de construcción socio-histórica, proceso de reconocimiento del otro, como otro diverso, el que posibilitaría la realización de la alteridad negada.

Situar en el escenario público-político-social y simbólico los saberes sujetos, saberes históricos que no sólo remiten a 1492 y los siglos posteriores hasta la creación de los estados-nación latinoamericanos, nos conduce a indagar en una mirada que entrelaza la *"tensa relación entre pasado y presente"* (Calfío 2009, p.443), con los dinamismos actuales que conlleva la modernidad líquida, la sociedad neoliberal, las luchas que se han iniciado en la últimas décadas y los conocimientos que han ido emergiendo desde los espacios marginales del poder y de resistencia contra-hegemónica, donde los pueblos originarios y las mujeres originarias no solo sean meros sujetos de estudio, sino sujetos activos de la teorización social.

REFERENCIAS

Balasch, M. & Montenegro, M. (2003). Una propuesta metodológica desde la epistemología de los conocimientos situados: Las producciones narrativas. *Encuentros En Psicología Social, 1*(3), 44-48

Calfío, M. (2009). Mujeres mapuche, voces y acciones en momentos de la historia. *A. Pequeño (comp.) Participación y políticas de mujeres indígenas en contextos latinoamericanos recientes. Ediciones FLACSO-Ecuador, Quito,* 91-109.

Dussel, Enrique. Europa, modernidad y eurocentrismo. En libro: La colonialidad del saber: eurocentrismo y ciencias sociales. Perspectivas Latinoamericanas. Edgardo Lander (comp.) CLACSO, Consejo Latinoamericano de Ciencias Sociales, Buenos Aires, Argentina. Julio de 2000. p. 246

Dussel, Enrique. Sistema-mundo y transmodernidad. En libro: Modernidades coloniales: otros pasados, historias presentes. *Saurabh Dube, Ishita Banerjee Dube y Walter D. Mignolo* coordinadores México: El Colegio de México, Centro de Estudios de Asia y África, 2004, p. 201 - 226

Espinoza, Y. (2009). Etnocentrismo y colonialidad en los feminismos latinoamericanos: Complicidades y consolidación de las hegemonías feministas en el espacio transnacional. *Revista Venezolana de Estudios de la Mujer, 14*(33), 37-54.

Foucault, M. (1996). *Genealogía del racismo.* La Plata: Altamira

Hernández, Y. y Hurtado, J. (2013). Aportes desde la cosmovisión y mujeres mayas para la prevención de la violencia de género. Asociación Pop No'j: Guatemala

Lugones, M. (2008). Colonialidad y género. *Tabula rasa,* (9), 73-102.

Mendoza, B. (2014) Ensayos de crítica feminista en nuestra América. México DF: Herder

Montecino, S. (1997) Palabra dicha. Escritos sobre género, identidades, mestizaje. Santiago: Universidad de Chile

Oyěwùmí, O. (1997). *The invention of women: Making an African sense of western gender discourses.* U of Minnesota Press.

Paredes, J. (2010). *Hilando fino: Desde el feminismo comunitario.* Comunidad Mujeres Creando Comunidad.

Quijano, A. (1992). Colonialidad y modernidad/racionalidad. *Perú indígena*, 13(29), 11-20.

Quijano, A. (2000). Colonialidad del poder, eurocentrismo y América Latina. En *Colonialidad del Saber, Eurocentrismo y Ciencias Sociales*. 201-246. CLACSO-UNESCO 2000, Buenos Aires.

CONSIDERACIONES PREVIAS A LA ELABORACIÓN DE
PRÁCTICAS INTERCULTURALES EN UN CONTEXTO
EDUCACIONAL

Sebastián Esteban Díaz Ledezma[16]

RESUMEN: La interculturalidad en materia educacional se presenta como un reto para numerosos países y organismos internacionales. La urgencia que se desprende de las cada vez más frecuentes y visibles actitudes que atentan contra la dignidad de las personas y sus derechos fundamentales, surgidas desde la intolerancia, la exclusión y la negación del otro, nos pone ante el importante desafío de plantear e implementar una educación intercultural capaz de proveer sentido ante las problemáticas recién nombradas y, por tanto, trascender el contexto escolar. Este trabajo persigue un sustento que provea de sentido e inste a la voluntad de los actores en el proceso y que, junto a ello, permita levantar cuidadosamente las prácticas que se pretendan implementar para así lograr no sólo correspondencia, sino también efectividad entre estas y su objetivo.
PALABRAS CLAVE: educación, interculturalidad, diálogo, diversidad.

Distintas organizaciones internacionales -podríamos destacar la Organización de las Naciones Unidas para la Educación, la Ciencia y la Cultura (UNESCO) o la Organización de Estados Iberoamericanos para la Educación, la Ciencia y la Cultura (OEI)- han subrayado la importancia de incorporar un horizonte intercultural en los contextos escolares y, en la misma línea, varios países han plasmado esa visión en su marco legal. En el caso sudamericano podríamos mencionar esfuerzos como el de Bolivia, que en su ley menciona: (la educación) "Es intracultural, intercultural y plurilingüe en todo el sistema educativo. Desde el potenciamiento de los saberes, conocimientos e idiomas de las naciones y pueblos indígena originario campesinos, las

---

[16] Profesor de Filosofía y Religión titulado en la Universidad Católica del Norte. Diplomado en Educación en Derechos Humanos, Universidad de La Serena. Actualmente se desempeña como docente en la Universidad Católica del Norte, Sede Coquimbo.

comunidades interculturales y afrobolivianas, promueve la interrelación y convivencia en igualdad de oportunidades para todas y todos, a través de la valoración y respeto recíproco entre culturas"[17], o la ley del Estado de Chile, en la que se declara que la educación se inspira, entre varios principios, en la interculturalidad, debiendo el sistema "reconocer y valorar al individuo en su especificidad cultural y de origen, considerando su lengua, cosmovisión e historia"[18]. Con mayor o menor dedicación, también podremos encontrar referencias al tema en el marco legal de otros países sudamericanos como Ecuador[19], Perú[20], Argentina[21] o Uruguay[22]. Como sea, el abordaje de la interculturalidad en educación va más allá de sólo recomendaciones, sino que, como lo hemos visto, en numerosos y variados casos, se trata de una cuestión de derecho.

Adherir el desafío de la interculturalidad es manifestar una comprensión del ser humano construyendo su identidad de manera relacional. En ese proceso, en el que permanentemente aportamos y recibimos del mundo, la convivencia, nuestra interacción con el otro, en cualquier grado, es principal. Nuestro ser no se construye ni constituye proyecto aislado, sino que hace y se deja hacer. Valdría entonces decir que siempre al mismo tiempo que alguien dice "soy" se trata también de un "somos". Por tanto, y como señaló Emanuel Levinas, el otro nos "incumbe", al punto que somos responsables incluso de la responsabilidad que este siente[23]. Podríamos convenir en que hacernos cargo del otro es entonces importante, necesario, más ¿cómo es posible lograrlo? Es que junto con el otro también nos encontramos con su historia, con su lugar de origen, sus costumbres, su lenguaje, su cultura.

La interculturalidad apunta, primeramente, al reconocimiento de personas, grupos sociales, pueblos, que dan diverso sentido y

---

[17] Ley de la educación nº 070 "Avelino Siñani - Elizardo Pérez". La Paz, 2010.
[18] Ley 20.370 "Ley general de educación". Santiago, 2009.
[19] Ley orgánica de educación intercultural.
[20] Ley 28.044 "Ley general de educación". Lima, 2003.
[21] Ley 26.206 "Ley de educación nacional". Buenos Aires, 2006.
[22] Ley 18.437 "Ley general de educación". Montevideo, 2008.
[23] LÉVINAS. *Ética e infinito*. Madrid, A. Machado Libros, S.A., 2000. Pág.80

expresión a la realidad, y que se encuentran entre sí. Segundo, también al diálogo y reconocimiento de las diversas culturas en un marco del respeto mutuo. Por ello, el contexto educacional se ha considerado como privilegiado para impulsar la interculturalidad, pues es donde desde pequeños aprendemos a valorar el intercambio de saberes, el respeto por la dignidad de las personas y, al menos entre estudiantes, el diálogo horizontal. Así, ante la necesidad de promover la actitud intercultural de la mejor forma posible, algunas consideraciones en torno al tema podrían resultarnos útiles a modo de orientación a la hora de implementar prácticas:

A) <u>Interculturalidad crítica</u>: Por más evidente que pueda sonar, y aunque ya se mencionaba al comienzo, cuando hablamos de interculturalidad en educación o educación intercultural, nos referimos a educar "para" la interculturalidad. Y ésta, como lo señala Catherine Walsh[24], no se trataría de una interculturalidad "relacional" en la que se hace referencia sólo al contacto entre diferentes culturas, ni de una interculturalidad "funcional para el sistema existente", en la que el diálogo a partir del reconocimiento de la diversidad apunta a la disolución de esta en la figura predominante. En nuestro caso, nos referimos a la "interculturalidad crítica", en palabras de Walsh, un "proyecto político, social, ético y epistémico -de saberes y conocimientos-, que afirma la necesidad de cambiar no sólo las relaciones, sino también las estructuras, condiciones y dispositivos de poder que mantienen la desigualdad, inferiorización, racialización y discriminación"[25].

B) <u>Riesgo de reducción o acomodación</u>: No sólo se trata de la amenaza una comprensión "relacional" o "funcional" según lo antes citado, sino también de los instrumentos que se podrían utilizar y los indicadores a considerar para acreditar una educación para la interculturalidad. Cantidad de estudiantes inmigrantes o de pueblos originarios, promoción del conocimiento de prácticas

---

[24]Catherine Walsh es profesora principal y directora del doctorado en *Estudios Culturales Latinoamericanos* de la Universidad Andina Simon Bolivar, sede de Ecuador, donde también dirige el Taller Intercultural y la Cátedra de Estudios de la Diáspora Afro-Andina.
[25] Walsh, C. *Interculturalidad Crítica y Educación Intercultural.*

culturales de otros pueblos o educación bilingüe, si bien son indicadores importantes, por sí mismos no garantizan la promoción de una interculturalidad crítica. El

C) <u>Trabajo con la comunidad educativa</u>: La preparación y participación activa de toda la comunidad es fundamental para combatir el "ego cultural" y percepciones negativas. Si bien los docentes y todos los funcionarios al interior de la escuela son actores principales en este proceso, también padres y apoderados deben estar muy al tanto de lo que implica la propuesta intercultural, cuidando el respeto la dignidad del otro y evitando algún tipo de "doble vínculo" discursivo que pudiese afectar a los estudiantes. Estas contradicciones con la propuesta intercultural pueden venir desde cualquier actor de la comunidad educativa. En el 2010 la revista Profesorado de la Universidad de Granada publica un artículo del profesor Juan José Leiva[26] titulado *Educación intercultural y convivencia desde la perspectiva docente*[27] en el que, a partir de consultas a docentes, se muestran datos interesantes para nuestro punto:

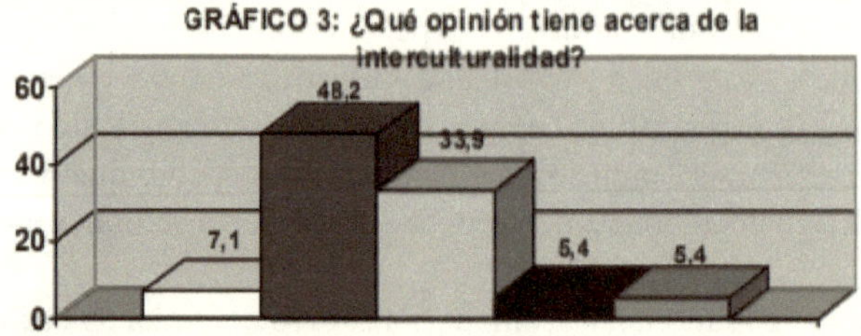

---

[26] Magíster en educación, docente en la Universidad de Málaga.
[27] Revista PROFESORADO, Revista de currículum y formación del profesorado. VOL. 14, N° 3 (2010)

Compartimos la inquietud que manifiesta el profesor Leiva acerca del porcentaje de docentes que considera la interculturalidad "sólo una buena idea sin aplicación práctica".

D) <u>La educación religiosa escolar</u>: Junto a la población migrante y los pueblos originarios, la religiosidad es uno de los puntos más desafiantes a la hora de trabajar desde la propuesta intercultural. Tanto la eliminación de una formación en la materia como el educar sólo sobre una religión en particular atentaría contra los principios de la propuesta intercultural que por sí misma incorpora el diálogo interreligioso, incluso intentar abarcar de manera diferenciada distintas religiones no sería lo más adecuado. Valdría considerar una alternativa que promueva el diálogo y valoración de la dimensión religiosa de la humanidad, además de la autocomprensión del estudiante como persona capaz de desarrollar su espiritualidad.

E) <u>La presencia de la filosofía</u>: Si se trata de ver de manera crítica el mundo y las relaciones que lo constituyen, de revisar las condiciones de la realidad en la que nos situamos y de buscar espacios de encuentro para la convivencia, sin duda la filosofía ha de proveernos de útiles herramientas. El análisis de las condiciones que atentan o posibilitan el diálogo intercultural es crucial para abordar esta propuesta desde su concepción crítica. Raúl Fornet-Betancourt nos recuerda "la vigencia de la filosofía en tanto que memoria subversiva que no se acomoda, que no baila al ritmo de la música de moda sino que más bien interfiere e interrumpe el compás impuesto, intentando mantener vivo precisamente el recuerdo de la diversidad y la esperanza de vivir en un mundo pluriverso que armoniza tiempos y espacios diferentes sin tener que someterlos a un ritmo único"[28], de este modo la filosofía nos invita a revisar y revisarnos, a buscar nuevas y múltiples posibilidades, nos pone en contacto con aquello desde lo cual cotidianamente forjamos nuestro ser en "tiempos y lugares" determinados y por lo cual propuestas como la intercultural cobran sentido.

---

[28] Fornet-Betancourt, R. *La interculturalidad a prueba.*

F) <u>El lenguaje</u>: Claramente, el lenguaje, desde las primeras intenciones para una educación intercultural, ha sido un tema relevante. Por una parte tenemos las dificultades a las que se enfrentan los estudiantes migrantes o de pueblos originarios que se integran a las escuelas sin hablar el idioma oficial del país al que llega, asunto que puede desencadenar una serie de otros problemas como el aislamiento o que sean ubicados en cursos de niveles inferiores a su edad. Otra dificultad se da en la superposición del leguaje tecnocientífico como constructor de verdad, desplazando el lenguaje de la sabiduría popular, el lenguaje afectivo o el religioso.

Para finalizar quisiera referirme a una consideración que bien podría englobar a las anteriores y otras: En la práctica, en nuestro día a día, no nos relacionamos con culturas como si estas fuesen algo de sumo abstracto, sino con personas, en ellas identificamos diversos identitarios culturales, ellos conforman los pueblos, grupos sociales, etc. Así, si bien es importante que se haga presente, ya sea en un documento normativo o en la conversación cotidiana, la intención de un diálogo horizontal, el respeto y la valoración de la diversidad cultural; es en nuestra actitud hacia el otro donde se expresa la interculturalidad. Requerimos revisar nuestro quehacer constantemente, a la vez que preguntarnos por qué está presente el anhelo de esta actitud en diferentes discursos, esto es, ¿cuáles son las razones por las que hoy reflexionamos en esta perspectiva acerca de la dignidad de todos los seres humanos? Pero quizá la mayor interpelación esté en el para qué, en el para quién.

RELIGIOSIDAD
RELIGIOSIDADE

Nuestra Señora del Rosario de Andacollo - Chile

YO TE DOY ESTE PAN COMO SI FUERA MI HIJO":
OFRENDAS Y SOCIALIDADES EN EL BANQUETE CON LAS
ALMAS. PUNA DE JUJUY, NOROESTE ARGENTINO

Mario Vilca[29]

"quizá podamos acoger a los híbridos y darles un lugar,
un nombre, una casa, una filosofía, una ontología, y, así
lo espero, una nueva constitución" (Bruno Latour)

A comienzos del mes de noviembre en pleno inicio de la
época de lluvias los pobladores de la región surandina de la provincia
de Jujuy, Argentina arman la "mesa" para atender la llegada de las
almas. En esa ocasión hornean panes a los que llaman *turcus* u
ofrendas. Determinadas ofrendas, con rasgos y forma humana son
ofrecidas para las almas, las que luego tienen un papel central en los
compadrazgos que se realizan en estas ocasiones. Las mismas son
"bautizadas" y reciben determinados nombres; se piensa que traen
"suerte" a los que son padrinos. Nuestro intento se centra en
reflexionar acerca de estos seres, proyectándonos más allá de una
concepción tecnológica y de su mirada tautológica (Didi-Huberman),
para abordarlos a partir de una metafísica práctica (Latour) que nos
permita dar visibilidad a sus actuaciones, mediadora o intermediaria,
en estos ritos y dar cuenta de ciertos aspectos materiales que conectan
a intencionalidades (actuales o potenciales) de sus agentes productores
y destinatarios. Se busca ahondar la imbricación entre materialidad y
animo; los modos de circulación de potencias en sus diferentes
intensidades; las redes que expanden y contraen (anímicas, económicas
y políticas, entre otras) y finalmente, las metamorfosis que implican. Se
reflexionará sobre la ofrenda a fin de indagar sobre su constitución
material y también anímica y su incidencia en el lazo social del
compadrazgo.
PALABRAS CLAVES: Almas, ofrendas, compadrazgo, agencia,
ánimo.

INTRODUCCIÓN

---

[29] Universidad Nacional de Jujuy, Argentina

En un trabajo anterior[30] propuse el valor de lo corporativo como un "a priori" que sustentaría los valores del intercambio entre almas y humanos, en general en un intercambio generalizado que se observa en este momento celebratorio, el que incluye la relación de intercambio entre humanos-humanos, almas-almas y humanos-almas). Allí había planteado que los *turcus* serían el medio que cohesiona el lazo social, en este caso la colectividad, y particularmente los lazos de compadrazgo vistos como ampliación de lazos sociales que buscan reforzar el capital social de una parte de los contrayentes. En esta oportunidad discuto la posibilidad de que los *turcus* constituyan una mediación, no sólo como puentes, sino a partir de sus "animus" o potencias actualizadas en el tiempo de la celebración. Se genera aquí la posibilidad de discutir la noción de "agencia", intencionalidad o influencia. Tomaremos dos autores que nos orientarán en nuestra reflexión sobre lo objetual: Bruno Latour y Tim Ingold.

Bruno Latour, observa que "lo social" en la concepción de la sociología clásica del siglo XIX hasta el final del siglo XX es pensado como una relación exclusiva entre personas humanas. El autor propone "reensamblar lo social" a partir de considerar otros modos y actores que sin ser humanos actúan en la sociedad; los que habían sido declarados prescindibles, o meros "objetos" cuya "agencialidad" era atribuida por los sujetos humanos, (2008: 346). Amplía la concepción de lo social al incluir nuevos tipos de "asociaciones" entre las fuerzas sociales, nuevos miembros, modalidad que Latour denomina una "sociología de las asociaciones". La inquietud se centra en el rastreo de lo "social" en artefactos tecno científicos, en objetos de la "naturaleza" y en otros existentes como los seres de la religión, de la política o del lenguaje. En su obra Investigación sobre los modos de existencia (2013) denomina a estos seres como "híbridos", cuya característica es que oscilan en metamorfosis o en devenires que los semejan a "cuasi-objetos" y a "cuasi-sujetos". Establece una distinción entre seres intermediarios y mediadores. Pareciera, nos dice, que entre los dos términos hay un matiz sin demasiada trascendencia, pero si los abordamos de cerca se abre un abismo tal que tiende a conformar "dos tipos de sociología". Por un lado los intermediarios constituyen un modo de producir lo social que "transporta significado o fuerza sin

---

[30] Vilca, M; (2011).

transformación: definir sus datos de entrada basta para definir sus datos de salida" (Latour, 2005:63) y funcionan como una unidad. Hay otro grupo de productores de lo social que denomina mediadores; cuya característica es que nunca sus datos de salida coinciden con los de su entrada; los mediadores traducen, modifican o transforman los sentidos que transportan: Así una computadora puede pasar de intermediaria a mediadora, si se autoprograma y toma decisiones en las que no intervengamos (loc.cit.). Un grupo de personas que firma y aprueba una decisión tomada en una instancia con más poder, es simplemente una intermediaria; pero si propone modificatorias o realiza críticas a esa decisión se vuelve mediadora. Finalmente se pregunta: "Otras tantas entidades ahora golpean a las puertas de nuestros colectivos. ¿Es absurdo querer reformar nuestras disciplinas para que vuelvan a ser sensibles al ruido que hacen y traten de encontrar un lugar para ellas?" (Ib: 365).

Tim Ingold en su trabajo "Los materiales contra la materialidad" (2013), evita hablar sobre la "materialidad" de los objetos, porque piensa que este concepto está demasiado alejado de la experiencia del mundo y ha producido más equívocos que fecundas consecuencias; por lo que se ha convertido en un obstáculo en la investigación. Entonces prefiere reflexionar sobre las "propiedades de los materiales", de las que dimanan sus potencialidades intrínsecas y las transformaciones que operan en el mundo (Ingold, 2013:21). No está de acuerdo con la división del mundo en "paisajes" y "artefactos" (Godsen), así como tampoco con la concepción de "artefacto" de Godelier, como "un objeto formado por la imposición de realidades mentales sobre las materiales" (Ibíd.). Piensa que el mundo de los objetos de los teóricos de la cultura material, es un mundo de objetos "sólidos y callados", un "mundo de objetos muertos"; o a los que se los ha reprimido en sus desarrollos, potencialidades y obviadas sus propiedades. Con el fin de "revivir" a estos "objetos muertos" y "silenciosos" se los ha espolvoreado con un "polvo mental mágico", que supuestamente, los pondría en movimiento y adquirirían la capacidad de transformar a los que interactúan con él.

A ese "polvo mental", dice el autor, se lo ha llamado "agencia", lo que los haría actuar como "personas". Observa que para Gell, el objeto estético gana en actuación en la relación mirar-ser mirado; por lo que un objeto puede adquirir la agencia de sujeto; tal como un sujeto o humano puede transformarse en un objeto estético[31]. Para Ingold aparecen dos modelos que se amparan en la separación entre lo mental y lo material: el animismo y el fetichismo (Pels). En el primero, "algo" ajeno a las cosas anima a objetos que en realidad están "muertos"; este "algo" puede ser un alma o espíritu; es decir el movimiento es iniciado por alguna fuerza exterior y aditiva. La segunda forma, supone considerarlos no aditivamente sino sustantivamente: la materialidad tiene su propia agencia; modelo que Pels denomina "fetichismo". Esta última forma de considerar el objeto, es correcta para Ingold, aunque tiene el defecto de quedar atrapada en el dualismo materia-mente, puesto que no aborda la cuestión de las "propiedades de la materia". David Nash es un escultor que fabrica muebles y objetos con la madera en estado natural; es decir utiliza madera sin "estacionar" tal cual lo hacen los fabricantes de muebles de madera. Esta madera está "viva" y va cambiando su forma a través del tiempo, lo cual hace que los objetos de su materia se tuerzan, rajen o doblen. Sus muebles "vivientes" toman formas y consistencias que cambian permanentemente, dependiendo del clima, de la estación, de la temperatura, del sol o de las fases lunares. A diferencia de los objetos de madera "muertos" que utilizamos, es decir reprimidos en sus potencialidades vitales, los objetos de Nash siguen viviendo deviniendo cada vez en formas inesperadas por el artesano. Para pensar "contra la materialidad", retoma la clasificación tripartita de James Gibson: medio, substancias y superficies; toma la "sustancia" y sus propiedades como el nudo que puede acercarnos hacia el mundo material y sus devenires. Ingold nos advierte que las propiedades de los materiales no deben considerarse como "fijas" o "sustanciales", sino como "acontecimientos", que van fluyendo, mezclándose y mutando permanentemente.

---

[31] La relación de transformación de sujeto en objeto y viceversa, es un presupuesto fundamental en la fenomenología desarrollada por E. Husserl, en su obra Meditaciones cartesianas (1929), donde la intencionalidad trata de suprimir la diferencia exterioridad-interioridad, a partir del método de "reducción trascendental". De allí que "el punto de vista" se centre en la relación noema-noesis que acontece en el sujeto humano, pero cuyo foco es la conciencia.

Estos abordajes nombrados nos permiten ir más allá de la "mirada tautológica" de los objetos, pero también más acá de la "mirada ficticia" (Didi-Huberman, 2011:20). Frente a una tumba abierta, dice el autor, se produce una escisión en el sujeto que la mira; puesto que es simultáneamente mirado: "me mira hasta lo más recóndito". Aparece en el sujeto que mira su propio destino futuro y su propio cuerpo vaciándose en ese lugar. Ante esa escisión, se dan dos posibles actos: por un lado la posibilidad de mantenerse más acá de la escisión, ateniéndose solo a lo concreto y visible; un caja rectangular de madera y limitarse a cualquier precio solo a lo visible, acto que denomina un "ejercicio de tautología" (Ibid; 2011:21). La otra actitud es igualmente inauténtica, que consiste en negar la muerte y concebir al muerto "en otra parte", lleno de vida y sustancia, denominada por el autor como el "ejercicio de la creencia". De aquí es que nuestra intención es no caer ni en la tautología, ni en la creencia negadora; así como no quedar atrapados en lo meramente material y acercarnos a lo que no es percibido por los sentidos, pero que produce relación social y la mantiene en el tiempo.

LAS COSAS Y LOS HUMANOS

Las tradiciones orales andinas cuentan que en antiguos tiempos de oscuridad primordial, los no humanos (cosas, vegetales, animales y otros) buscaron vengarse de los humanos, porque estos los utilizaron mal o los maltrataron en su vida cotidiana (Lyon; 1981). Por ello cuando cambia la era o la edad, enfurecidos tratan de devorar a los humanos:

> Se cuenta que en los tiempos antiguos murió el sol. La oscuridad duró cinco días. Entonces, las piedras se golpearon unas contra otras y los morteros que llaman muchas, así como los batanes, empezaron a comerse a la gente. De igual manera las llamas comenzaron a perseguir a los hombres, (Taylor: 2008).

Mientras que las crónicas coloniales relatan que las mujeres andinas hablaban cotidianamente con sus utensilios. Estas prácticas eran miradas con mucho recelo por la iglesia católica, que relacionaba a estos modos de trato afectivo y cotidiano con las cosas con prácticas demoníacas, por lo que había que indagar: *"a las mujeres se les ha de preguntar: sueles decir al fogón, o a las ollas o a los cántaros grandes, Guardémonos, bien el uno al otro, muchos años, Adorándolos?".* Y luego proceder a su castigo, (Pérez Bocanegra: 1631). Los relatos cronísticos describen cómo los indígenas conversaban con la luna, hacían pactos con la madre de las enfermedades, propiciaban al hielo y al granizo; ofrecían coca y chicha a los peñascos o a los ojos de agua, al rayo que cae; parían sus guaguas invocando a las *wak'as* locales; adoraban a las maderas y paja del techo de las casas nuevas; propiciaban al maíz-*illa*, y lo sahumaban para que no se pudra; consideraban cuáles eran los días fastos y nefastos para determinada actividad, entre otras modalidades de relación con el mundo. Estos modos de hacer-pensar-valorar, suponen un mundo desbordante, profuso de otredades, de colectividades conocidas y desconocidas; atravesado de potencias que se despliegan, se contraponen, se fagocitan, o refuerzan. Así, lo humano busca equilibrar su existencia a través de diferentes modos de relacionarse con esta multiplicidad de seres.

A fines del siglo XVI, el cronista indígena Joan de Santa Cruz Pachacuti dibujó en su esquema del cosmos a un ser con siete ojos, escribiendo *Imaymana*, que parece hacer referencia a que la totalidad del cosmos está animado o que todo nos está mirando. En la actualidad, en el altiplano aymara de Qaqachaka, los sabios aymaras Domingo Jiménez Aruqipa y Juan de Dios Yapita, nos dicen que las plantas tienen *ánimu*: su "ojo" es el botón de la flor; es decir la flor "abre sus ojos" cuando aparece su "botón", con lo cual la planta llega a ser "persona" (Arnold, 2005:23). Por ejemplo, la papa tiene tres espíritus, y no solo es alimento material, sino también alimento espiritual. A semejanza del *jaqi* humano, o persona, la papa también tiene tres almas: *ánimo* o *axayu*, el *janayu* y el *ispiritu*. Las papas nuevas se las llaman *wawa* o guagua, son hijos de los "esposos", que son variedades "hembra" con variedades "macho". Las "almas" se ubican en diferentes partes de la planta: ánimo o *axaju*, reside en el tallo, el *janayu* se ubica en las ramas, mientras que la flor es el *axayu* (Arnold, 1996:145). Por su parte, Mamani Yujra también nos cuenta que todo tiene *ajayu* o espíritu: el ser humano, los animales, los cerros. Los productos agrícolas o *achunakan ajayupa*[32], o sea el espíritu, se celebra en el calendario de Pentecostés. Se agradece a pachamama y al *ajayu* de los productos cosechados (Mamami Bernabe, 2008). Igualmente los tejidos son seres vivientes y se los trata como tales (Arnold, 2013).

En la puna jujeña el "florecer de las cosas", se puede apreciar en el rito de "florar" a los animales domésticos, acto que forma parte de la "señalada" de las llamas y vacas, lo que indica la madurez del animal que ya ha adquirido un *ánimu*. Por lo que puede "mirar" el mundo, tener un lugar en él y "estar para el fruto"[4]. Los puneños propician a todo lo existente a fin que tenga su fruto. *Achu*, denomina Bertonio al "fruto de todas las cosas" (Bertonio, [1612]2004:438).

LLUVIAS DE NOVIEMBRE: LLEGAN LAS ALMAS

A fines de octubre y comienzos de noviembre comienza el período de lluvias en al altiplano jujeño, lo que coincide con la celebración de Todos Santos y Fieles Difuntos según el calendario gregoriano. Los relatos de la región cuentan que "Dios les abre las puertas del cielo"; otros dicen que también vuelven del "purgatorio" y del "infierno"; otros cuentan que las almas vienen "por donde se muere el sol" o de la dirección del "sol de tarde". Se las puede percibir en diversas materializaciones: brisa, vientos, remolinos[33], moscas, sombras; también en formas sonoras, susurros, gritos o golpes: *"me ido a preparar urgente los yerbiao, cuando he escuchao gente, mucha afuera de la casa. Despues hei salido, no había nadie. Eran almas"*, dice algo asustada por su recuerdo, doña Sebastiana en la puna. De aquí que se dice que hay que estar atentos, cautos para no ofenderlas y con ello guardarles el debido respeto en este tiempo de su llegada.

---

[32] Aunque también se utilizan otras expresiones tales como: *Ispalla, mamatan urupa, llallaw mama, puquthur mama*, etc., dependiendo de la región en cuestión.

[4] Expresión de Rodolfo Kusch en América Profunda (1999).

[33] Uno de los modos materiales predominantes es la forma remolino. Cfr. Vilca, M; (2013).

Fig. 1. Llegan las almas en forma de vientos. Fuente: foto del autor.

SENSORIALIDADES Y ESPIRITUALIDADES EN LA "MESA" DE ESPERA

A fin de "esperarlas" y "hospedarlas" en su venida, los humanos celebran con una mesa de *turcus*, "objetos" mayormente amasados, junto a otros industrializados y adquiridos comercialmente. Denominación que encontramos en Llamerías, Puesto del Marques, Santa Catalina y también en Susques, en la puna jujeña; aunque va variando su sentido: para las figuras en forma humana o para la totalidad de las ofrendas dispuestas en la "mesa". Así, *turcu* en la quebrada de Humahuaca es la totalidad de los elementos para las almas. El mismo sentido lo encontramos en el norte de Chile, en Ayquina y Caspana (Mercado: 1997).

La preparación de la mesa de *turcus* comienza mucho tiempo antes de que lleguen las almas en la noche del 31 de octubre. La feria de Manca Fiesta que se realiza el tercer domingo de octubre, es un importante espacio de donde los pobladores puneños se proveen muchas de las especies que se utilizarán: harinas, airampo, velas, cigarrillos, coca, alcohol, bebidas espirituosas, chicha, conservas, papeles para coronas, flores de diverso tipo. Se sacan los rosarios, los libros de rezos y las "cantiquiadas" o cantos para las almas, entre otros elementos.

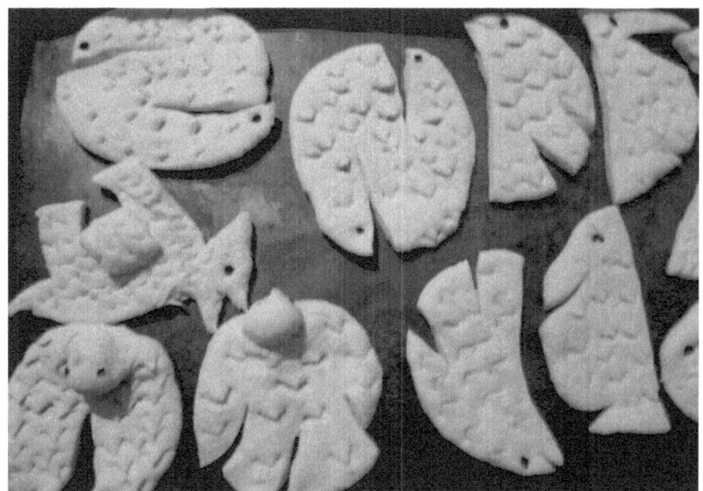
Fig 2. Ofrendas listas para su cocido en el horno. Fuente: foto del autor.

Se repara el horno de barro, se aprovisiona de tolas como leña; se procede la limpieza de las tumbas en el cementerio. Tres días antes comienza el trabajo con harinas y levadura para las masas, los panes dulces. Participan con mucho entusiasmo abuelos, padres, tíos, tías, niños, lo que en un ambiente lúdico y de trabajo comienzan a dar formas a las masas, cobran vida llamitas en pareja, zorros, palomas, jirafas, elefantes; humanos, varón y mujer; también escaleras, torres, canastos, cruces. Se dan forma a muchos seres de dos cabezas, o bicéfalos, entidades dobles, con cuatro o más ojos. No se hacen los llamados "animales del diablo" como víboras, sapos, lagartijas, escorpiones o arañas. Siempre se amasan de a dos, cuatro, seis u ocho; "siempre de a parcitos", "en parejitas", se dice. Con tijeras, tenedores o peines se hacen incisiones. Todos los envasados están abiertos y con un palillo a modo de cubiertos o bombilla para que se alimenten las almas.

Cuando hay un muerto reciente o "alma nueva", estos colectivos de ofrendas son producidos abundantemente, a fin de que este difunto, durante los tres años en que dura su presencia espiritual en el mundo humano, genere y produzca "suerte" para la familia, la casa, los cultivos, los ganados, la producción poética o la gestión política. "Suerte"[34], a la que se propicia explícitamente en diferentes momentos de la celebración a los muertos: en los juegos colectivos (palomeada, tabeada, botón, gallo ciego, etc.); en la disposición de las hojas que caen cuando se hace "coquear al alma"; en "comer y beber para" las almas; en los momentos de la "quema" de ropas del difunto, cuando los "quemeros" regresan con plantas, flores y ramas que contienen cualidades, valores y bienes deseables para los humanos y los dolientes adquieren esos bienes en un ambiente lúdico.

Fig.3. Tres espacios de la mesa para ancestros. Fuente: foto del autor.

Esta mesa se nos aparece como un "nosotros" dinámico y seminal. Es llamativo que en caso de que algunos *turcus* hayan salido del horno quemado, sin brazos, sin ojos, entre otros defectos, no podrán formar parte de la "mesa"; son separados, y dejan de ser parte

---

[34] Bugallo, (2009) ha trabajado esta categoría como una de las centrales en el modo de pensar de la puna jujeña.

de la ofrenda para las almas y pasan a ser consumidos por los humanos, como un alimento cotidiano.

Fig. 4. *Turcus* defectuosos para el desayuno. Fuente: foto del autor.

La pareja de ofrendas de forma humana es denominada *turcus*. Se la llama igualmente "rezadores", o "guaguas de pan". Para el sur de Bolivia reciben nombres como *t"ant"a wawas y t"ant"a achachis* (t"ant"a=pan, wawas=guaguas; achachis= abuelos).

Fig.5. Pareja de rezadores de pan. Fuente: foto del autor.

MIRAR AL "DESAYRE"

Vamos a intentar mirar a esta mesa y a estos panes-persona, *turcus*, desde un ver-de otro-modo de cómo miramos o vemos las cosas sensibles; con la seguridad de que un escorzo indica sólo una fugaz cristalización, un fotograma de lo fluyente, de lo meramente contingente y donde la totalidad se nos sustrae permanentemente.

Recogemos un modo de ver, de mirar las cosas materiales, que según Bertonio es una "mirada desayre": "*uno que mira al desayre, como el que casi cierra un ojo. Kesutha ullutiri*" (Bertonio, op.cit: 670). Este modo de ver el mundo material también lo encontramos en la iconografía Moche, en la que se muestra a Pachamama como "tuerta", que con un ojo ve la superficie de la tierra y con el otro, el "ojo tuerto", puede ver el mundo de los muertos[35]. Platt señala que los ojos *allqa*, o blanquinegros[36], son percibidos por las parteras andinas en las mujeres grávidas. También los encuentra en los diseños geométricos *tiwanaku* y *wari*, y los asocia con la ingestión de plantas alucinógenas.[37]

Para nosotros esta mirada *allqa* también tiene relación con la mirada "al desayre", así como con la mirada "tuerta" de Pachamama. Desde este modo de mirar se pueden percibir estados ontológicos humanos y no humanos desbordados de las fronteras cotidianas del ser, abiertos por la irrupción de lo absoluto, de lo seminal.

Con la "mirada al desayre" nos encontramos al resguardo del hábito de familiaridad y de su indolente cotidianidad, el que nos hace

---

[35] Golte al describir un entierro moche, identifica a la "tuerta" que, en tanto divinidad femenina de la tierra o "pachamama", es devorada por unos buitres, y enterrada en un sarcófago por una divinidad mediadora, (Golte, 2008).

[36] Allka. Adj. Blanquinegro, (Lara, 1978:46).

[37] "El concepto de *allqa* se refiere a la relación mutuamente excluyente entre los opuestos, tales como el blanco y el negro, la noche y el día, el hombre y la mujer, etc. Conlleva la idea de contradicción o divergencia, sea esta espacial o temporal, pero no la de convergencia o unión complementaria. En las oraciones quechuas del siglo XVI, la divinidad andrógina Wiraqucha, quien infundió la vida a los arquetipos de todas las cosas vivientes (kamay; de ahí que también se le conozca como Pachakamaq, animador del mundo), era invocado por los devotos con ojos allqa, es decir, animados, inspirados o poseídos por la divinidad", (Platt: 2002).

desplazarnos inadvertidos en la placidez ontológica de la *res extensa*. Es decir, se trata de una actitud epistémica concentrada en la fluidez metamórfica de los seres del mundo, en los impensados cauces de su fluidez, que se sustraen permanentemente a la mirada frontal con que comprendemos el mundo cotidiano. Contrastará con una mirada llana que se desplaza unidireccionalmente por la línea del vector objetivante, que tematiza el nivel de lo meramente perceptivo y de lo que es susceptible de pensarse, superando las miradas "tautológica" y "ficticia" (Didi Huberman).

Miremos, entonces, de éste modo. Todos los *turcus* están amasados el día 30, y ya entran al horno donde el fuego los transformará en seres comestibles. Su constitución rebasa lo meramente técnico en tanto producto material; devienen "cuasi-sujetos" (Latour), pues han sido concebidos como seres seminales que trastocan e invierten la finitud y la muerte, poniendo densidad en lo inacabado y en la vitalidad fluyente. Las almas se alimentarán de estas seminalidades. Se dice que las almas "comen el zumo" de los alimentos y de las bebidas, por eso "la chicha queda desabrida". Así atendidas con los presentes de los humanos las almas colaborarán en las reproducciones de los seres con los que conviven y los alimentan, en un intercambio (*turqaña*) ritual.

Fluir ontológico incesante: sembrar el maíz en determinado tiempo, regarlo, cuidarlo, cosecharlo; llevarlo los molinos o adquirir su harina en las ferias; luego amasar su masa, dar diversas formas no humanas y humanas; hacerles "nacer" y "bautizarlos", darles su ser de "persona"; luego de ser comidos por las almas, ser repartidos para ser comidos por la colectividad de humanos. Así constituyen la condición de la "suerte", el bienestar, la "salud" de los humanos, de sus chacras, animales y todo lo existente.

Estos desbancamientos de materia y forma, de incesante devenir, van configurando su no humanidad, un modo de socialidad no humana. Como pertenecientes a otra especie, serán devorados ritualmente a fin de devenir más potencia. Pero ese cambio ontológico no es caótico, o indeterminado, está fuertemente pautado. Son las exigencias del ritual, o más bien el ritual cumple una condición inalienable: *uma irpaña*, un fluir ontológico con cierto orden[38].

---

[38] Juan de Dios Yapita, comunicación personal.

LAYA DE UNA OFRENDA: EL *TURCU* FEMENINO

Los que se nos aparece en primer término ante la vista es un pan en forma de figura humana, femenina, ocupando el centro de la "mesa" de ofrendas para las almas; está acompañada de otra figura de sexo masculino, según sus características físicas y vestimenta.

Fig.6. Turcu femenino. Fuente: foto del autor.

Su pelo trenzado se une a la espalda; con color negro, y en relieve, aparecen ojos nariz y boca; vestido no muy largo que llega hasta la rodilla, con puntos negros y ceñido con una especie de cinto ancho; de su cuello cuelga un crucifijo. Cubre todo su cuerpo, un punteado hecho con tijera, que al tacto se experimentan con puntas. En ocasiones se los tiñen con color rojo o rosado con airampo.

Las "picaduras" semejan "plumas", que similarmente a las aves las almas puedan "volar" o ser llevadas por las almas. O también se pueden relacionar a "escamas", como peces, relacionados con las lluvias, con los *sirinus*, o sirenas que entonan cantos acompañadas con charango, laúd o con instrumentos de viento (*tarkas*); también puede relacionarse con los pato *chullumpi* de los ciénagas andinas, que son los arquetipos de los camèlidos. Fernández Juárez las relaciona con el escenario acuático que las almas tienen que cruzar (Fernández Juárez, 1999:130).

"YO TE DOY ESTE PAN..." EL COMPADRAZGO

En el Cementerio de Puesto del Marqués, el 31 de octubre del 2011, mientras acondicionamos la tumba de un finadito familiar, mi comadre me presenta a don Marcial Ramos, albañil, quien está haciendo un nicho. Ella le dice: "es mi compadre de ofrenda", a lo que don Marcial exclama: "¡Eso es lo que vale!". El año anterior en casa de doña Eufemia nos han dado un *turcu*, guagua de pan y nos hemos hechos comadres y compadres. Lo hemos bautizado porque se nos dice que "son "moros", "moritos", "turcus"[39]. Los Laymi llaman "moro" a los niños no bautizados[12]. Los muertos *chullpa* también se nombran como Mariano y María, que son una pareja en los cuentos potosinos (Platt, op.cit:144).

Fig.7. "Recibiéndose" de compadres, con el "ahijado" en los brazos. Fuente: foto del autor.

---

[39] Platt, Tristan. op.cit. p.144.

Después de terminar de alzar las ofrendas, se empieza a hacer el bautismo. Una pareja hace bautizar a su "guagua" de pan con otra pareja, así ambas parejas se hacen compadres y comadres:

> *"Muñequitas de pan, muñequitos de pan nos daban a cada uno. El que tiene, el que quería ser comadre decía 'bautizamelo a esta chiquita, a esta nenita', decían. Y entonces la comadre recibía."*[13]

"Recibirse" es cambiar de relación social. A partir de este acto ya no nos llamaremos con nuestros nombres o apellidos sino "comadre", "compadre", "cumpa" o "cuma", así como ya estaremos atentos a todo acontecimiento que nos implique socialmente tales como, nacimientos, bautismo, bodas, fallecimientos, fiestas, patronales, entre otros.

> *"'Bueno, ahora comadre tenés que ponerle el nombre de la ahijada' sabían decir. Entonces ellos ya le ponían pue el nombre como Pepita de Durazno, Pepita de Manzana, Florcita de cardón. El nombre de las flores también ponían, eso ponían"*, dice doña Gerónima, (Vilca, 2011:63).

Poner nombre, a fin de que con él advenga una capacidad de relacionarse, como "padrino de" y "compadre/comadre" en relación al recién nacido o "ahijadito"/"ahijadita". El nombre como personalización de lo anímico, su especificación. El nombre será su *ánimu*, en otras regiones será su *ajayu*; en él residirá ahora la potencialidad y la actuación del "recién nacido" para satisfacer las necesidades de sus "padrinos".

En las prácticas terapéuticas andinas los especialistas religiosos, o curanderos, *yatiris, ch"amakanis*, "gritan" o llaman por su nombre a fin de curarle haciéndole retornar su "animu" o *ayaju* a su contraparte corporal. En la puna jujeña se lo llama también su "espíritu" (Vilca –Bugallo, 2011).

En 1631 la iglesia ordenaba respecto de los nombres que ponen los indios: *"procure que no le pongan nombres...ridículos...o de vanos Dioses o nombres de Gentiles, impíos e irreligiosos, sino antes les pongan nombres de Santos"* (Pérez Bocanegra, op.cit:129). También Bocanegra advierte que no se debe confundir el bautizar con el poner nombre: "*Y assi los que en lugar de Bautizaiqui, an dicho sutiyaiqui en ninguna manera an baptizado, sino cometido grave ignorancia y sacrilegio= y solo han puesto nombre*"[40]. Los indios bautizan poniendo un nombre, la iglesia a través del agua bendita, purificando del pecado original.

Guaman Poma aclara que "de palabra" se hacían las más importantes ceremonias:

> "*Y cómo se cazauan de palabra el hombre a la muger y la mujer al hombre. Y auia bautismo de palabra y se bautizauan y le dauan sus nombres de sus padres a las mujeres, de sus madres a las crias, con ello hazian fiestas. Con el que daua el nombre de palabra se hazian parientescos y compadre y comadre. Y ací quedaua bautizado los niños en este tiempo*" (Guaman Poma, [1615]1987: 63).

En muchos lugares del ámbito surandino, la práctica del "bautismo" de las guaguas de pan es un momento humorístico, poblado de referencias eróticas, de transgresión de normas morales y pautas cristianas: "*Después de terminar el bautismo soplaban la ceniza, toda la ceniza iban pal padrino, blanquito el padrino. „Ese es la bendición", decían*", (Eufemia Mamani)[41].

Lo lúdico, las bromas, risas y trastrocamientos morales, determinan una firme relación de compadrazgo. No hay separación entre lo serio y lo lúdico, ambos están íntimamente entrelazados. Lo que se hizo como juego, ahora determina inquebrantable vínculo social. Lo lúdico es lo sacro, y también lo serio, por eso se "baila llorando" cuando se despide al alma al tercer año. En tanto "ahijados" los *turcus* han de proteger en la otra vida a los padrinos[42].

En caso de que no haya "compadres" en ese año, las guaguas de pan se consumen del mismo modo que la totalidad de las ofrendas, a fin de que las almas "estén bien comidas y bebidas", y se vayan contentas. Platt considera que el consumo de los *turcus* en forma

---

[40] Ibídem, p.46

[41] Eufemia Mamani, 78 años, oriunda de Llamerias, puna de Jujuy. Noviembre 2015.

[42] Cfr. Ricard Lanata, Xavier (2007). *Ladrones de sombra. El universo religioso de los pastores del Ausangate*. Lima: IFEA-CBC.

humana, es un residuo de la práctica Lupaqa del siglo XVI, de comerse una parte de la placenta por parte de la parturienta, (Platt, op.cit:145).

En síntesis. Estas prácticas y relatos en relación a los "objetos" ponen en cuestión la mirada "naturalizada" y moderna sobre los seres del mundo; es decir clasificados como pertenecientes al mundo natural o al cultural [43] que los concibe depotenciados de vida propia, incapacitados de devenir-otredad. Nos muestran mundos y seres que desbordantes de alteridades [44] que nos interpelan cotidianamente, (Vilca, 2008).

PENSANDO AL "DESAYRE". DISCUSIÓN

Nos preguntamos en qué medida los *turcus* constituyen "intermediaciones", es decir cosas que transportan el lazo social del compadrazgo sin perturbaciones desde los humanos a los no humanos y viceversa. En tal caso semejaría a un canal que lleva el ánimo o también "suerte", o el "todo", como afirma Amadea Chiliguay en el altiplano jujeño.

La otra posibilidad es que los *turcus* puedan no ser simples medios que posibiliten la circulación de animus, de *camac* y de valores de socialidad, sino que ellos mismos sean los integrantes de una red más amplia de germinalidades implícitas; estas podrían estar en relación de afinidad potencial; aunque también en relación de antagonismo, que en su enfrentamiento o *tinku* segregan tensiones germinales. Así los *turcus* transforman y traducen el lazo social, constituyen crianza y cuidado de lo colectivo.

Por un lado, estas germinalidades se darían a través de sus formas. La forma parece ser un criterio para considerar cuál es el acto o la ubicación que corresponde: el *turcu* en forma de cruz, debe ir en el alto del altar, por el lado de "gloria" (cielo); mientras que al *turcu* en forma de botella de vino, debe estar en el espacio del *kaypacha* (tierra), para ser consumido por las colectividades en reunión (humanos y no humanos).

---

[43] Cfr. La crítica de Viveiros de Castro (2010 y 2013), sobre esta partición, en su reflexión sobre el estructuralismo de Levi Strauss.
[44] El "hervidero espantoso" denomina Rodolfo Kusch a esta experiencia del espacio americano. [19] G.CH.

Fig.8. Formas. Fuente: foto del autor.

Por otro lado, a partir de su sustancia (las "propiedades sustanciales" de Ingold), constituyen masa cocida de harina de trigo y de otras harinas para los dulces. En otras ocasiones se las tiñe con airampo o con aroma, que se adquiere en la feria de la puna en octubre: *"La mamá decía así: 'traigan el airampo para pintar las ofrendas', todo tiene que ser pintaditas. Años era así."*, dice doña Gerónima[19].
A ser los modificadores del lazo social, también transforman el ánimo de lo existente en determinados valores o normas. Entonces podríamos llamarlos con Latour "mediadores" (2008:63).

Se considera que los *turcus* son "comidos" por las almas, desde el mediodía del 1° de noviembre al mediodía del 2; se dice que las almas deben comer primero y los humanos deben comer las "sobras" o los "puchos" de las almas; esos alimentos tiene potencia o *camac*; puesto que tiene el agradecimiento en tanto "buena suerte". También son alimentados a través de las corporalidades de los humanos; en este caso los humanos se transforman en "mediadores" del alimento para las almas: beben, comen, fuman y coquean[45]. Se dice que "hay que comer para el alma", caso contrario se hace "sufrir",

---

[45] Es decir consumen hojas de coca, en forma de humo que los participantes queman en las velas de la mesa.

"penar" al alma. En tanto los ancestros están en los humanos, No solamente se alimenta a los afines consanguíneos sino también a los afines políticos.

Sin embargo la posibilidad de mediación de las corporalidades humanas no solo se da en tanto son "habitadas" por las almas, sino en tanto éstas son las que parecen distribuir las ofrendas a la comunidad de humanos, a través de los "repartidores"; de tal modo tanto los humanos como las almas devienen "otro": los humanos devienen almas, las almas devienen seres corporizados. Ello va mucho más allá de concebir a las ofrendas como a los humanos desde sus "propiedades materiales", como afirmaría Ingold.

La "agencialidad" de Latour y las "propiedades de los materiales" en Ingold nos permiten pensar que en la celebración a los ancestros tales categorías son desbordadas por los supuestos implícitos en su práctica.

Lo "par"[46], como valor que rige la distribución de los elementos de la mesa, es observado minuciosamente en la producción de los *turcus*, y en la distribución de todos los elementos en la "mesa". Este valor implica la noción de seminalidad, es decir la potencialidad del fruto[47]. En el cementerio de la puna, el día primero, las mujeres en especial las abuelas, crean un clima jocoso con alusiones eróticas, haciéndoles bromas a los más jóvenes. En La Paz los deudos coquean de a cuatro hojas, des a dos pares: dos "hembras" y dos "machos"; se dice que estas ofrendas también son "illa", lo que refuerza esta posibilidad, (Castillo Vacano: 2015).

La celebración concentra un entramado desbordante de "nosotros" interactuantes que subvierten la temporalidad histórica: el nosotros humano, el nosotros no humano y sus interacciones recíprocas. Si bien entre los no humanos situamos al colectivo de almas, formado a su vez de diverso tipos de afinidades y parentescos, encontramos también a un "nosotros" en la totalidad de la mesa, dado por sus correlatos materializados y perceptivos sensoriales en la "mesa

---

[46] Este valor también se presentifica en los funerales (En Tilcara, en el 2013, observe este valor par en el lavado y repartija de los bienes del difunto, la elección del número de "quemeros", los productos que se recogen de vuelta a la casa, etc.)

[47] Cfr. Kusch, Rodolfo en varias de sus obras.

136

de *turcus"*. En estas colectividades encontramos afinidades de parentesco (abuelos, tíos, primos, hermanos, etc.) y afinidades políticas (suegros, cuñados, ahijados, etc.); y también relaciones antagónicas (que en este caso son suspendidas a fin de canalizar la potencia de la mayor cantidad de participantes en el banquete; con lo cual también las "almas olvidadas" son invitadas a participar).

La celebración actualiza en cada uno el estado de "abertura"[48] que posibilita la relación de los diversos "nosotros" que interactúan (el comer y beber "para" las almas, el cuerpo abierto para su habitar y actuar; las casas abiertas para la comunidad, etc. Es una pauta que regirá hasta el entierro del carnaval). Esto nos hace pensar que la noción de "agencia" no puede ser centrada solo en la individualidad y en la capacidad de influir en el otro (Gell), sino en la apertura y el "cariño" con que los celebrantes donan la "mesa" y la donación de "suerte" o potencia seminal que las almas dejan. De allí que los "objetos" de Gell no tendrían agencia sin un "sujeto" que tenga capacidad de juicio estético. En otras palabras, el "cariño", implica la norma del "cuidado" del ser viviente a sus ancestros, y recíprocamente, la donación de "prosperidad", "bienestar material y espiritual", la salud de los animales domésticos y los cultivos, etc; por parte de los ancestros. De aquí la importancia del valor del par "criar"/"ser criado", (Kessel, 1992).

Asociamos al compadrazgo con la "crianza"[49], donde los compadres "crían" a su ahijado/a; y a su vez estos "ahijados" de pan "crían", protegen a sus "padrinos"[25]. De tal modo que hay una relación extensa, que incluye la de la crianza en doble sentido: criador que cría y a la vez es criado. Así podemos distinguir una red de reciprocidades (a modo de red o lógica de crianzas mutuas y singulares).

---

[48] En la vida cotidiana el cuerpo "cerrado" constituye la condición de posibilidad del equilibrio anímicocorporal, es decir la salud; ello tanto en humanos como en los seres no humanos (animales, plantas y cosas que se consumen e intercambian). Cfr. Fernández Juárez: 2004; Ricard Lanata: 2007, BugalloVilca: 2011).

[49] La noción de "producción", asocia a una cadena operativa serial que genera "objetos", por lo que no nos parece una categoría que pueda dar cuenta del complejo mundo de vida andino. [25] Ricard Lanata (ibídem).

Así, las categorías iniciales con las que hemos iniciado nuestra reflexión, necesitan ser contextualizadas en los mundos de vida andinos, a fin de ser despojadas de ciertos limitantes (individualidad y composición material); considerando las colectividades o las tramas entre los que fluyen potencias, valores y prácticas que están enlazadas por los intercambios y la memoria.

BIBLIOGRAFIA

ARNOLD, D., YAPITA, Juan de Dios (comp.), (1996). Madre melliza y sus crías. Ispall mama wawampi. Antología de la papa. La Paz: Hisbol-ILCA.

ARNOLD, D. y OTROS, (2005). El rincón de las cabezas. Luchas textuales, educación y tierras en los Andes. Colección Academia número nueve. La Paz: UMSA e ILCA.

ARNOLD, D; ESPEJO, E. (2013). El textil tridimensional: la naturaleza del textil como objeto y como sujeto. La Paz: Fundación Interamericana/ Fundación Xavier Albo/ILCA.

BERTONIO, L. ([1612]2004). Vocabulario de la lengua aymara. Lima: El Lector.

BUGALLO, L. (2009), La noción de "suerte" en el centro de la relación ser humano mundo. Congreso Nacional y Surandino de Filosofía, San Salvador de Jujuy.

CASTILLO VACANO, L. (coord.), (2015). Su día de ellos es. Aproximación etnográfica a las representaciones de la muerte en Todos Santos, fiesta de ñatitas y Hallowen en la ciudad de la Paz. La Paz: CEPAA.

DIDI-HUBERMANN, G. (1997). Lo que vemos, lo que nos mira. Buenos Aires: Manantial.

FERNANDEZ JUAREZ, G. (1999). "Almas y difuntos: Ritos mortuorios entre los aymaras lacustres del Titicaca". En: Van Kessel, Juan, Los vivos y los muertos. Duelo y ritual mortuorio en los Andes, Iquique: IECTA.

FERNANDEZ JUAREZ, G. (2004). Ajayu, animu, kuraji : el « susto » y el concepto de persona en el Altiplano aymara. In: SPEDDING, Pallet Alison (Comp. y edición). Gracias a Dios y a los achachilas. Ensayos de sociología de la religión en los Andes. La Paz: ediciones Plural – ISEAT, 2004, p. 185-217.

GÖLTE, J. (2008). "La modelación de una cosmología". Scientia, Vol. X, N° 10, pp. 17-36.

GUAMAN POMA DE AYALA, F. ([1615]1987). Nueva crónica y buen gobierno. Col. Crónicas de América 29. Edición de John Murra, Rolena Adorno y Jorge Urioste. Madrid: Historia 16. tomo1.

INGOLD, T. (2013). Los materiales contra la materialidad". En Dossier "Materialidad y agencia: un debate con la obra de Tim Ingold". Revista Papeles de Trabajo, Año7, N° 11, mayo 2013, pp.19-39.

KESSEL, J. V. (1992). Cuando arde el tiempo sagrado. La Paz: Ed. Hisbol.

KUSCH, R. (1999). América Profunda. Buenos Aires: Biblos.

LARA, J. (1978). Diccionario Queshwa- Castellano. La Paz: Edición Los Amigos del Libro.

LYON, P. J. (1981). "Arqueología y mitología: la escena de los "objetos animados" y el tema del "el alzamiento de los objetos", Scripta Ethnologica, Vol.VI, Bs.As., pp.105-108.

MAMANI YUJRA, M. (2008). "Achunakan Ajayupan" (El Espíritu de los productos agrícolas)". En Mamani Bernabe, V; Quispe Huanca, C; Mamani Yujra Pacha, M; Pérez Quispe, J; Masco Santander, C; (2008). Ajayu Espíritu. Espiritualidades Originarias, T.4. Cochabamba: Ed. Verbo Divino.

MERCADO, C. Y OTROS. (1997). Pa" que coman las almas. La muerte en el Alto Loa. Santiago de Chile: Chimuchina Records-LOM ediciones.

RICARD LANATA, X. (2007), Ladrones de sombra. El universo religioso de los pastores del Ausangate (Andes sur peruanos), Lima: Ed.IFEA-CBC.

TAYLOR,, G. (2008). Ritos y tradiciones de Huarochirí. Ed. G. Taylor, Lima: IFEAIEP.

PÉREZ BOCANEGRA, J. (1631). Ritual formulario e institución de curas para administrar a los naturales de este Reyno. Lima.

PLATT, T. (2002). "El feto agresivo. Parto y formación de la persona y mito-historia en los Andes". En: Estudios Atacameños, N° 22.

VILCA, M. (2008), "Piedras que hablan, gente que escucha: la experiencia del espacio andino como un "otro" que interpela. Una reflexión filosófica". En Filosofía, cultura y sociedad en el NOA, FHYCS, EDIUNJu, Jujuy. Guerci, B.(Comp.).

VILCA, M. (2008), "El espacio andino. Más allá del "paisaje": ¿Comensal, anfitrión, interlocutor? Una reflexión filosófica." Revista Cuadernos Suplemento 34, Jujuy,FHYCS, EDIUNJu.

VILCA, M. –BUGALLO, L. (2011), "Cuidando el ánimu: salud y enfermedad en el mundo andino (Puna y quebrada de Jujuy, Argentina)". En Nuevo Mundo Mundos Nuevos N° 11, Ed. EHESS, Francia. ISSN électronique 1626-0252.

VILCA, M.(2011), "Ancestros carnavaleros en turkaña: el "apriori" corporativo en la celebración a los muertos en Llamerías, Puna de Jujuy, Argentina". En ¿Los otros como nosotros? Interculturalidad y Ciudadanía en la Escuela. Reflexiones desde América Latina Tomo III, OEI-REUN-EDIUNJU, Jujuy. Rubinelli, M.L. (Comp.).

VILCA, M. (2013), "El diablo por la cocina. Muertos y diablos en la vida cotidiana de la puna jujeña". En Estudios Sociales del NOA, N° 12. Ed. FFyL, UBA.

VIVEIROS DE CASTRO, E. (2010). Metafísicas Caníbales. Líneas de antropología posestructural. Madrid: Katz editores.

VIVEIROS DE CASTRO, E. (2013). La mirada del jaguar. Introducción al perspectivismo amerindio. Buenos Aires: Tinta Limón.

RELIGIOSIDAD POPULAR: DE LA DIVERSIDAD DE PLANTEOS A UN PLANTEO DESDE LA DIVERSIDAD

Aldo Ameigeiras[1]

RESUMEN: La religiosidad popular constituye un fenómeno complejo y dinámico con fecundas manifestaciones mítico-simbólicas y capacidad de explicitación a través de múltiples formas culturales.Un fenómeno polisémico y que ha generado debates y replanteos pero sobre todo para quienes se acercan a su comprensión y conocimiento desde las ciencias sociales un fuerte desafío interpretativoque requiere de propuestas y miradas capaces de comprender el significado profundo que posee para los creyentes . Un fenómeno que ha dado lugar a diversos planteos para su abordaje . Sin embargo las singularidades del fenómeno, la diversidad de creencias como de prácticas sociales y simbólicas que lo conforman requiere de una propuesta que asuma dicha diversidad como punto de partida del análisis. El trabajo que presentamos se propone aportar en la construcción de dicha propuesta presentando un planteo desde la diversidad que conduce a un planteo intercultural.

PALABRAS CLAVES: Religiosidad popular, diversidad cultural,culturas populares,interculturalidad

Abstrac

ABSTRACT: Popular religiosity represents a complex and dynamic phenomenon with fruitful mitico-symbolic manifestations and the capacity of explanations throw different cultural forms. A polysemic phenomenon which has caused not only multiple discussions but also an strong interpretative challenge to those who approach from the social scienses, to its understanding and knowledge. An strong challenge which requires proposals and perspectives capable of understanding the deep meaning of it to the believers. A phenomenon which has generated different approaches. However the singularities of the phenomenon, the diversity of religious convictions as social and symbolic practices needs a proposal which assume that diversity as the starting point of the analysis. The present work attempts to contribute in the construction of that proposal throw an explanation from the diversity which leads to an intercultural approach.

KEY WORDS: *Popular Religiosity, cultural diversity, popular cultures, interculturality*

Hablar sobre la religiosidad popular implica hacer referencia a un fenómeno complejo, cuyo carácter popular subvierte y perturba muchas teorías consolidadas en el campo de los estudios religiosos. Un fenómeno generador de disputas teórico epistemológicas, de debates, de investigaciones y distintas propuestas de abordaje. Un fenómeno fuertemente polisémico que se explicita a través de múltiples formas culturales en el marco de creencias tradicionales o replanteadas pero a su vez de nuevas modalidades de creencia, de cruces de culturas, de porosidad de fronteras y de transformaciones tecnológicas y comunicativas en un contexto asimétrico de globalización.

Se trata de una religiosidad manifiesta en símbolos, rituales y cultos desplegados en todo lo ancho y lo largo del continente. Una multiplicidad de devociones que abarcan desde cristos, vírgenes y santos, hasta la Pachamama y devociones a las animitas a la vera de las rutas. Cultos populares generadores de ofrendas que pueblan la trama socio cultural Latinoamericana. Prácticas rituales invocando a María Lionza o la Difunta Correa, al gauchito Gil o a San La muerte, como a su vez nuevas creencias y experiencias religiosas accesible a través de internet o las redes sociales. Pero sobre todo la presencia relevante de la fiesta y las celebraciones populares. Expresiones que hacen explicito, permanentemente, una presencia de lo sagrado en la vida cotidiana de nuestros pueblos. Una fecundidad de lo religioso generadora de distintas modos de creencias estrechamente vinculadas con las necesidades y demandas de la vida de los sujetos tanto en relación con la salud y la enfermedad, como con el trabajo y los afectos, con el amor y la indiferencia, como con la necesidad de celebrar y cantar, bailar o comer. Una religiosidad popular relacionada con culturas religiosas tradicionales pero a su vez replanteadas desde nuevas tramas culturales, tomando distancia de instituciones consolidadas o relacionándose tensionada y conflictivamente.

Seres humanos que encienden velas, colocan flores en altares y cementerios pero que también colocan frases y expresan sentimientos hacia sus muertos en el facebook, utilizan las redes sociales, peregrinan y prometen y sobre todo esperan muchas veces el milagro, esa posibilidad siempre presente de trastocar la realidad, de hacer posible lo aparentemente imposible. No estamos aludiendo a una religiosidad sustentada en doctrinas, preceptos o normas sino fundamentalmente a una religiosidad que constituye un posicionamiento existencial que otorga un sentido y moviliza una acción, que implica un vínculo con lo que considera sagrado y a través del cual se relaciona con los otros.

Pero una religiosidad que genera para quienes la investigan un desafío interpretativo que requiere una mirada capaz de comprender el significado profundo que posee para los creyentes que expresan la misma. Una mirada que implica no solo un esfuerzo de rigurosidad teórico-metodológica para los investigadores sociales, sino fundamentalmente de un profundo replanteo epistemológico que posibilite abordar adecuadamente la potencialidad significativa del fenómeno.

Hace varios años atrás un cantor popular expresó como pocos con palabras simples el desafío presentado. Decía Don Atahualpa Yupanqui

"Para el que mira sin ver, la tierra es tierra nomás"-

Una frase que enfatiza a su manera la relevancia de una mirada que vaya más allá de lo aparente y visible, de lo observable y medible, una mirada que sea capaz no solo de ver sino de comprender el sentido del fenómeno en cuestión para mujeres y hombres creyentes de Latinoamérica. Una mirada que tome distancia de apreciaciones canonizadas en el marco de saberes sustentados muchas veces en perspectivas etnocéntricas y asuma un nuevo planteo epistemológico desde la mirada de los protagonistas y desde su situacionalidad histórico-cultural. Surgen así algunos interrogantes vinculados con el "desde donde y como conocer" lo que nos remite a resolver desde que perspectiva teórico-metodológica hacerlo.

Esta reflexión intentará junto a ustedes realizar este esfuerzo y recorrer este camino que no es otra cosa que tratar de acceder a una mayor comprensión de la vivencia de lo religioso hoy en los sectores populares en donde la religiosidad popular posee una profunda significación. He allí el gran desafío hermenéutico, una comprensión del sentido que dicha religiosidad tiene para el creyente en el transcurrir de su vida. Una religiosidad marcada por tensiones y conflictos, por la puja de universos simbólicos por la presencia de la cultura hegemónica y la resistencia de la cultura popular. Diversidad de fenómenos, de gestos, de valores, actitudes y significados profundamente insertos en las culturas populares Latinoamericanas constituyendo complejas tramas colectivas de sentido en el marco de procesos de permanencia, de sincretización o de recomposición de creencias y de prácticas religiosas en los sectores populares

Fenómenos religiosos populares que dan lugar, para el investigador que se aproxima a los mismos a una variedad de interrogantes, vinculados tanto con el sentido de la religiosidad popular para los creyentes, como por las implicancias de esta religiosidad en su vida. Preguntas por las peculiaridades de esta religiosidad en Latinoamérica como por su gravitación y sus consecuencias respecto al fenómeno religioso en general en la sociedad actual. Una diversidad de Interrogantes presentes en nuestra reflexión que requieren asumir un posicionamiento ante la religiosidad y las religiones populares que demanda una profunda revisión de la forma en que conocemos lo religioso popular y desde donde lo hacemos. Una instancia en donde se hace imprescindible un abordaje que tome como punto de partida el despliegue de un profundo replanteo epistemológico necesario para comprender el sentido de la religiosidad popular en este momento histórico y en este contexto socio cultural.

De esto se trata entonces nuestro trabajo, proponerles reflexionar juntos en torno a las particularidades y los desafíos de la religiosidad popular en la actualidad abordando dos planteos que consideramos centrales y que trataremos de fundamentar con la finalidad de ponerlos a su consideración y análisis crítico. En primer lugar la imprescindible necesidad del replanteo epistemológico y en segundo lugar la consideración de la diversidad manifiesta de la religiosidad popular, no solamente como un atributo que la caracteriza sino fundamentalmente como una propuesta teórico-metodológica de abordaje del fenómeno. Esto es lo que presentaremos dando fundamento a nuestra apreciación de que la diversidad que presenta la religiosidad popular en la actualidad y a la vez la diversidad de planteos existentes, requieren de un nuevo enfoque. Una perspectiva que incorpore dicha diversidad como un aspecto sustantivo para el conocimiento de la cuestión. En otras palabras nos interesa proponer un abordaje de la religiosidad popular desde un planteo intercultural.

Un planteo que lejos de pretender agotar las instancias de conocimiento de la religiosidad popular considera que la vitalidad y la dinámica de los manifestaciones religiosas populares impide su encerramiento conceptual. No puede quedar acotada a una definición cerrada, en tanto la vida misma se renueva en su impredecibilidad y novedad histórica.

En esta oportunidad presentaremos tres aproximaciones al fenómeno de la religiosidad popular. Una primera aproximación que denominaremos; "Del replanteo al reposicionamiento epistemológico". Una instancia que nos ha de enfrentar con el interrogante fundamental de plantearnos cómo y desde donde conocemos el fenómeno religioso popular; Una segunda aproximación denominada "Transitando la diversidad de planteos", que nos llevará a recorrer por distintos aportes que han nutrido el conocimiento del fenómeno y que se constituyen en una perspectiva y propuesta importante para tener en cuenta. Finalmente un tercer momento que denominaremos "Un planteo desde la diversidad; La mirada intercultural" que implica a nuestro entender la relevancia de pasar desde la diversidad de planteos que han fecundado el conocimiento del fenómeno, a una propuesta desde la diversidad con un enfoque intercultural.

PRIMERA APROXIMACIÓN; DEL REPLANTEO AL REPOSICIONAMIENTO EPISTEMOLÓGICO.

Quienes nos enfrentamos al fenómeno religioso popular no dejamos de preguntarnos cómo y desde donde conocerlo, cómo abordarlo de manera de comprender adecuadamente lo que está presente en el mismo. La necesidad de un replanteo epistemológico surge entonces como una apreciación compartida por numerosos investigadores que aún desde ópticas paradigmáticas diversas coinciden en llevar a cabo una profunda revisión acerca de la forma en que desde las ciencias sociales tratamos de conocer e interpretar la realidad social en general y el fenómeno religioso en particular. Una demanda motivada en gran parte por la persistente pretensión hegemónica de una perspectiva paradigmática que considerándose la depositaria de la forma legitimada de conocer, no solo descalificó otras formas y modalidades de conocimiento sino también otras saberes bajo la acusación de falta de rigurosidad o marcada irracionalidad. A.Quijano, E. Lander,2000/Boaventura de Souza Santos, 2009;31). Un desde donde que pasa a ser relevante en cuanto el paradigma hegemónico implica perspectivas modernocéntricas y saberes coloniales que han descalificado y encubierto configuraciones de sentido y acervos de conocimiento que se han desplegado históricamente y que han acunado otra forma de percibir y pensar la realidad estrechamente vinculadas con su posicionamiento socio-cultural y territorial. Está en juego la situacionalidad del pensamiento explicitada no solamente en términos de la relevancia del conocimiento local (C. Geertz, 1994; 13) sino fundamentalmente con respecto a tener en cuenta lo señalado por R. Kusch en cuanto siempre el pensar es desde un lugar determinado y cuanto tal es un pensar *"culturalmente arraigado "(E.Mareque, 1989; 53)*. Tiene que ver con una tierra y un paisaje, con vivencias y experiencias generadas en el mismo, con el desafío de lograr "un domicilio existencial, una zona de habitualidad en la cual uno se siente seguro..." R.Kusch (1978; 14) . Un eje referencial de sentido en el que lo religioso pasa a ocupar un lugar central desde la experiencia personal de los creyentes en la trama cultural de nuestras sociedades. De allí entonces nuestras preguntas en torno a las peculiaridades del fenómeno religioso y las creencias de los sujetos insertos en tramas sociales y enmarcadas en matrices culturales diversas ¿Es posible abordar de la misma forma fenómenos aparentemente iguales más allá de su localización espacio-temporal?

Esta situacionalidad marcada por el posicionamiento territorial en que las manifestaciones de lo sagrado y las múltiples expresiones religiosas de los creyentes se explicitan, nos inserta en otra forma de relacionarse y percibir la realidad. Una situación que en América se vincula especialmente con la singularidad de las culturas populares .Estamos haciendo referencia a tramas culturales complejas y polisémicas que se manifiestan entre tradiciones y procesos de masificación, cruces culturales y procesos de mestización .Culturas populares enmarcadas en la polémica y periférica noción de "lo popular" que ha sido tan reiteradamente descalificada en las ciencias sociales y que indudablemente nos inserta en un debate epistemológico no resuelto. Como señalábamos en un anterior trabajo;

> Porque precisamente lo que está en juego no es un obstáculo de orden teórico vinculado a la puja conceptual que ha acompañado en parte las discusiones

en torno a lo popular sino precisamente un problema epistemológico vinculado no solo con los condicionamientos históricos y sociales que marcan la vida de los sectores populares, sino con el reconocimiento de modalidades propias de percibir y de actuar, de sentir y gozar y especialmente de pensar ... (Ameigeiras,2011; 27)

Pero es necesario explicitar que también se trata de modalidades propias de creer y rezar, de desplegar prácticas simbólicas y ceremonias rituales. Culturas populares en donde se explicita un pensamiento fuertemente sincrético, que lejos de absolutizar, despliega una fuerte capacidad de resemantizacion, de aprovechar intersticios, de generar aperturas y nuevas significaciones y en donde el predominio de una racionalidad instrumental resulta desplazada por una racionalidad y una lógica sustentada en un pensamiento seminal .

Un cuadro de situación que exige una profunda reflexión y replanteo crítico de los marcos interpretativos desde los cuales precisamente se han desarrollado los abordajes de la realidad.(Ameigeiras A, 2012) .Una situación que generalmente no es evaluada suficientemente en toda su gravedad, especialmente para todos aquellos investigadores que trabajan temas relacionados con la realidad socio-cultural y religiosa de nuestros pueblos y que genera interrogantes que es necesario abordar.¿ Desde donde interpretamos estos fenómenos?¿Cuáles son nuestras categorías de análisis? ¿Qué principios ónticos y epistemológicos se despliegan en nuestras abordajes de la realidad? Es evidente al respecto la relevancia de los estudios poscoloniales y subalternos como los aportes de la Filosofía y la Teología de la Liberación a los que es necesario sumar las miardas de otros pensadores Latinoamericanos. Instancias en donde es posible observar que la colonialidad del saber se complementa con saberes que aún con un despliegue crítico no logran superar muchas veces los etnocentrismos encubiertos que acompañan en gran parte nuestra formación académica .

El replanteo epistemológico al que estamos haciendo referencia nos conduce así al reconocimiento de otros saberes y cosmovisiones, de otras formas de pensar y también otras formas de creer y vincularse con lo sagrado. Una necesidad surgida del replanteo epistemológico que nos conduce también a un reposicionamiento epistemológico. Es que el reconocer otras racionalidades y saberes nos lleva a legitimar también otras formas de conocimiento imprescindible en este esfuerzo de brindar reconocimiento de la pluralidad de voces y saberes existentes.(Denzin N. Lincoln Y, 2012;37) La necesidad de llevar a cabo un esfuerzo intelectual que posibilite desplazarnos de nuestras representaciones acerca de la forma en que los otros creen y el significado de lo que creen a las representaciones y significados que los otros otorgan a sus creencias. En otras palabras el pasaje de lo que algunos investigadores sociales sociales denominan el tránsito desde una "epistemología del sujeto cognoscente" a una "epistemología del sujeto conocido ".(Vasilachis I.2006;56)

Representaciones de los investigadores acerca de los otros en donde se explicitan, más allá de la apertura manifiesta a expresiones diversas, enormes dificultades para trastocar mapas cognitivos y admitir como lógicas y validas las representaciones que los otros generan sobre la realidad de sus vidas. Representaciones sobre los otros en donde se explicitan los marcos interpretativos a los que hicimos referencia y que resultan interpelados por las representaciones de los otros. Una instancia que agudiza nuestros interrogantes en relación al significado que otorgamos no solo a ritos, devociones y cultos sino también a músicas, bailes, comidas y celebraciones festivas que enmarcan los mismos. Símbolos, gestos, expresiones corporales y sacralizaciones que en el marco de la religiosidad popular emergen constituyendo fenómenos cuya textura significativa requiere la agudización de nuestra capacidad hermenéutica. Es allí, en ese marco en donde se explicita una arena de encuentros y desencuentros, de puja de sentidos y de esfuerzos interpretativos que han convergido en una diversidad de planteos, a cuyas características nos referiremos a continuación.

SEGUNDA APROXIMACIÓN; TRANSITANDO LA DIVERSIDAD DE PLANTEOS (COMO CONCEPTUALIZAR UN FENÓMENO INDÓCIL)

Al respecto debemos señalar que más allá de la dificultad epistemológica a lo que hicimos referencia nos encontramos con una diversidad de planteos teóricos relevantes sobre la religiosidad popular que han posibilitado observar tanto la gravitación de los contextos sociales en la religiosidad de los creyentes, como la magnitud de las transformaciones culturales. Pero a su vez es interesante percibir los distintos momentos por los que atravesaron dichas conceptualizaciones marcadas por instancias de indiferencia y de descalificación como también de revalorización y profundización. Conceptualizaciones que desde diversas perspectivas paradigmáticas explicitaban distintos aspectos, situaciones y procesos en cuyo marco se desplegaban las manifestaciones de dicha religiosidad. Sin embargo más allá de las perspectivas teóricas y metodológicas como de las pujas conceptuales de quienes nos dedicamos a estudiar la religiosidad popular, o los cuestionamientos sobre la vigencia de la noción de religiosidad popular, nos encontramos en el presente con la persistencia y la presencia relevante de una diversidad de modalidades expresivas de carácter mítico-simbólico y de relaciones sociales en las cuales, se hace presente una religiosidad viva, dinámica, con capacidad de cambio y replanteo acorde a los procesos socio culturales que atraviesa la sociedad. Una religiosidad con facilidad de articulación e incorporación de universos simbólicos y con una singular potencialidad significativa. Una situación ante la cual surgen nuevas preguntas que requieren imprescindiblemente del despliegue de una mirada atenta a través de la cual generar una adecuada comprensión de esa trama como de las relaciones sociales revestidas de una importante dimensión semántica.

Multiplicidad de expresiones de los creyentes y de manifestaciones colectivas que hacen explícita una imaginería, una cosmovisión y una mentalidad en la cual lo sagrado y la búsqueda de respuesta ante el misterio y el sentido de la vida están presente como una instancia fundamental en la cotidianeidad de los creyentes. Sin dejar de tener en cuenta muchas de las conceptualizaciones que se ha planteado nos detendremos sin embargo en algunas propuestas realizadas en Latinoamérica cuyos planteos incorporan nociones que nos interesa destacar desde nuestra perspectiva en cuanto consideramos que aportan a la comprensión del fenómeno en la actualidad.

De esta manera tendremos en cuenta tres tipos de propuestas; Las primeras centradas en torno al replanteo epistemológico, las segundas relacionadas con aspectos teórico –metodológicos y las terceras con las manifestaciones actuales sobre la religiosidad popular. En relación con el primer punto no podemos soslayar la contribución de C. Parker al sostener la necesidad de considerar en el estudio de la religiosidad popular la existencia de "otra lógica en América latina". Un planteo que, a pesar del tiempo transcurrido desde su explicitación constituye indudablemente un hito referencial para muchos de los que nos dedicamos a analizar la religiosidad popular Latinoamericana. Una perspectiva que manifestaba la necesidad de realizar un profundo replanteo de nuestro conocimiento del fenómeno religioso en cuanto el mismo requería imprescindiblemente replantear la manera de conocer, cuestionando el tipo de racionalidad hegemónica y avanzando en señalar la presencia de un paradigma emergente y una racionalidad distinta a la occidental. Planteaba así la existencia de una racionalidad alternativa, de carácter popular, " que se desarrolla especialmente "en *los intersticios de la modernidad subdesarrollada".(Parker,1993;354)*.Un perspectiva interesante no solo por su posicionamiento sino también porque nos permite ver, a fines del siglo XX una apreciación de que dicho replanteo epistemológico se generaba muy especialmente en ámbitos distintos a los estereotipados. Aludía entonces a intersticios sociales y explicitaba la inescindible relación entre el surgimiento de esa "otra lógica" y la trama peculiar de las culturas populares estableciendo un marco fundamental para comprender las manifestaciones de la religión popular en la cultura popular Latinoamericana. Un aspecto que consideramos central y al que adherimos plenamente en cuanto consideramos que es en el marco de procesos históricos culturales, cosmovisiones y modalidades de vida enraizadas en las culturas populares desde donde es necesario el abordaje de la religiosidad popular (Ameigeiras A, 2009; 245) .Como señala Parker se trata de una "... *cultura popular mucho más simbólico-dramática-sapiencial que intelectual con toda su sabiduría popular" representa " otra lógica" ... (Parker,1993;370)*

Un planteo del autor que resulta fundamental para entender un punto clave de la religiosidad popular vinculado con la noción de lo "sagrado". Ya encontramos en los planteos de G. Gimenez en su pionero trabajo sobre " Cultura popular y religión en el Anahuac" que para la religión popular " lo sagrado no es la negación de lo profano ..." ((Gimenez, 1979; 215) sin embargo Parker avanza en llevar a cabo un cuestionamiento profundo de la forma en que se ha presentado tradicionalmente la apreciación sobre "sagrado-profano" como una " división tajante", entre lo natural y lo sobrenatural en cuanto es precisamente en el marco de la cultura y el pensar popular que lo " sobrenatural es enteramente natural". *(C.Parker, 1993;373)*.Una perspectiva que de hecho implica una contraposición con la compartimentación de esferas y las apreciaciones dicotómicas propias de la modernidad. Por el contrario, estamos hablando de una afirmación que lejos de disociar plantea la existencia de imbricaciones, más que fragmentar en esferas o realidades diametralmente diferentes genera articulaciones y posibilita procesos de síntesis. Instancias básicas para el que estudia la religiosidad popular. Una temática sobre la que profundiza también P. Semán(2006;46) explicitando lo que denomina como la " experiencia cosmológica "presente en la religiosidad popular .Un planteo que supone que lo sagrado es un nivel más de la realidad "una perspectiva que enriquece la mirada sobre una diversidad de manifestaciones populares en que la apelación a lo sobrenatural, lo trascendente o lo sagrado se dá íntimamente vinculado a las viscisitudes de la vida diaria de los sujetos en los sectores populares. Ambitos en donde la petición, la promesa, el pedido personal, la confianza de que lo imposible puede volverse posible, de que el milagro se constituya en cuanto tal en una posibilidad concreta de realización, conforma un aspecto que caracteriza la apreciación de lo sagrado en el marco de las culturas populares. Una esperanza que cobra total sentido como un recurso accesible al creyente en general y al devoto en particular. Pero aún más dicha experiencia, en cuanto holística, señala P. Semán, permite considerar "la unidad de los fenómenos "físicos y morales", una instancia clave en cuanto implica considerar no solo la vinculación entre ambos elementos con lo espiritual, sino comprender la interrelación entre estos procesos, con las situaciones de salud o enfermedad. También aquí es necesario destacar el valor de la experiencia religiosa. Un tipo de experiencia que sobre la base de la vivencia humana y en forma inescindible de la experiencia general de la vida, implica una relación de lo humano con lo "trascendente ". (Croatto J, 1994;37)

Asimismo en relación con las segundas propuestas de carácter teórico-metodológico nos interesa destacar un planteo de Eloísa Martín en el cual, luego de analizar distintas perspectivas y conceptualizaciones la autora avanzó en considera la religiosidade popular como" prácticas de sacralización; los diversos modos de hacer sagrado, de inscribir personas, lugares momentos, en esa textura diferencial del mundo habitado". (E. Martin, 2007;77)

Una mirada sumamente interesante para quienes consideramos la relevancia de considerar las culturas populares Latinoamericanas y las singularidades de la mentalidad popular, en los estudios sobre religiosidades populares. Una apreciación que permite avanzar concretamente en la manera de abordar un conjunto generalmente difícil de asir, de manifestaciones de diverso tipo y de acontecimientos que en el amplio espectro de las devociones y cultos populares se despliegan en el territorio. Al respecto la noción de prácticas resulta pertinente porque dá lugar a la consideración de prácticas sociales o simbólicas, que de hecho conforman la textura de la vida social desde un posicionamiento cualitativamente distinto al de otras prácticas otorgado por su claro inscripción en la dimensión de lo sagrado. Por otro lado se trata de una adscripción otorgada por los mismos sujetos en forma autónoma de las prescripciones institucionales dando lugar a una resemantización de acontecimientos como también a dotar de sentido a hechos y situaciones que se explicitan en su vida cotidianamente. Como señala Bernardo Guerrero se trata de una noción que otorga a la "praxis" la peculiaridad de "dotar a un territorio de una densidad religiosa". (B.Guerrero, 2015; 175) No queda acotada dicha práctica a un tipo de manifestación u otra sino que coherentemente con una visión cosmológica despliega una conceptualización con posibilidades metodológicas de abordaje del fenómeno . Pero una perspectiva que a su vez posibilita, acceder a la subjetividad y a los sentidos que los propios sujetos creyentes otorgan a sus expresiones religiosas.

En lo que respecta a la tercera propuesta relacionada con las manifestaciones actuales sobre la religiosidad popular nos interesa destacar dos contribuciones en particular; Por una lado la que se generó en torno a la relevancia de la noción de "sincretismo", fuertemente cuestionada en su momento y que comenzó a ser posteriormente "rehabilitada "y en segundo lugar una contribución generada en torno a la consideración de las transformaciones actuales de la religión. En primer lugar nos referimos a las reflexiones realizadas por distintos autores y destacada oportunamente por la "rehabilitación "realizada por Pierre Sanchis(1994) . El sincretismo para este autor constituye un fenómeno universal que implica el proceso que se constituye cuando las culturas entran en contacto y los sujetos "redefinen" sus universos simbólicos en contacto y/o confrontación con otros. Un proceso que a su vez adquiere formas y modalidades distintas de acuerdo a los contextos. Es interesante al respecto, señala C. Mariz, la mirada de Sanchis al señalar el " potencial analítico " del sincretismo .(C. Mariz 2005;191) especialmente en un período de marcado por el hibridismo cultural y la " flexibilización de fronteras" en el marco de la globalización .

En segundo lugar nos interesa hacer referencia a lo planteado por R. de la Torre.en torno a su consideración de que es en la religiosidad popular en donde "se genera la síntesis entre varios sistemas religiosos; las cosmovisiones indígenas, la magia, el new age. En esta porosidades se están generando nuevas formas de practicar la religiosidad popular contemporánea" (R. de la Torre 2012 ;14). La autora avanza en analizar los cambios provocados por las dinámicas espacio-temporales y simbólicas de la globalización, la necesidad de generar arraigos y resguardar la "memoria identitaria". Se plantea así la consideración de los fenómenos y las prácticas de la Religiosidad popular como "anclajes locales de los imaginarios globales". Se trata también de un planteo que posibilita comprender los reposicionamientos de los sujetos frente a las nuevas "transformaciones culturales y las recomposiciones identitarias " Una perspectiva importante de tener en cuenta porque brinda un asidero para interpretar procesos en los cuales las religiosidades populares a la vez que articulan nuevas tramas simbólicas religiosas reproducen viejas prácticas y linajes de creencias que se constituyen en un punto de referencia creyente a su vez que en una instancia de " relocalización de lo global" .

Un planteo que permite considerar en el caso Latinoamericano por un lado la revalorización de las tradiciones relacionadas con las matrices simbólico-religiosas presentes en las cosmovisiones indígenas, el catolicismo popular y los procesos a través de los cuales las mismas son "reconfiguradas". Por otro lado señala la autora, la propuesta facilita considerar "imaginarios creyentes que se desplazan". Estamos ante un aporte importante en cuanto incorpora en nuestra apreciación del fenómeno religioso popular elementos que permite la adecuada revalorización de las tradiciones religiosas sin que esto implique desconocer las transformaciones que atraviesa la misma o la incorporación de nuevas prácticas. Un "anclaje "que permite considerar el valor de la situacionalidad, de la vigencia de un "suelo" en cuanto trama simbólica constitutiva, persistente pero no inmutable y por el contrario expuesta también a procesos de trasformación.

Una dinámica que en el lenguaje de la autora es explicitada en términos de la "traslocalización" provocada por la dinámica global a la vez que la necesaria "relocalización" que se produce de esos símbolos globales como una instancia imprescindible de recuperación identitaria . Su insistencia en los desplazamientos y movilizaciones poseen una larga tradición tanto en las religiones como en el Catolicismo en particular y especialmente en la enorme relevancia de las peregrinaciones que hacen explícito el significado de los desplazamientos generados. Una instancia que nos hace recordar las apreciaciones acerca de la llamada " religión en movimiento" (D., Hervieu Léger,2004.) característica de nuestro tiempo . Diversidad de planteos que nos conducen a considerar especialmente la relevancia de dicha diversidad tanto desde el punto de vista de la trama cultural como de la religiosidad existente.

TERCERA PROXIMACIÓN ; UN PLANTEO DESDE LA DIVERSIDAD : LA MIRADA INTERCULTURAL

La dinámica global y la consolidación de un mundo multicultural

Hemos explicitado tanto la necesidad de realizar un replanteo y reposicionamiento epistemológico en la forma en que abordamos el fenómeno religioso como considerado distintas aproximaciones teórico-conceptuales que consideramos relevantes para su conocimiento .Nos encontramos ahora ante un fenómeno al que hemos hecho alusión a lo largo del trabajo y que es necesario profundizar. Un fenómeno ante el cual surge inevitablemente la pregunta ¿De qué estamos hablando cuando nos referimos a la diversidad? ¿Cuales son las particularidades de la diversidad religiosa en el marco de la diversidad cultural? En principio no podemos negar que la diversidad alude a un fenómeno que siempre ha estado presente en las culturas y en las múltiples manifestaciones de lo sagrado. ¿Cuál es entonces su novedad? Podríamos decir, que si bien es un fenómeno constitutivo de los grupos humanos, la diversidad cultural que ha adquirido sociedad actual posee ciertas características que le otorgan una singularidad y relevancia especial, no solo en lo cultural sino específicamente en lo religioso que es en lo que nos vamos a detener. Por otro lado tanto en los planteos que hemos analizado en particular respecto a la religiosidad popular como en una amplia gama de escritos e investigaciones sobre el tema son notorios los estudios que aluden a una diversidad de fenómenos religiosos presentes en la sociedad. América Latina conoció tempranamente estos procesos, tanto en sus orígenes como posteriormente con la irrupción de los colonizadores y los proyectos migratorios marcadamente " modernizadores " que buscaban precisamente imponer una hegemonía económica y cultural en el marco avasallante de la civilización occidental y cristiana .Un proceso que se consolidó a nivel político, económico y cultural con el avance de la sociedad

154

moderna y la internacionalización de los mercados .Una aceleración de los flujos culturales favorecidos posteriormente por las transformaciones tecnológicas y comunicativos con una enorme capacidad de incidencia y gravitación en las tramas socio culturales de la sociedad. Culturas mediáticas, nuevos medios de comunicación, expansión de redes sociales que incrementaron la potencialidad de la industria cultural. La utilización de las Tics, la expansión de las llamadas comunidades virtuales, no deben hacernos olvidar sin embargo de la brecha tecnológica existente no solo entre países sino también entre sectores sociales lo cual ha agudizado también la magnitud de la desegualdad social. (A. Quintar 2007;83).Un caso interesante lo constituye la utilización del facebook, el uso del celular y especialmente del whatsapp al que recurren mujeres y hombres de distintos grupos incluso populares. No solo están en juego usos sino también transformaciones como señala Martin Barbero en la forma de percibir la realidad, de construir las representaciones y generar el imaginario cultural.

Una sociedad que consolida un mundo multicultural marcadamente asimétrico, que desconoce los procesos de construcción social de la diferencia como los modos de discriminación, estigmatización y exclusión a los que son expuestos pueblos y culturas.De allí que, más que " apelar a la consideración " del multiculturalismo se requiere desplegar una perspectiva que permita considerar el tipo de relaciones, intercambios y prácticas interculturales que se generan entre pueblos y comunidades, con sus dificultades y disonancias pero también con los acercamientos y consensos.

Si la diversidad cultural es una realidad también lo es la diversidad religiosa. importante señalar que la misma ha estado presente también desde un primer momento en nuestra América. Un proceso colonizador y modernizador que a nivel religioso se desplegó sobre una América que era poseedora de tradiciones religiosas y cosmovisiones en que lo sagrado constitutía un punto referencial insoslayable que se vió atravesado dramáticamente por la ruptura que implicó la llegada de los colonizadores. Una situación en la que también es necesario considerar la fecundidad de las tradiciones religiosas africanas sostenidas por los esclavos de ese origen.Se inició así un proceso de imposición, eliminación, desplazamientos o persecución en un contexto de uniformismo y monopolio religioso a pesar del cual se dio la supervivencia o la transformación de otras tradiciones tradiciones en complejos procesos de subsistencia, resistencia, sincretismos y mestizacion .Es interesante al respecto lo planteado por Fornet Betancourt(2007;14) en relación a considerar como el cristianismo que vino a América ha sido un cristianismo fuertemente marcado por occidente que por lo tanto desplegó una "perspectiva monocultural agresiva". Matrices culturales de los pueblos originarios, africanos y tradiciones hispanolusitanas en procesos de pujas y enfrentamientos, de encuentros, desencuentros, que generaron complejos procesos de sincretización dando lugar a resemantizaciones y recomposiciones de las identidades presentes en las culturas populares a las que hicimos alusión anteriormente, articulándose y transformándose produciendo nuevas tramas simbólicas. Por otro lado los proceso de desterritorialización, individuación y desinstitucionalización que acompaña este momento de la globalización y de consolidación del neoliberalismo actual tienen su correlato también en procesos de desafiliación, desregulación de creencia e incremento de la llamada "religiosidad a la carta" .(Mallimaci F, 2009)) .

Asimismo una globalización y un predominio del mercado que no solo exacerba la búsqueda desenfrenada del consumo sino que también incide en los universos simbólicos en tanto como señala Margulis *"Cada nuevo producto coloniza un espacio semiológico, se legitima en un mundo de sentidos y de signos, arraiga en un humus cultural "* .*(Margulis1997 ;41).*

Transformaciones que inciden a su vez en nuestras representaciones sociales como religiosas en tanto "cambian la imagen mental del mundo que habitamos como las coordenadas de la experiencia sensible "(Barbero J,1999;32) y concluyen reconfigurando los imaginarios culturales. Una hegemonía del mercado que también se hace presente en el llamado "mercado de bienes de salvación" y sus oferta múltiples de creencias, prácticas y símbolos al alcance de todos sin limitaciones de espacio ni de tiempo. Es que estamos ante la presencia de una desterritorialización pero también de una reterritorialización y marcada localización, en donde ya no se trata solamente de instituciones religiosas consolidadas intentando imponer,eliminar, atravesar o inculturar cosmovisiones originarios y

156

formas de religión popular. Nos encontramos con una diversidad de tramas simbólico-religiosas, recomposiciones y nuevas modalidades de creencias, prácticas de carácter mágicos, apelaciones esotéricas y cultos populares.Una situación facilitada por una cultura mediática y redes sociales que no solo posibilitan información y comunicación de distintos tipo sino que permiten el acceso a una diversidad de relatos y creencias, de prácticas y de posilidades de considerar lo sagrado y que incide directamente en la religiosidad popular Latinoamericana

El tránsito hacia la interculturalidad

Nos encontramos así ante una diversidad religiosa cuya complejidad actual más que demandar exclusivamente la necesidad de un tipo de abordaje que dé cuenta de su existencia requiere fundamentalmente de un planteo que reconozca la potencialidad implícita en dicha diversidad que hace a la densidad significativa de las manifestaciones de lo sagrado .Estamos hablando de un fenómeno que como hemos señalado ha superado fronteras no solo institucionales sino también simbólico-religiosas y ha generado recomposiciones del creer que desde la recuperación de viejos linajes se articula con distintas tradiciones religiosas, resignifica nuevos universos simbólicos, se expresa en ámbitos periféricos de los legitimados produciendo nuevas prácticas, pertenencias sociales y simbólicas. En este marco es sumamente relevante el planteo realizado por C. Parker quien demanda la necesidad de nuevas propuestas de abordaje en las cuales la interculturalidad emerge como una instancia fundamental a considerar.

> *Hay que comprender las transformaciones de lo religioso en el marco de los procesos interculturales del presente y en el contexto de las condiciones de emergencia de redefiniciones históricas del propio fenómeno religioso, lo que nos obliga a pensar lo que estamos entendiendo por centro y por márgenes en la propia naturaleza actual del fenómeno religioso " . (C. Parker, 2011;16)*

Una situación a la que el autor le agrega la necesidad de tener en cuenta la importancia para los procesos de sincretización que se generan en la actualidad, de las cosmovisiones indígenas o africanas y los sincretismos presentes en las religiones populares .Un planteo que reconoce la relevancia de la interculturalidad y su primacía sobre enfoques multiculturalistas a la vez que enfatiza la falta de avance en relación a propuestas y enfoques teóricos específicos que analicen la interculturalidad" como fenómeno al interior del campo religioso" . Por lo cual *"La religión debe ser analizada desde las ciencias sociales como una nueva forma de interculturalidad "* (C. Parker,2011;18)

Considerando estos planteos nos interesa proponer una abordaje de la diversidad religiosa con una propuesta capaz no solo de relevar sino de comprender la complejidad de dicho fenómeno religioso popular.Una propuesta intercultural a manera de una contribución hacia la construcción de conceptualizaciones teóricas y metodológicas sustantivas sobre la temática.

Resulta necesario realizar una reflexión en torno a los aportes que se han generado sobre la interculturalidad. Una noción teórica que ha sido objeto tanto de aportes como de cuestionamientos. Al respecto ha sido fundamental la contribución de la filosofía (R.FornetBetancourt,2000/ Cullen 2003/D.Picotti,2003//R.Salas Astrain,2007) que ha insistido no solo en la situacionalidad del pensamiento y de la existencia de una lógica intercultural sino básicamente en sostener la necesidad de otro pensar que demanda un diálogo intercultural contextualizado. Una perspectiva que requiere imprescindiblemente de la "inter-relación dialógica" de universos simbólicos como la consideración de "prácticas culturales concretas. (F. Betancourt,2000;308). Resulta interesante al respecto destacar lo planteado por R. Salas Astrain en cuanto la necesidad de llevar a cabo un ejercicio e de-construcción intercultural que posibilite superar la "opacidad de las propias categorías".. (Salas Astrain, 2007;34) Perspectiva intercultural que se constituye en la posibilidad de construir una hermenéutica simbólica fundamental para comprender la textura simbólica que singulariza la simbología religiosa y que está presente no solo en los legados culturales tradicionales sino también en la complejidad del andamiaje cultural de la sociedad.

Las ciencias socialesa su vez han desplegado distintas perspectivas (GarciaCanclini,2004/Mato,2009/A.Grimson,2000/ParkerC.2011/Ame igeiras,2012))de abordaje del fenómeno, aún en un contexto que requiere de mayores estudios e investigaciones empíricas sobre el tema, si bien muchos investigadores desde la antropología y la sociología han coincidido en cuanto a la necesidad de una mirada más amplia que la multicultural, de la misma forma en que también han generado distintos cuestionamientos. C. Garcia Canclini es uno de los que ha planteado la necesidad de abordar la interculturalidad teniendo en cuenta el intercambio y las relaciones que se producen pero remarcando que las mismas implican "confrontaciones" como "entrelazamientos" y claramente, "negociación, conflicto y prestamos recíprocos ".(Garcia Canclini,2004 ;15). Un llamado a replantear formas de abordaje y de conocimiento en línea con los desafíos que nos hemos estado planteando .Un enfoque desde donde avanza el autor al explicitar que una teoría sobre la interculturalidad debe abordar los procesos de," las diferencias, las desigualdades y la desconexción" (Garcia canclini, 2004;45).una instancia importante de tener en cuenta frente a perspectivas muchas veces esencialistas de la interculturalidad. A. Grimson por otro lado también aporta en esta línea en cuanto enfatizar la importancia de considerar elementos para el abordaje de situaciones y escenas en las que se producen "prácticas inter e intraculturales" en los procesos comunicativas. (A. Grimson,2000 ;95).

El abordaje intercultural del fenómeno religioso popular

Nos interesa avanzar especialmente sobre este punto analizando fenómenos religiosos en particular que hemos investigado en nuestro rabajo de campo. Nos proponemos plantear una propuesta de abordaje que a la vez que recupera otros aportes realizados por investigadores avanza en un planteo focalizado en la interculturalidad desde la interculturalidad. Con esa intención nos interesa considerar tres aspectos que contribuyen a una comprensión de los procesos interculturales religiosos. La consideración de la textura, las creencias y las practicas.

Nos referimos así a la necesidad de considerar la existencia de una *textura sincrética* en tanto la misma constituye una dimensión clave tanto de los fenómenos interculturales como del abordaje de la interculturalidad presente en la religiosidad popular. Textura que consideramos en cuanto simbolismo religioso que requiere ser interpretado como una "textura de significaciones" (Salas Astrain 1996;26). Un tipo de textura que en este caso adquiere un carácter sincrético en cuanto en la misma están presentes de una u otra forma matrices culturas distintas que se constituyen en una clave hermenéutica de las culturas populares .Una textura que desnuda tradiciones, prácticas simbólicas y formas de habitualidad que hacen explícito "distintas modalidades de ser y de estar, de interactuar y especialmente de desplegar una singular apreciación de lo sagrado (A. Ameigeiras, 2011;31),caracterizada por su carácter sincrético. Un proceso de sincretismo fuertemente polivalente como señala Pierre Sanchis (1994) pero un sincretismo que se explicita en procesos de resemantización y de generación de nuevos andamiajes simbólicos .

Una textura en la que se manifiestan *creencias* que asumen como característica central esa capacidad sincrética que implica una dinámica en la que las creencias, ritos y formas de organización son la consecuencia de la "interacción dialéctica entre sistemas religiosos, de aceptación o recomposición de significados (M.Marzal,1993;58). Creencias en las cuales la apreciación sobre lo sagrado presente en lo cotidiano y en las prácticas sociales y simbólicas de los sujetos creyentes conforma el aspecto fundamental a considerar. Una apreciación de lo sagrado claramente inserta en una conceptualización popular que supone percibir lo sagrado profundamente imbricado en lo considerado como profano. Porque es dicha significación que tiene para el creyente lo sagrado, la que le otorga un sentido religioso especial a la oración que realiza al santo o a la virgen, en la larga caminata de la peregrinación o en el marco de la fiesta eligiosa popular. Más relevante que una "práctica institucional religiosa en particular,(sea esta la misa, la alocución del Obispo, o la bendición sacerdotal)lo sagrado se constituye en una práctica resemantizada en su potencial significativo en una " textura diferencial " donde se concretiza la" sacralización de lo cotidiano".

Por último la consideración de las prácticas nos remite a una instancia que merece una consideración especial, precisamente por este sentido de vinculación con las necesidades cotidianas del creyentes. Nos referimos en primer lugar a las denominadas"prácticas sacralizantes" a las que ha aludido Eloísa Martín en cuanto conforman " un modo de hacer sagrado" que se explicita fundamentalmente en "inscribir" personas y acontecimientos en esa "textura a la que hemos referencia. Un hecho central que implica una vivencia y una experiencia de lo sagrado en el creyente profundamente arraigada en su modo de vivir lo religioso. En segundo lugar nos referimos a prácticas de carácter inter e intraculturales (Grimson,2000) que

160

explicitan relaciones sociales, modos de sociabilidad y formas de vincularse tanto entre grupos poblacionales distintos como en el interior de cada uno de los grupos. Prácticas que se no solo se manifiestan en espacios consolidados y reconocidos públicamente sino en "espacios intersticiales", "entre-lugares" como los denominaba H. Bhabha y que hace suyos también R. de la Torre al aludir precisamente a la religiosidad popular como "entre-medio" entre la religión institucional y la espiritualidad individualizada. Espacios intersticiales que demandan un desafío al investigador de las religiones en cuanto supone no solo ampliar sus abordajes sino salir de los ámbitos estereotipados de observación y conocimiento para profundizar en los pliegues de lo cotidiano .tanto a nivel de lo público como de los espacios domésticos en lo que se despliegan las "artes de hacer" a las que aludía M. de Certeau (1999 ;147)

La fiesta religiosa popular

Teniendo en cuenta estos tres aspectos nos referiremos brevemente a uno de los fenómenos más relevantes de la religiosidad popular en general y el catolicismo popular en particular. Nos referimos a la fiesta religiosa popular. Pocos fenómenos tienen la complejidad y densidad significativa de la fiesta religiosa. (F. Isambert,1982;158/Sanchis P,1979) Un tipo de acontecimiento que se ha constituído en una manifestación de expresión de lo colectivo que ha atravesado distintas culturas y momentos históricos . En esta oportunidad nos detendremos en dos fiestas que hemos relevado en nuestra practica de investigación especialmente vinculada a las manifestaciones religiosas de los migrantes. Consideraremos así la presencia de aspectos interculturales en dos celebraciones festivas relacionadas con el catolicismo popular pero atravesadas y replanteadas en muchas de sus prácticas por tradiciones indígenas como por el contacto con otras matrices culturales . Una relación generalmente causante de tensiones y pujas entre los intereses institucionales y las modalidades propias de los creyentes y peregrinos pero caracterizadas finalmente por la fuerza y el sentido de lo popular sacralizando el espacio público en ese día y ese lugar. En un caso abordaremos las fiestas de los de migrantes Santiagueños residentes en ámbitos rurales de la argentina que han migrado hacia centros urbanos, en el otro, la de los migrantes de origen bolivianos que se han trasladado desde su país de origen hacia el Gran Buenos Aires.

De Santiago del Estero al Gran Buenos Aires o cuando lo rural se hace presente en el medio urbano

En el primero de los casos la fiesta del Cristo de Mailin se realiza una vez al año en el Gran Buenos Aires y se realiza el mismo día que se produce en el pueblo de Mailin en Santiago del Estero desde donde es originaria desde fines del siglo XVIII . Comenzada la fiesta hace más de 20 años en el barrio Guadalupe a 32 Km de la ciudad autónoma de Buenos Aires en torno a un grupo de migrantes santiagueños, se ha difundido notablemente constituyéndose en un punto de reunión de migrantes de dicha provincia radicados en Buenos Aires y otros migrantes provincianos y de países límítrofes que participan de la celebración. La fiesta transforma la tranquila cotidianeidad del lugar . Desde el amanecer comienza a cubrirse la plaza a edida que se consolida la larga cola para tomar gracia de la imagen del Cristo mestizo que se encuentra ubicado en una plataforma cubierta de flores frente a la Iglesia .En el espacio de la plaza se ubican familias, peregrinos y devotos en general .Es interesante observar la forma y el modo en que se produce la ocupación de dicho espacio público. Cada familia y cada grupo se ubica con sus propios enseres, sillas, mesas y sobre todo parrillas en donde prender el fuego y cocinar. Mientras en un extremo de la plaza hay un escenario en donde se presentan artistas voluntariamente y la genet participa desde sus lugares preparando sus comidas en el otro, en la puerta de la Iglesia peregrinos rinden culto a la cruz de Mailin o participan de misas y bautismos .Sin embargo en toda la plaza se generan en forma espontánea corrillos con cantantes y parejas que bailan chacareras, mientras en los alrededores se despliega la feria, las peñas, las bailantas y especialmente los comedores improvisados en los domicilios particulares. Luego de un día de cantos, encuentros, comidas compartidas, rezos y y bailes, hacia las cinco de la tarde se saca la imagen del Cristo en procesión alrededor de la plaza y todos acompañan con sus cantos y vivas . El regreso al templo marca el fin de la fiesta.

De los Andes bolivianos hacia el Gran Buenos Aires

Si analizamos la celebración festiva de las comunidades bolivianas de la Virgen de Copacabana en el barrio Obligado en el Gran Bs. As.nos encontramos con una ocupación del espacio público y una presencia de lo festivo con marcadas diferencias con la anterior. Con un surgimiento de unos diez años de la mano del crecimiento de la comunidad boliviana en el barrio, la celebración festiva se despliega dinámicamente en las calles del lugar.Más que un despliegue en un espacio fijo (la plaza) la celebración boliviana implica un previo y fundamental desplazamiento celebrando por la calles del barrio que culmina luego en un encuentro colectivo .En Mailin, solo se encuentran con ropas típicas los que actúan en el escenario o paisanos que se visten especialmente de esa forma, pero son una minoría. En el caso de los bolivianos el desplazamiento, procesión o desfile está conformado por varias bandas musicales y completamente diferentes. (caporales, diabladas, tinkus) sumamente vistosos y muchos de ellos evidenciando un trabajo minucioso de preparación. Se trata de ropas de distintos colores fuertes, cada uno con significados particulares y que identifican cada grupo conformado por mujeres y hombres solos o en forma mixta a los que se suman niños de diferentes edades. Las mujeres alternan vestidos largos profusamente decorados y de colores con otros grupos que usan polleras muy cortas, sombreros de distintas formas mientras los hombres hacen galas de sus chaquetas, y botas cubierta de cascabeles. Los participantes realizan un recorrido portando los estandartes de la Virgen y de las agrupaciones acompañado por la música provocada sobre todo por instrumentos de vientos y redoblantes y el ruido de fondo de cohetes lanzados al aire. El clima de fiesta es contagioso, llama la atención de los vecinos desprevenidos. Tras los grupos de bailarines con sus estandartes identificatorios y con las imágenes de la Virgen se desplazan los autos o camionetas con sus cargamentos característicos sobre el capo o los techos de los vehículos (revestidos de mantas, de distintos colores, flores, objetos considerados valiosos, prendas, inscripciones e imágenes.) También con los llamados arcos típicos se desplazan paisanos y miembros de la comunidad.

En ambas celebraciones festivas es factible observar una textura sincrética que explicita matrices culturales diferentes insertas en la trama cultural de los sectores populares. Allí aparecen claramente modalidades vinculadas a distintas tradiciones imbricadas en prácticas sociales y simbólicas. Una textura en donde creencias vinculadas a tradiciones hispano-indígena y criollas emergen en procesos de mestización y sincretismo con significaciones que manifiestan cosmovisiones andinas y procesos de recreación simbólica explicitando un profundo sentido de lo sagrado. Una apreciación que lejos de escindir lo natural de lo sobrenatural lo considera un continuum manifiesto permanentemente en la vida cotidiana En el caso de la fiesta de Mailín encontramos la relevancia para los creyentes del "estar presente ",ese día y en ese lugar, "de tomar gracia del santito", de celebrar colectivamente una identidad religiosa en la que se reconocen como santiagueños. En el caso de los bolivianos el baile grupal transitando el espacio público constituye fundamentalmente un homenaje a la Virgen, pero a su vez conforma parte de un posicionamiento identitario de la comunidad boliviana en el territorio . Lo sagrado no se explicita en un lugar como en el otro en la asistencia a celebraciones litúrgicas o ceremonias religiosas en particular sino con una presencia pública de estar, de caminar, de dar testimonio de un compromiso ya sea con la " mamacita" en el caso de los bolivianos o con el "santito" en el caso de los santiagueños. Cada práctica social está preñada de significado, manifestada simbólicamente en un gesto, una actitud, un color pero también en una comida y en un baile. En la relación intercultural las diferencias se agudizan cuando la utilización de la "quechua" en ambos casos o del "aymará" también entre los bolivianos alude a prácticas interculturales, de coincidencias como de diferencias que aparecen también como ocurre entre las comunidades provenientes de la zona andina en el caso boliviano o con migrantes originarios del llano, como pasa muchas veces con los santiagueños. Las fiestas son un ejercicio de intercambios, relaciones y contactos en que paisanos, comprovincianos, lugareños y visitantes que concurren a la fiesta, intercambian, dialogan, e interactúan. Si la comida está revestida de un simbolismo especial no lo es menos la música y el baile que no solo cohesionan y movilizan sino que manifiestan en lo corporal una instancia en que lo lúdico y lo sagrado, lo sensual y lo espiritual lo afectivo y lo espectacular lejos de disociarse se imbrican en un acto celebratorio que implica un corte con lo cotidiano en la vida de los participantes. Si el baile constituye una práctica social y simbólica que expresa un lenguaje dinámico del cuerpo y una experiencias profundamente sentida en el creyente, los cargamentos en el caso de la celebración boliviana están acompañados por prácticas sacramentales en que se sacraliza el acto del revestimiento y de ubicación de los objetos ubicados en los vehículos. Así el proceso de consolidación y reafirmación identitaria se explicita junto a instancias de reposicionamiento social en el contexto urbano .(Ameigeiras, 2004/ Garcia Vazquez2005) .Es evidente que la fiesta, como una de las modalidades fundamentales de la religiosidad popular desnuda la búsqueda de sentido, que desde lo individual se integra en una experiencia colectiva y que en toda su complejidad, incluso en sus tensiones, pujas de sentido y conflictos explicita una trama fundamentalmente intercultural.

Finalmente nos interesa concluir explicitando algunos aspectos a manera de reflexión final sobre la religiosidad popular en la sociedad actual. En primer lugar tener en cuenta que la diversidad religiosa requiere un reposicionamiento epistemológico dispuesto a comprender otras lógicas y formas de pensamiento presentes en lo popular Latinoamericano y que se explicita en significados que los creyentes otorgan, viven y manifiestan en sus vidas cotidianamente.

En segundo lugar se trata de comprender que la religiosidad popular Latinoamericana requiere un profundo conocimiento de la cultura popular con su fecundidad simbólica y sus tensiones, en la cual se nutre y despliega la complejidad de la trama intercultural. Una religiosidad popular, que requiere a su vez del abordaje intercultural imprescindible para el desarrollo de una hermenéutica desde la América profunda de una religiosidad que replantea permanentemente la fuerza del creer y sobre todo, la apuesta permanente de la vida sobre la muerte.

REFERENCIAS BIBLIOGRÁFICAS

Ameigeiras A. (2012)- Ciencias sociales, exclusión e interculturalidad:reflexiones epistemológicas desde la ciencia social – Stromata 68(2012) 237-253

Ameigeiras A (2011) Matrices culturales ; Una clave para el abordqaje de las culturas populares en la soc. actual "- en A.Ameigeiras/ B.Alem – Culturas populares- culkturas masivas- Imago Mundi- UNGS-

Ameigeiras A (2009) Culturas populares y religión ; Para una hermenéutica desde las ciencias sociales – Stromata – Año LXV – No.3/4- Julio Diociembre

Ameigeiras (2011) Matrices cultuyrales ; una clave hermenéutica para el abordaje de las culturas populares Culturas populares en A.Meigeiras- B. Alem – Culturas populares y culturas masivas- Imago Mundi- Bs. As.

Ameigeiras A (2004- Identidad y religión en migrantes bolivianos en el gran Bs. As. – Stromada No. 60- 63-78- Bs- As-

Briones C 2009 De que estamos hablando cuando hablamos de interculturalidad- en Hegemonía e interculturalidad.Poblaciones origianrias y migrantes – C. Garcia Vazquez (comp) Prometeo

Barbero M (1999)Globalizacion comunicacional y descentramiento cultural – en M. Laccarrieu y R Bayardo (comp) La dinámica global /local – edic. Ciccuis –

Castro Gomez S (2000) Ciencias sociales como violencia epistemeica y el problema de la invenciaon del otro – pp.148 en E Lander (comp) La colonialidad del saber Eurocentrismo y ciencias sociales –perspectivas latinomaericanas- Clacso

Cullen C ((2003) La construcción de un espacio publico intercultural como alternativa a la asimteria de culturas en el contexto de la globalización . La perspectiva Latinoamericana- p-251-269 en R. Forneti Betancourt (ed) Culturas y poder – Desclée de Beouwer Bilbao

Croatto J (1994) Los lenguajes de la experiencia religiosa – Edit. Docencia- Fundac. Hernandarias- Arg.- De la Torre R (2008) La imagen, el cuerpo y las mercancías en los porocesos de translocalización religiosa en la era global"!- Ciencias coailes y Religion – No. 10

De la Torre,R (2001.) " Religiiosidad popular ; anclajes locales de los imaginarios globales - - Metapolítica – Volm 5 enero – marzo – 98-117

De la Torre (2012) Religiosidaddes nómades . Creencias y prácticas heterodoxas EN Guadalajara – Pub-. De la casa Chata mexico

Denzin N. Lincoln Y (2012)Paradigmas y perspectivas en disputa- Gedisa editorial

De Certeau M (1999) La invención de lo cotidiano 1- artes de hacer – Univ Iberoamericana- mexico

Fornet Betancourt(2007) " Interculturalidad y religión ".- Edic. Abya-Yala - Ecuador

Fornet Betancourt R (2000) Interculturalidad y glonalización – (ejercicios de crítica filosófica intercultural en el contexto de la globalización neoliberal-IKO-Verlag fur Interkulrulle Kommunikation-EDit. Dei

Fornet Betancourt R (2007) Interculturalidad y religión .- ediciones Abya yala- Ecuado

Geertz C. (1994) Conocimiento local- Paidos- España

Garcia Cancini G (2004) Diferentes, desiguales desconectados– Mapas de la interculturalidad- EDit. Gedisa

Guerrero B (2015)La Tirana – Chilenizacion y religiosidad popular en el norte grande - Univ. A. Pratt- Chile -

Grimson A (2000) Inte Geocualtura del rculturalidad y comunicación - Edit. Grupo Norma- bs. As.

GaRCIA Vazquez C (2005- Los migrantes .Otros entre nosotros-ETnografia de la población boliviana en la cpcia de Mendoza- Univ. Nac. De Cyo EDIUNC

Gimenez G (1979) Cultua popular y religión en el Anahuac" – CEE-mexico

Grimson A(2000) Interculturalidad y comunicación - EDit. Grupoo Norma- bs as

Hervieu Leger D (2004), El peregrino y el convertido. La religión en movimiento, Ediciones del Helénico, México.

Isambert F(1982) Le sens du sacré - Fete et religión populaire – - Les editions de minuit-

Kusch R (1978) Esbozo de una antropología filosófica americana- Edic. Castañeda- Bs As

Lander E – (1998) Eurocentrismo y colonialismo en el pesamiento social Latinomaericna- en Briceño-Leon / Sonntag H – Pueblo época y desarrollo. La sociología de Amnerica Latina- Edic. N. Sociedad – Venezuela

Mallimaci F (2009) Cuentapropismo religiosos, creer sin ataduras-El nuevo mapa religioso en la argentina urbana – en A. Ameigeiras y J. Martin (edt) Religion, política y sociedad .Pujas y transformaciones en la historia argentina reciente – bs as - UNGS Prometeo-

Mato Daniel (2009) Contextos conceptualizaciones y usos de la interculturalidad en Aguilar, Miguel et al Pensarlo contemporáneo – Barceloona-mexico

Parker C (1993) Religión popular y modernización capitalñista- FCE

Parker Gumucio C (2006) Identidades e intercuklturalidad en Amèrica latina - en identidades abiertas - V Coloquio intwerdisciplinar del Inst. P: de Cordoba . pag. 81

Parker C(2011) Una visión sobre América Latina : Cambios religiosos, fronteras móviles e interculturalidad- en A. Higuera Bonfil(coord.) Religión y culturqas contemporáneas- La Edit. Manda-Univ. Autónoma de Aguascalientes- RIfrem-Quintar A,Calello T y Aprea T(2007) Los usos de las Tics- Promewteo –libros- UNGS

Picotti D (2003) Dialogo y poder en la cultura Latinoamericana . El desafio intercultural – pp- 269-279 en R. Fornet Betancourt (ed) Culturas y poder – Desclée de Beouwer Bilbao

Quijano Anibal 2000) Colonialidad del poder y eurocentrismo en América Latina – en E. Lander (comp) La colonialidaddel saber .eurcentrismo y C. Social. –Perspectaivads <lstinoamericanas-Clacso – htttp//biblioteca virtual clacso.org.ar/libros/Lander/Quijano.rtf

Vasilachis de Gialdino, Irene (2013) Discurso científico,político,jurídico y de resistencia- Gedisa. Argentina

Isambert F (1982) Le sens du sacré Féte wt religión populaire- Les editions de minuit- france

Martin Eloísa (2007) Aportes al concepto de religiosidad popular un revisión de la bibliografía argentina – eP. 77 en M- Carozzi y C. Cerndas (2007) Ciencias coailes y religión en América Latina Edit. Biblos-

Mariz cecicila (2005) " De vuelta al baile del sincretismo ".Un diálogo con Pierre Sanchis- Dossier A. Frigerio (2005) Sincretismo, cultura e identidad (re) Leyendo a Pierre Sanchis desde Argentina y Brasi - Rev. Ciencis Sociales y Religion - No. 7-

Margulis M (1997) Cultura y discriminaci´+on social en la época de la globalización . en M. KLacarrieu, R.Bayardo (comp) Globalización e identidad cultural – Edic. Ciccus- Bs. As.

Marzal M (1993) Sincretismo religioso latinoamericano- en J. Caffarena (ed) Religión –Enc.Iberoamericna de Filosofía- EDit- Trotta-España

Mareque E (1989) Lineas fundamentales del pensamiento de R. Kusch- en Kusch y el pensar desd América- EDic. F. Garcia Cambeiro – BVs. AS.

Salas Astrain R (1996) LO sagrado y lo humano – San Pablo -chile

Salas Astrain R . 2007) Para una crítica Latinomaerica de la globalización . Aportes desde la filosofía intercultural en A. Sidekun /P.Hahn(orgs) Pontes interculturais- NovaHarmonía – Brasilo

Sanchis P (1979) festa e religiao popular: As romerias en Portugal. REv de Cult. Vozes No. 73- Jan/fev-- 245,258

Sanchis.(1994) >Para ñao dizer que ñao falei de sincretismo- Comunica CAOS DO iser- 45-

Seman P .(2006) Bajo continuo - -Exloraciones decentradas sobre cultura popular y masiva- Edit. Gorla . Bs. As.

Souza Santos B. (2009) Una epistemologia del sur – Flacso – Siglo XXI – Mexico

Vasilachis I (2006) La investigación cualitativa- en Vasilachis I (2006) Estrategias de investigación cualitativa- EDit. Gedisa . Barcelon-

O USO DE MÁSCARAS NAS FOLIAS DE REIS: SUPERANDO A OPOSIÇÃO ENTRE SAGRADO E PROFANO

Ana Paula Santos Horta[50]

RESUMO: Esse artigo se concentra na análise do palhaço de Folia de Reis, personagem ambíguo da religiosidade popular brasileira por conter em si características duais entre bem e mal. Responsável pela zombaria, pelo riso e pela profanação do ritual sagrado, o palhaço é interpretado como presentificação do mal dentro do catolicismo, sendo relacionado ao diabo pelos próprios foliões que o consideram os soldados de Herodes. Na presente interpretação, o palhaço é também associado à figura do Exu e, por fim, considerado um elemento aglutinador de elementos antagônicos, representado dentro da Folia uma síntese, ou mistura, de forças essenciais que promovem a superação do clássico antagonismo entre sagrado e profano.
PALAVRAS-CHAVE: Folia de Reis; máscaras; palhaço; festa brasileira; religiosidade.

RESUMEN: En ese artigo el análisis está concentrado en la figura del payaso en la Fiesta de los Reyes Magos, un personaje ambiguo de la religiosidad popular brasileña que trae consigo mismo rasgos duales que están entre el bien y el mal. Él es el responsable por la burla, la sonrisa e por la profanación del rito sagrado, la interpretación es que el payaso representa el mal en el catolicismo y los fiesteros comúnmente relacionan ese personaje al diablo y lo considera soldado de Herodes. En mi interpretación el payaso también se asocia con la figura del Exu y por fin considerado cómo elemento unificador de los elementos antagónicos que representan, en la fiesta, una síntesis, una mezcla de fuerzas esenciales que promueven una superación del antagonismo clásico entre el sagrado y el profano.
PALAVRAS CLAVES: Fiesta de los Reyes; mascarillas; payaso; fiesta brasileña; religiosidade.

---

[50] Doutoranda em Ciências Sociais pela Universidade Estadual Paulista Júlio de Mesquita Filho (UNESP); mestre em História Social pela Universidade de São Paulo (USP); graduada em História pela USP. E-mail: ana.horta@fclar.unesp.br

INTRODUÇÃO

Folia de Reis e as representações do palhaço mascarado

Encontrar definições precisas do que é uma manifestação religiosa específica de um universo tão próprio e igualmente dinâmico, quanto a cultura brasileira é algo que devemos, inicialmente, evitar. O que pretendemos neste momento é apresentar uma proposta de explicação que minimamente localize o leitor no tema a ser explanado.

Assim, numa tentativa de delimitação histórica e conceitual, Folia de Reis é um festejo de origem ibérica bastante popular em várias regiões do Brasil, tendo sido introduzida pelos primeiros missionários jesuítas portugueses no trabalho de catequese. A Folia de Reis é uma manifestação religiosa que evoca a presença dos Três Reis Magos chamados também de Três Reis do Oriente, anunciando o nascimento do Menino Jesus nas visitas que as Folias fazem às casas e capelas. Essas visitações das Folias são chamadas de *jornada* ou *giro* e o encerramento normalmente acontece numa grande festa comunitária, onde todos bebem e comem de graça.

Embora as Folias de Reis possam ser realizadas em qualquer época do ano, é especialmente no ciclo de Natal, entre 24 de dezembro e 6 de janeiro, que as vemos com mais frequência. Os homens andam em grupo, vestem camisas coloridas e iguais, usam chapéus chamativos ornados em fitas, portam instrumentos musicais nos braços e uma bandeira. Quase sempre a bandeira é pintada ou bordada à mão com as imagens do Menino Jesus na manjedoura, sendo adorado por Maria, São José, alguns animais e os Três Reis, Baltazar, Gaspar e Belchior.

No Brasil, o tema chamou a atenção de muitos pesquisadores, desde viajantes e folcloristas a historiadores e cientistas sociais. Até na obra de um dos grandes nomes da literatura, João Guimarães Rosa, a Folia de Reis está presente:

> Bando exótico de homens, que sempre se apresentam engraçadamente sérios e excessivamente magros, tinham o imprevisto decoro dos pedintes das estradas, a impressiva hombridade esmoler. Alguns traziam instrumentos: rabecas, sanfonas, caixa-de-bater, violas. Entravam, mantinham-se de pé, em roda, unidos, mais altos, não atentando para as pessoas, mas apenas à sua

função, de venerar em festa o Menino Deus. Pareciam-me todos cegos. Será, só eles veriam ainda a Estrela? (ROSA, 2001)

O antropólogo Carlos Rodrigues Brandão, notório pesquisador das festas religiosas brasileiras, além de reiterar o caráter precatório da Folia, amplia sua definição ao considerá-la:

> um espaço camponês simbolicamente estabelecido durante um período de tempo igualmente ritualizado, para efeitos de circulação de dádivas — bens e serviços — entre um grupo precatório e moradores do território por onde ele circula (BRANDÃO, 1981:36).

Essa ideia de grupo precatório já havia sido apresentada por Câmara Cascudo, importante folclorista brasileiro: "No Brasil a folia é um bando precatório que pede esmolas para a festa do Divino Espírito Santo (folia do Espírito Santo) ou para festa dos Santos Reis Magos (folia de reis) " (CASCUDO, 2001:402). Assim, entendemos que por meio da Folia de Reis há a circulação de bens materiais. E ampliando esse entendimento, consideramos também a existência das trocas simbólicas imateriais, tanto entre homens quanto entre eles e as forças espirituais, ou seja, as divindades, os deuses ou os santos.

Antes de entrar na seara das forças espirituais envolvidas, vamos ilustrar melhor o campo onde essas trocas se realizam, a fim de fazer com que o leitor tenha um panorama geral do que é uma Folia de Reis no Brasil. Imagine o cenário de uma Folia de Reis ao visitar uma casa. Os foliões cantam seus versos tradicionais na entrada, abençoam a casa e os moradores, pedem uma ajuda material e agradecem a doação. No entanto, apesar da musicalidade presente a dança não faz parte do ritual. Porém, há uma única exceção, alguns foliões chamados de Palhaços dançam e divertem as pessoas. Os outros foliões realizam seu trabalho ritual de visitar as casas com muita devoção, seriedade e concentração, contrastando com o colorido das roupas, chamadas de fardas, e com o ritmo alegre e descontraído dos instrumentos musicais.

Portanto, a Folia é formada por um grupo de homens que toca instrumentos musicais e remete aos símbolos devocionais do cristianismo. Eles cantam a sua fé em versos e pedem alguma colaboração material para a realização da festa de Santos Reis, no dia 6 de janeiro. Para o sucesso da festa, o festeiro, pessoa responsável pela organização, preparativos e financiamento entra em ação. Ele toma todas as providências para que a festa de encerramento se realize com êxito. Contudo, o festeiro não acompanha a Folia durante a jornada, ficando nos bastidores com apoio de sua família. Ele angaria os fundos para a festa e realiza os trabalhos necessários. Portanto, o festeiro e sua família são os bastidores da festa, enquanto os foliões são o núcleo.

Assim sendo, para a realização de uma Folia é necessária a presença do festeiro e sua família, das costureiras que fazem as indumentárias e enfeitam os chapéus e das cozinheiras e doceiras que produzem a comida farta. Essas pessoas são o suporte da festa e os foliões são o núcleo responsável pelo desempenho do ritual. O líder dos foliões é chamado capitão, mestre, ou embaixador e é o responsável pela Companhia. Ele faz a primeira voz que será repetida pelos demais ao final de cada verso cantado. Bem próximo ao capitão, muitas vezes lado a lado, está o contralto ou contra mestre, voz intermediária no coro de foliões, também chamada turina. São sete vozes em uma Companhia de Reis e seus nomes podem mudar de região para região, mas na Serra da Canastra, nos grupos observados, verificamos as seguintes denominações: primeira voz, segunda voz, contralto, tala, contratala, primeira retinta e segunda retinta. Entre os músicos, há o pandeirista, o caixeiro e o sanfoneiro; alguns homens tocam violões, entre eles o mestre. Pode haver ainda a viola, o cavaquinho e chocalhos de percussão. Coringa é a denominação daquele folião, que é capaz de tocar qualquer instrumento e fazer qualquer voz, trabalhando em todas as posições com desenvoltura. Na Companhia muitos dos antigos foliões são considerados coringas, pela habilidade de fazer qualquer voz.

Entre os foliões, dançam com deboche dois ou três mascarados, fascinando assim a admiração de qualquer pessoa que os assista. Estão vestidos completamente diferentes dos demais e se destacam tanto pelos trajes, quanto pelas estripulias. Eles são os palhaços chamados também de matias, alferes, bastiões, tenentes ou mascarados. Esses foliões atuam sempre com uma caracterização histriônica, que auxilia nas atuações cômicas. Eles trajam uma calça presa com elástico, semelhante a um confortável pijama e uma camisa sem botões, uma espécie de bata do mesmo tecido da calça, usualmente chitão ou seda colorida. Os ombros são cobertos por uma manta com babados.

Enquanto os outros foliões usam sapatos ou botinas, os palhaços usam tênis conga e um lenço cobrindo os cabelos. Sobre o lenço, um chapéu brilhantemente decorado com lantejoulas em formato de cone e na ponta um pompom de lã, do qual escorrem fitas de cores diversas e cordões com outros pompons. O rosto fica encoberto por uma máscara, cuja viva pintura constitui-se de traços caricatos de uma face de palhaço. Ela é, em geral, feita de papelão e cola e pintada com cores vivas. Em regiões de pecuária, as máscaras também ostentam barbas e bigodes de couro ou de pelos de cauda de boi.

É curioso notar que todos os palhaços carregam consigo uma espécie de bastão, feito a partir do cabo de guarda-chuva ou outro material similar, totalmente enfeitado com fitas coloridas, e, às vezes, alguns pompons. Conforme informações dos próprios foliões, o bastão simula uma espada e faz alusão à caracterização simbólica dos soldados de Herodes, representada pelos palhaços na Folia. Essa relação entre palhaços e Herodes será explicitada logo adiante, pois é o cerne de nossa análise e constituí uma possível explicação com base no mito de origem narrado pelos próprios foliões.

Com suas brincadeiras e improvisos, o palhaço é responsável por animar a festa. Eles saltam, brincam, distribuem balas às crianças, mudam as coisas de lugar e recitam versos. Além de jocosos, esses personagens sempre mascarados, oferecem ao grupo uma dimensão de mistério, terror e, ao mesmo tempo, comicidade.

Quando uma Folia de Reis se aproxima de uma fazenda ou percorre um lugarejo, as crianças ficam alvoroçadas com os palhaços, algumas choram de medo. Para dissipar o temor, alguns deles costumam distribuir balas que ficam guardadas em seus embornais (uma bolsa de pano). Todo palhaço carrega um embornal, seja para guardar as balas ou as oferendas em dinheiro que são angariadas durante o giro. Dançarinos cômicos, os mascarados pulam batendo no chão os bastões enfeitados de fitas e com rodelas de lata, de grave chocalhar.

A vestimenta do palhaço costuma ser a mesma, por anos consecutivos e outra só é confeccionada quando a antiga está em más condições. O palhaço é responsável por sua própria farda. A máscara é feita pelo próprio intérprete, bem como seu bastão e chapéu. Todo o figurino do palhaço costuma ser bastante surrado, sobretudo as máscaras por serem de difícil limpeza, dado o material com que são confeccionadas.

No universo de materialidades das Folias de Reis, entre chapéus enfeitados de fitas e vestimentas coloridas, instrumentos musicais e bandeira sagrada, as máscaras usadas pelos palhaços ocupam lugar de expressiva beleza e ambiguidade. No que concerne aos elementos artísticos presentes nesta manifestação da religiosidade e da cultura popular no Brasil, as máscaras estão ao mesmo tempo relacionadas: ao exorcismo do mal; à proteção divina contra pragas e pestes destruidoras de colheitas; à atração de benefícios; bem como ao grotesco, à comicidade, ao riso e à diabolização. No campo religioso brasileiro, as máscaras dos palhaços são confeccionadas a partir de papel, cola, couro de animais ou tecido e fibras vegetais, e "integram sentimentos que unem o ideal da comicidade com o sagrado almejado pelo ritual religioso"[51].

O palhaço é uma figura ambivalente, por carregar em si significados que denotam tanto a presentificação do mal quanto elementos de sabedoria, conversão e fidelidade.

> Entre os dois mundos, o palhaço da Folia de Reis usa seus poderes, desenvolvendo habilidades enquanto guardião da jornada, o defensor das encruzilhadas pelos giros noturnos da Folia, criando o seu papel especial de guardião e disciplinador espiritual (MONTEIRO, 2005: 44).

Para se ter uma ideia de quão pujante é esse personagem, ele tanto pode substituir o capitão ou o mestre em alguma eventualidade, assim como sofrer restrições dentro do ritual. Portanto, podemos dizer que o palhaço rende um rico arsenal de interpretações, podendo ser relacionado tanto ao diabo quanto ao dom de proteção.

---

[51] Trecho adaptado do Folder da Exposição Festa Brasileira, realizada no Centro de Referência do Artesanato Brasileiro (CRAB), Rio de Janeiro, RJ, 2017/2018.

O objetivo deste artigo é compreender este personagem no universo das Folias de Reis na região da Serra da Canastra, no estado de Minas Gerais - Brasil. Nesse sentido, ressaltamos que apesar do enfoque particular em termos de delimitação do espaço geográfico há uma possível universalização de sentidos, quando se trata da utilização de máscaras nas Folias de Reis, um ritual religioso próprio do que convencionamos chamar de catolicismo popular no Brasil.

Não é exagerado afirmar que o mascarado da Folia nos remete ao universal, pois além de enfocar a devoção (esfera da fé num Deus único que se fez carne via Jesus Cristo), o palhaço é veículo de presentificação da ação do mal representando o próprio diabo, uma vez que se autodenominam "soldados de Herodes". Este é um dos argumentos centrais de nossa análise, que visa demonstrar como a impureza original destes personagens se mescla à pureza da fé, garantindo certa unidade ao ritual. Isso ficará mais claro no decorrer desta explanação.

A análise, portanto, se concentrará na *performance* ritual dos palhaços, como instrumentos de síntese. Entender a relação entre a bandeira e a máscara nas Folias de Reis, a partir da perspectiva da ambivalência do sagrado é nosso enfoque preferencial. Consideramos a primeira pertencente à esfera do "sagrado puro" e a segunda à esfera do "sagrado impuro", superando assim a perspectiva de oposição clássica entre sagrado e profano.

Foto: Marco Antonio Gonçalves

Foto: Auro Queiroz

Foto: Auro Queiroz

Foto: Marco Antonio Gonçalves

Foto: Luciano Goulart

METODOLOGIA

A pesquisa que resultou na elaboração deste texto implicou na construção de uma base empírica plural, constituída tanto por fontes orais e escritas, como pelas vivências em campo. A abordagem etnográfica tem se mostrado importante metodologia para se compreender como as pessoas que fazem e participam de determinado fenômeno cultural percebem, interpretam e recriam os significados contidos nos rituais. Ela possibilita interpretar e sistematizar a gama de significados que essas pessoas trazem para desvelar o objeto em estudo na pesquisa (GEERTZ, 1989).

A partir dessa reflexão, podemos dizer que a metodologia que contemplou essa pesquisa foi de cunho etnográfico, realizada em campo e em contato direto com as pessoas que partilham o universo de significados chamado Folia de Reis. No diálogo entre teorias acadêmicas e nativas está o "potencial de riqueza da antropologia" (PEIRANO, 1995:45), pois leva em conta o pensar global, considerando teorias a respeito do tema, o fazer/pensar local e suas teias de significados.

A reflexão metodológica no campo da antropologia é fundamental por conter em si a possibilidade de reflexão sobre quem somos, enquanto cientistas sociais, e quem são as pessoas com as quais lidamos em nossas pesquisas. Conflui com isso que o potencial do método antropológico:

> (...) reside em investigar de que maneira forças globais e metropolitanas são retratadas através de formas locais de vida, e como em contrapartida são adaptadas pelas formas locais a seus próprios propósitos, gerando criativamente seus padrões distintos. (TAMBIAH, 1997:217).

A pesquisa de campo é sempre um processo de entrega, envolvimento, mediação, comunicação e percepção afinada com a visão de mundo das pessoas inseridas no universo da pesquisa. Contudo, não se trata de mera intuição, nem de opinião imediatista, mas de uma imersão densa e reflexiva no dia a dia, para captar e descrever o pensar, o sentir e o lugar que o outro ocupa, afirma e transmite. Trata-se de estar em campo, não como mero observador, mas sim, como afirmou Carlos Rodrigues Brandão em entrevista: como "uma testemunha de tempos, pessoas, culturas e memórias; em busca de aprendizados densos e difíceis. Em busca de substância de vida e de seus mistérios, contradições, misérias, generosidades e conflitos" (LIMA; RODRIGUES, 2007:148).

Assim sendo, salientamos que a pesquisa de campo etnográfica não é pura e simples observação, mas deve ser concebida como uma negociação de pontos de vistas e a "procura incessante do diálogo com o outro" (PEIRANO, 1995:17/25). Desta maneira, durante a pesquisa acompanhamos grupos de foliões por dias e noites, dormindo e acordando com eles em fazendas ou pequenos sítios rurais, quando e onde partilhamos a comida, a bebida, a música, a reza e enfim, os saberes de uma Folia de Reis. Os foliões foram os mestres que nos ensinaram o que agora apresentamos ao mundo: as Folias de Reis, um patrimônio cultural imaterial do Brasil, cuja importância está em fazer emergir temas, memórias, saberes e fazeres de origem popular, em geral excluídos dos mecanismos de registro e divulgação da cultura nacional.

Durante esta pesquisa realizamos entrevistas com palhaços e foliões, observamos em campo o papel desempenhado por cada um desses personagens e buscamos relacionar o conhecimento apreendido com referências teóricas concernentes, a fim de produzir um ensaio sobre a interface de "formas puramente cômicas, ao lado de formas canônicas" (BAKHTIN, 1999:64).

FUNDAMENTAÇÃO TEÓRICA
O palhaço é o diabo

Entendida como figura plural, ambígua, liminar e grotesca, o palhaço da Folia de Reis desafia o entendimento maniqueísta ocidental, segundo qual a maldade e bondade não devem conviver na composição do mesmo ente (PAULINO, 2008). Sabemos que, de acordo com a narrativa dos próprios foliões, o mascarado é a representação do mal dentro do catolicismo, uma vez que está relacionado à figura de Herodes. Não são raros os depoimentos em que palhaços se relacionam diretamente com o diabo, já que se originam dos soldados enviados por Herodes para encontrar e matar o Menino Jesus:

> Assim que soube que os Três Reis do Oriente viram no céu uma estrela que os conduziria ao novo rei que acabava de nascer, Herodes promoveu uma busca implacável, que resultou numa terrível matança de recém-nascidos. Dois ou três soldados conseguiram

chegar primeiro ao Menino Jesus, mas se sentiram tocados quando O viram e decidiram voltar para impedir que outros malfeitores chegassem perto, enquanto os pais deviam sair fugidos para o Egito. Esses soldados convertidos usaram então máscaras para distrair os demônios, faziam piadas e dançavam para os outros soldados a fim de distraí-los da missão de encontrar e matar o novo Rei dos Judeus.

Estar mascarado determina um lugar de destaque na festa, desperta a admiração, a curiosidade e o mistério. Em algumas pessoas desperta temor; em outras, riso. As máscaras transformam os humanos em palhaços, deuses, demônios, animais ou seres fantásticos. Etmologicamente, como atentou Paulino (2008:5) o termo máscara tem sua origem do itálico *masca* que quer dizer demônio. Encontramos também que *mascus* significa fantasma e outra possível origem etnográfica está no termo árabe *maschera*, *mashara* ou *maskharh*, significando justamente palhaço, bufão ou homem mascarado.

Para os grupos estudados, qual é o sentido de se usar máscaras durante um ritual religioso? Um experiente matias declarou categórico: "eu guardo o segredo da Companhia. Sou o frentista, o da frente, o palhaço da Companhia. Sou o guarda da Bandeira, o soldado da Bandeira. Quando eu ponho a máscara é outro mundo. É outro personagem". Como afirma Daniel Bitter, "esse personagem pode ser definido como um ser liminar, transicional, marginal, que vive de sua própria indefinição" (BITTER, 2010a:171). Sendo liminar, ele transita entre mundos dicotômicos, entre o bem o mal, a religião e a profanação do sagrado, a notoriedade e a invisibilidade, a ordem e a desordem, a marginalidade e o heroísmo. Entendemos que esses mundos não se excluem; ao contrário, eles são dialógicos em função desta figura que vive nas fronteiras.

Sabemos que Folia de Reis, enquanto ritual religioso cristão que rememora a visita dos Reis Magos ao Menino Jesus, é um festejo de origem europeia. Quando buscamos o significado dos palhaços mascarados dentro deste festejo temos a explicação mais usual, dada pelos participantes e privilegiada também por autores como Brandão (1977;1981), Silva (2007), Paulino (2008) e Horta (2011), de que os palhaços se aproximam dos bufões medievais. Ou seja, disfarçados a fim de distrair os outros soldados e possibilitar a fuga do casal Maria e José e para o Egito com o Menino Jesus, os palhaços apontam para a direção de perpetuação do cristianismo. No entanto, há outra interpretação que sugere a existência de vínculos entre os palhaços e as cosmologias africanas, especialmente as representações simbólicas de Exu, como exploram Bitter (2010a), Monteiro (2010) e Neder (2014).

Para Ausônia Monteiro (2010), a performance do palhaço da Folia de Reis relaciona-se com os elementos culturais de raízes africanas, uma vez que nas tradições difundidas por toda a África Subsahariana os mascarados incorporam espíritos ancestrais das florestas e de suas tribos e atuam como acrobatas e brincalhões, dando saltos, fazendo piruetas, dançando, correndo e interagindo com os participantes. Nesta perspectiva, os mascarados africanos e os palhaços de Folia estão bem próximos, de modo que podemos pensar as matrizes culturais africanas como fundamentos integrantes da dança dos palhaços. Analisando a performance do palhaço à luz de significações africanas, Monteiro afirma que esse personagem "tem parte com o Exu e o amarrado da sua dança, no verso e na música, são sinais da resistência e dos silêncios das culturas africanas encontrados na performance do palhaço da Folia brasileira" (MONTEIRO, 2010:25).

Em outro estudo, a autora analisa as influências dos contextos culturais dos povos das Américas, enfatizando a importância da civilização do Congo e as interações entre os povos. A fim de estabelecer a relação entre as características essenciais dos rituais africanos com manifestações culturais no Brasil e também em Cuba, Monteiro destaca o uso do bastão e das máscaras pelos palhaços de Folias. Para a autora o bastão traduz a simbologia de ativar conhecimento próprio dos sábios, de acordo com rituais Iorubás. As máscaras, por sua vez, "instrumento de expressão de outra dimensão cósmica, são recursos desenvolvidos ricamente nas manifestações culturais dos povos africanos" (MONTEIRO, 2005: 62). Sobre a performance do palhaço analisada à luz da simbologia africana, Monteiro afirma: "está inequivocadamente articulada às tradições africanas presentes na diáspora brasileira, combinando os elementos da dança, vestuário, música percussiva, jogo corporal e literário das expressões culturais do Congo-Angola, dos Iorubás da Nigéria e dos Ejaghams da República dos Camarões" (op. cit.:63).

De fato, é apropriada a nosso contexto a interpretação proposta por Monteiro se considerarmos o palhaço enquanto guardião da bandeira, protetor da companhia, defensor dos giros e encruzilhadas, aquele que vai à frente do grupo como mensageiro e a quem, por fim, é dada a esmola. Esse personagem, segundo análise de Andiara Neder, "revela equivalências simbólicas com Exu, não se furtando de analogias com a divindade até mesmo no gestual de sua tradicional performance" (NEDER, 2014:74).

Na cosmovisão dos orixás, "Exu, travesso que era" (PRANDI, 2001:67) usa de traquinagens e artimanhas, bebe em demasia, recebe as oferendas, é vingativo e ao mesmo tempo justo. "São muitas as tramoias de Exu. Exu pode fazer contra. Exu pode fazer a favor. Exu faz o que faz, Exu é o que é" (op.cit.:70). Prandi ainda afirma que Exu é o mensageiro responsável por levar as oferendas ao mundo dos orixás, o que lhe atribui muita responsabilidade. Porém, sendo provocador, turbulento e de malfazeja índole, ele arma sempre confusões entre as pessoas e até mesmo entre os outros orixás. Esse comportamento o coloca em grandes apuros, podendo inclusive ser castigado tais quais os palhaços que, como veremos, por desatenção ou desobediência, não respeite as regras restritivas do ritual.

Vale ressaltar ainda uma característica de Exu, que guarda notória analogia com nosso palhaço de Folia: ele usa de disfarces para não ser reconhecido. Como vimos, essa é a primeira interpretação que encontramos do uso de máscaras nas Folias de Reis brasileiras: revela a existência de forças ocultas, chamadas de soldados de Herodes e reforça a oposição entre o bem e o mal, ainda que esse conflito entre sagrado e profano não exclua nenhuma das partes. Em outras palavras, é justamente essa relação dicotômica revelada pelas máscaras e suas representações que promove a mediação das forças. A partir dessas considerações, podemos dizer que "nessa perspectiva, o sagrado e o profano não possuem limites claros, e a linha que os separa se faz tão tênue que se dissolve na efervescência coletiva das festas religiosas" (NEDER, 2014:75).

Tal integração é possível dentro das vivências religiosas festivas do catolicismo popular brasileiro, porque o mesmo tem sua gênese no encontro de culturas. Desde o Brasil Colônia (1500-1822), vimos nascer aqui uma forma muito peculiar de ser católico que se vale das constelações devocionais e de proteção, conjunto de práticas pelas quais o homem toma contato direto com as entidades divinas a fim de alcançar delas vantagens concretas e visíveis, ou mesmo proteção simbólica (HORTA, 2011). Desta maneira, o fiel não precisa da Igreja e nem de um mediador especializado; ele se liga diretamente ao santo ou ao orixá a fim de obter benefícios. Neste universo da religiosidade brasileira, como aponta Zaluar, tendo similaridade com os santos "o diabo não aparece como líder do homem nem seu possuidor, mas seu protetor" (ZALUAR, 1994:45).

> Comparado com o catolicismo polonês, caracterizado por uma profunda preocupação com a presença do diabo e por uma reflexão literária, cinematográfica, filosófica sobre este personagem do mundo espiritual cristão, o catolicismo brasileiro parece exibir uma curiosa subestimação de sua importância espiritual. Dominante por séculos e séculos no simbolismo religioso tanto de católicos quanto de protestantes europeus, figura central na reflexão sobre o mal e o sofrimento, o diabo aqui nunca exibiu grandes poderes de liderar homens, que tanto assustavam nossos ancestrais europeus (ZALUAR, 1994:42).

O sagrado impuro: noções de contágio e restrições rituais

Sendo o palhaço uma figura marginal e, ao mesmo tempo, indispensável ao ritual, ele representa tanto a presença do mal quanto um conjunto de ações rituais que apontam para transformações simbólicas ligadas à conversão do sujeito. Transitando entre dois mundos, na fronteira entre o mal e o bem, ainda assim sendo responsável pela execução de partes importantes do ritual, é o palhaço que se encarrega de levar a Bandeira quando não há algum devoto pagador de promessa, chamado de bandeirista. Ele também é encarregado de ir à frente do grupo a fim de saber se a Companhia pode se aproximar da casa para cantar e pedir oferenda. Tal qual o Exu, ele abre os caminhos. Segundo um folião:

> Um palhaço tem que ter muita responsabilidade, ele sempre tem que estar atento em relação à Bandeira, se o dono da casa colocou um enfeite diferente, e tudo mais.

É o palhaço que conversa com o morador para saber como que a Companhia vai cantar, se tem promessa pra pagar, quem vai segurar a Bandeira para o embaixador cantar, é tudo isso, palhaço num é só farra não, tem a parte de brincadeira, mas ele sempre tem que falar sobre a profecia.

Algumas ambivalências podem ser identificadas neste personagem, quando consideramos estes folguedos enquanto carnavalização em relação ao evento religioso oficial. Nem por isso o ritual da Folia pode ser considerado uma soltura, uma liberdade total como no carnaval. Há uma organização hierárquica do grupo, inclusive, dividida por patentes militares como o capitão, o tenente, o alferes ou o soldado, que é controlada solidamente pelo mestre ou capitão. Porém, o palhaço representa a desordem, o perigo, a confusão entre o bem e o mal, o puro e o impuro. Ele traz ainda em si elementos de transgressão, de demarcação e de castigo, que marcam as figuras que habitam as fronteiras e as margens da sociedade, conforme Douglas (1976).

Único personagem da Folia a usar máscara, o palhaço é o único também a quem é concedido fazer piadas, dançar, quebrar o protocolo da rigidez religiosa do ritual. Isso não quer dizer que ele seja livre das restrições, apenas tem restrições peculiares. Como observou Bitter: "os palhaços são tipos sempre cercados de obrigações, regras, restrições, bem como de prescrições" (2010a:176). Uma das regras internas da Folia de Reis, no que se refere ao palhaço, é que o tempo mínimo de participação de seu intérprete em uma Companhia é de sete anos. Não cumprir esta "tradição" pode acarretar, segundo os foliões, uma espécie de maldição sobre o intérprete. É como se ele tivesse contraído uma obrigação no plano espiritual, cujo rompimento traz consequências no plano físico. Há de certa forma uma noção de "contágio", uma vez que a farda do palhaço, o que inclui sua vestimenta e sua máscara, é considerada contagiosa por despertar temor nas outras pessoas que evitam tocar ou vestir tais indumentárias.

Neste momento de nosso percurso, seguimos inspirados por Mary Douglas que, analisando as diferenças entre tabus primitivos e regras relativas ao sagrado, sob a perspectiva das ambivalências deste

186

último, sentencia: "precauções contra espíritos malignos, os tabus, inspirados pelo medo, são comuns a todos os povos primitivos e tomam muitas vezes a forma de regras de impureza" (DOUGLAS, 1976:12). Em nossa análise, o palhaço e suas ações pertencem ao sagrado impuro, ou em outros termos, são vistos pela assistência como menos puros do que a bandeira e do que as ações que envolvem os foliões. "Há nas folias, portanto, uma marcada oposição entre palhaços e foliões, e também entre a máscara e a bandeira, reforçada por outras oposições correlatas, como a existente entre rua e casa, sério e cômico etc", (BITTER, 2010b: 3).

Os comportamentos dos palhaços alternam entre restrições e obrigações sendo que, a análise deste personagem intrigante põe em jogo a reflexão sobre a noção de sagrado puro e sagrado impuro, dentro do simbolismo das religiões mediadas pelas noções de sujilidade, poluição e contágio. Esses termos, a propósito, sintetizam nosso mascarado de Folia, um ente marginal que representando a impureza oferece ao ritual religioso status de unicidade, ao superar demarcações e assumir um papel funcional e altamente expressivo.

Mencionamos ainda, que ao palhaço são impostos alguns desafios quando chegam a lugares em que os quintais foram enfeitados com flores, arcos, ovos, letreiros, símbolos riscados no chão etc. O palhaço tem que executar performances específicas para cada situação proposta pelos donos da casa, e isso requer muito conhecimento. Apesar de ser um sábio e figura muito importante dentro do ritual, por vários momentos, o palhaço sofre restrições pelo grupo de foliões e até mesmo por parte de devotos que recebem em casa a Folia. Essas normas restritivas fazem parte do ritual e são rigorosamente obedecidas pelos palhaços que, por exemplo, nunca andam a frente da bandeira; são os últimos a comer e beber; portam sempre máscara durante as apresentações do grupo; devem tirar a máscara caso cheguem a um lugar considerado sagrado, como numa capela ou casa onde esteja montado presépio ou haja crucifixo preso à porta. Nesta última situação, se for desatento e adentrar, o mascarado pode ser preso pelo dono da casa em sinal de castigo.

Quando a Folia chega a uma casa, os palhaços devem ficar do lado de fora enquanto os outros rezam e cantam lá dentro; a espera pode ser demorada, debaixo de sol ou de chuva. Sobre isso, Nader observou: "ele fica na rua onde é seu domínio, na porta do 'patrão' (como é chamado o dono da casa) como sentinela, protegendo o grupo e o ritual de qualquer interferência mal vinda" (NADER, 2014:85). Esse comportamento do palhaço nos remete mais uma vez à figura de Exu, que vive "fora e não dentro da casa"; "vive a céu aberto, na passagem, ou na trilha, ou nos campos" (PRANDI, 2001:67).

Ainda sobre Exu, Nader acrescenta:

> tem seu lugar fora nos centros de umbanda e terreiros de candomblé, também é a porta e seu domínio também é a rua, e possui a mesma função do mascarado: proteger. Assim como o Exu, o brincante também transita na fronteira do real e sobrenatural no imaginário popular, que assegura ter ele o poder de proteger a Folia de 'almas penadas', animais e também de ladrões e todo tipo de adversidades (op.cit.:85).

Esses exemplos ilustram a marginalidade em que o personagem se encontra dentro de uma Folia. "No entanto, em um momento da chula do palhaço[52], há um tipo de comportamento ritual que espelha justamente um sentimento oposto e coloca o palhaço na posição privilegiada de receber donativos e agrados" (Monteiro, 2005:52). Ou seja, apesar de ocupar uma posição nitidamente marginal o palhaço goza de notoriedade sendo uma figura de destaque e estando imbuído de muitas responsabilidades. Por sua natureza ambígua pode transitar simbolicamente entre os dois níveis de existência, espiritual e material. "Dessa forma, pode-se entender a relevância desse brincante em uma manifestação de raízes tão múltiplas e por isso tão rica em sua essência" (NEDER, 2014:88). De certa forma, entendemos que um bom palhaço é aquele capaz de realizar sua missão: distrair os soldados maus de Herodes, os nãos convertidos, de encontrar e matar Jesus. A ação do palhaço constitui um ato de heroísmo, pois ao salvar o Menino Jesus sua performance O faz renascer continuamente, perpetuando assim o cristianismo.

Ambíguo por representar tanto o perseguidor do Menino Jesus quanto seu salvador e protetor do grupo, o palhaço torna-se o centro das atenções na festa de encerramento de uma Folia. A

---

[52] Dança performática própria do palhaço

"entrega" é um ritual muito importante que fecha o giro de uma Companhia de Reis, depois de dias e noites em que visitou casas de devotos. Antes de ser servida a comida farta e se iniciar a festa com música, bebida e bingo, há um momento de síntese de toda a jornada. Os foliões reproduzem todas as situações rituais de chegada que realizaram em outras casas, mas acrescentam outras cerimônias como a passagens pelos arcos, a Adoração do Menino Jesus na Lapinha de Belém, a homenagem aos festeiros e, por fim, a conversão do palhaço.

Sobre a entrega da Folia na cidade de Mossâmedes, Goiás, Brasil, o antropólogo Carlos Rodrigues Brandão registrou:

> Neste momento todos param de cantar e silenciam os instrumentos. O embaixador dirige-se ao palhaço pela primeira vez: "Agora você ajoelha aí e pede perdão ao Menino Deus. Porque vem na nossa companhia pra perseguir ele. Aí está o Menino Deus, filho da Virgem Maria e São José. Então viemos, trouxemos mirra, incenso e ouro pra ofertar ao Menino. Agora você ergue a máscara e ajoelha e pede perdão e beija os pés do Menino Deus que tá presente (BRANDÂO, 1977:32).

Ao tirar a máscara o palhaço se transforma: deixa de ser um soldado com missão de matar o Menino Jesus e passa a adorá-lo. "Trata-se de um ritual de conversão religiosa, um batismo simbólico, com efeitos morais. Aí reside precisamente sua ambivalência simbólica", como mostra Bitter ao analisar o simbolismo da máscara como amuleto para todos os males, sugerindo que a eficácia da ação dos palhaços "parece residir no fato mesmo de ele representar e conter estes males, mantendo-os, de certo modo, sob controle" (BITTER, 2010a:179). O autor atenta para o fato de que o ritual de entrega de uma Folia não apenas opera uma transmutação simbólica, mas transforma, sobretudo o sujeito que se prosta diante da bandeira num gesto de suprema submissão e arrependimento. Numa tentativa de síntese, entendemos que esse sistema de ideias, cuja intencionalidade é religiosa, o que de acordo com Eliade (2012) caracteriza os rituais, aponta para o fato de que as Folias de Reis compõem uma visão totalizadora do mundo.

Um ser risível

Iniciamos esse percurso aproximando o palhaço de Folia de Reis da figura de Herodes e seus soldados, do mal enquanto concepção dicotômica ao que seria identificado como o bem e, por fim, o aproximamos ao diabo (o mal nas representações religiosas cristãs) e ao Exu (erroneamente sincretizado com o diabo pelos cristãos). Agora vamos realizar outra aproximação, a de tipos excêntricos e cômicos. A princípio, a figura do diabo já traz consigo essa representação cômica ao ser um antagonista à figura de Deus que, por sua vez, nunca ri.

Embora a cosmovisão cristã entenda e represente o diabo como inimigo de Deus, ele também aparece como personagem cômico e simpático em diversas manifestações culturais populares desde a Idade Média. Como afirma Carvalho em um estudo acerca das relações entre o diabo e o riso:

> Trata-se aqui de um diabo simpático, que desperta antes a alegria do que o medo. Ele vive nas fronteiras da religião e do folclore, das culturas erudita e popular, agregando em seu caráter contribuições de várias tradições. Engraçado, pregador de peças, bufo, às vezes abestalhado, é, sem dúvida, um diabo cômico que poderá nos ajudar a compreender alguns aspectos do fenômeno do riso (CARVALHO, 2004: 4)

Sobre a significação da comicidade, Henri Bergson afirma que o riso precisa de eco, sendo algo vivido no grupo por esconder uma "segunda intenção de entendimento, cumplicidade com outros ridentes, reais ou imaginários" (BERGSON, 2001:5). Deste modo, quando um palhaço de Folia de Reis provoca o riso, ele desperta a sutileza da inteligência que não pode ser saboreada no isolamento. É preciso compreender o riso dentro da sociedade em que repercute sua significação social. Ainda que não se entenda uma palavra que foi dita por trás da máscara que abafa a voz, a fala do palhaço tem a função social de fazer rir e esse efeito cômico será tanto mais risível quanto mais natural, conhecido, familiar e simples. É o que Bergson chama de distração, uma das grandes vertentes naturais do riso.

Notamos que a mesma expressão usada pelo filósofo foi também encontrada em vários depoimentos como esse: "Esses soldados convertidos (palhaços) usaram então máscaras para *distrair* os demônios". Há, portanto, a função da comicidade provocada pelos palhaços: a distração não apenas do público que os assiste enquanto coletivo, mas também de forças ocultas evocadas na representação cômica. Os demônios são forças sobrenaturais, mas como já vimos são também materializados na ação dos soldados de Herodes incumbidos de matar Jesus Menino.

Numa Folia de Reis o palhaço é o personagem que surpreende pela capacidade de fazer rir, mesmo quando é foco de zombaria dos outros foliões ou da assistência. Numa das andanças do grupo, o palhaço Nino, um dos mais experientes alferes de Folia de Reis da região, entrou em uma casa portando máscara e não prestou atenção ao crucifixo preso acima da porta. Quem ficou preso foi Nino, porque o dono da casa, além de ser um senhor muito brincalhão, era desses que todo ano ofereciam religiosamente almoço, jantar ou pouso e conhecia bem as regras simbólicas do ritual. O homem deixou Nino preso dentro da casa só uns minutos, o suficiente para provocar risos e lembranças.

Mais tarde, Nino me contou que há muitos anos um fazendeiro o prendeu durante a noite toda, mas que de madrugada todos da casa acordaram assustados com uma peripécia armada pelo palhaço. Ele explicou que se ficassem trancados os palhaços não podiam pular pela janela, porque se alguém da casa pegasse a bandeira seria preciso falar muitos versos para obter a liberdade. Então, era melhor ficar no quarto sem cansar a cabeça com rimas. Mas como cabeça vazia é oficina do diabo, Nino teve a ideia de abrir o guarda-roupa e encontrou muitos vestidos, saias e peças íntimas como anáguas e sutiãs – era o quarto das moças da fazenda. Ele então foi vestindo uma peça por cima da outra, até ficar com seios enormes e quadril de donzela. Abriu as gavetas onde estava a maquiagem e passou quantas camadas quis de batom e de pó de arroz. Enquanto isso as pessoas comiam, bebiam, faziam festa lá fora. Nino foi exagerando no visual até que as pessoas dormiram. Era madrugada quando ele abriu a larga janela do quarto e começou a jogar no terreiro colchões, criados mudos, poltronas, travesseiros, cobertores, toda sorte de objetos e móveis que conseguiu, até que as pessoas começaram a acordar alarmadas. Percebendo que a confusão tinha sido causada pelo palhaço trancado dentro do quarto, foram abrir a porta do cômodo e para a surpresa hilariante de todos encontram uma donzela rechonchuda. Segundo Nino, foi a última vez que o tal fazendeiro prendeu um palhaço e, apesar da confusão, o que ele fez não foi condenado, afinal: "o palhaço não podia sair do quarto, mas as coisas podiam".

CONSIDERAÇÕES FINAIS

Identificados como os melhores soldados de Herodes, os que primeiro chegaram ao Menino, estes personagens mascarados guardam os limites entre as duas forças que movem o universo cristão, o bem e o mal. Eles estão na fronteira, por sinal pouco definida, entre o vício e a virtude, entre a verdade e a mentira, entre a obediência e a escolha individual. A relativa liberdade da qual goza o palhaço, como vimos, pode ser interpretada como um indício de que o personagem tenha vida própria dentro da dinâmica organizacional da Companhia de Reis.

Esses personagens mascarados são notáveis transgressores da ordem usual, contestadores das hierarquizações e conflitos sociais. Irônicos e bem humorados, eles suscitam risos coletivos que sugerem uma estratégia catártica acomodadora das tensões existentes no grupo, na comunidade e na ordem social. O brincar-dançar-recitar dos palhaços é "o lugar potencial da subversão, da desordem (ou de uma outra ordem), da criatividade, em contraste com a formalidade e a solenidade do canto, da música, das palavras e dos gestos dos foliões" (BITTER, 2010a: 175).

Na nossa perspectiva, que engloba a visão cosmológica e preza pela heterogeneidade, a aproximação de dimensões díspares e a tentativa de promover uma interface entre as noções de sagrado e de impuro, como sugere Douglas, dá conta de uma solução difusa onde podemos captar o movimento construtivo da religiosidade popular. Tentamos entender o personagem central de nossa análise como elemento de superação do dualismo cristão entre sagrado e profano, ou bem e mal; uma vez que em nossa argumentação esperamos ter sugerido que esses elementos não se constituem como absolutamente antagônicos. No universo das Folia de Reis os duplos bem e mal, sagrado e profano e deus e diabo estão, de certa forma, contidos um no outro. Basta lembrarmos que durante sua atuação performática, o

192

mascarado tanto desperta temor quanto riso de aprovação, podendo atrair, inclusive, a simpatia da assistência. Afinal, segundo sugere Propp, diante dos brincalhões, dos bobos, dos tipos "perigosos ou negativos de um modo geral, nossa tendência é simpatizar com eles" (PROPP, 1992: 106).

No percurso deste texto, o palhaço a princípio foi associado ao Mal por representar os soldados de Herodes que, depois de tocados e convertidos, distraem os outros soldados e são determinantes na fuga da Sagrada Família para o Egito. Vimos também que o palhaço assume equivalências com Exu e com os elementos da comicidade, representando assim uma síntese dentro da Folia. Ao final, na entrega da Folia, no fechamento dos trabalhos de uma jornada, o palhaço passa por um ritual de conversão, também entendido como libertação, em que pede perdão e adora o Menino Jesus na manjedoura. Em síntese, a dicotomia desaparece e, em seu lugar, surge a esperança de que as pessoas possam ser libertadas e purificadas do mal. O mal não é desprezado; ao contrário, ele é assimilado ao ritual e trabalhado para que seja realizada uma transformação. Essa esperança de transformação está no centro da fé cristã, sintetizada no batismo.

Finalizamos nossa trajetória de reflexões sem a pretensão de ter esgotado o tema, dada sua profundidade e possibilidades de (re)interpretações. Contudo, numa tentativa de síntese do que foi exposto, fazemos uso das palavras de João Guimarães Rosa que, por meio do jagunço Riobaldo, supera a perspectiva maniqueísta, ainda que tenha mantido um certo dualismo inerente à própria existência humana:

> Que isso foi o que sempre me invocou, o senhor sabe: eu careço de que o bom seja bom e o ruim ruim, que dum lado esteja o preto e do outro o branco, que o feio fique bem apartado do bonito e a alegria longe da tristeza! Quero os todos pastos demarcados... Como é que posso com este mundo? A vida é ingrata no macio de si; mas transtraz a esperança mesmo no meio do fel desespero. Ao que, este mundo é muito misturado... (ROSA, 1968:169).

REFERENCIAL BIBLIOGRÁFICO:

BAKHTIN, Mikhail. A cultura popular na Idade Média e no Renascimento. 4ª ed. São Paulo: Hucitec; Brasília: Ed. UnB, 1999.

BERGSON, Henri. O riso: ensaio sobre a significação da comicidade. São Paulo: Martins Fontes, 2001.

BITTER, Daniel. A bandeira e a máscara: a circulação de objetos rituais nas folias de reis. Rio de Janeiro: 7Letras/Iphan/CNFCP, 2010a.

________. Encontro nacional de antropologia da performance. 2010b. Disponível em:
https://enap2010.files.wordpress.com/2010/03/daniel_bitter.pdf

BRANDÃO, Carlos Rodrigues. A Folia de Reis de Mossâmedes. Cadernos de Folclore. Rio de Janeiro: Ministério da Educação e Cultura, Departamento de Assuntos Culturais, Fundação Nacional de Arte-Funart, Campanha de Defesa do Folclore Brasileiro, 1977.

________. Sacerdotes de viola: Rituais religiosos do catolicismo popular em São Paulo e Minas Gerais. Petrópolis: Vozes, 1981.

CARVALHO, Luciana Gonçalves de. O diabo e o riso na cultura popular. Enfoques, v.3, n. 1, p. 1-19, 2004.

CASCUDO, Luís da Câmara. Dicionário do folclore brasileiro. São Paulo: Ed. Global, 2001.

DOUGLAS, Mary. Da Pureza ao Perigo. São Paulo: Perspectiva, 1976.

ELIADE, Mircea. O sagrado e o profano. A essência das religiões. 3ª edição. São Paulo: Martins Fontes, 2012.

GEERTZ, Clifford. A interpretação das Culturas. Rio de Janeiro: Editora Zahar, 1989.

HORTA, Ana Paula Santos. Os reis da Canastra: os sentidos da devoção nas folias. Dissertação de mestrado em História Social. Universidade de São Paulo, São Paulo, 2011.

LIMA, Roberto; RODRIGUES, Cintya M. Costa. Uma antropologia militante – Entrevista com Carlos Rodrigues Brandão. Sociedade e Cultura, janeiro – junho. Volume 10, n. 001. Universidade Federal de Goiás. Goiânia, 2007, pp. 145-149.

MONTEIRO, Ausônia Bernardes. O palhaço de Folia de Reis; dança e performance afro-brasilera. Tese de doutorado em Teatro. Rio de Janeiro: UFRJ, 2005.

________. Considerações sobre as lentes afroamericanas: a performance do palhaço da folia. Encontro nacional de antropologia da performance. 2010. Disponível em:

https://enap2010.files.wordpress.com/2010/03/ausonia_bernardes_
monteiro.pdf

NEDER, Andiara Barbosa. Palhaço: o rei da Folia. Revista Sacrilegens, Juiz de Fora, v. 11, n. 2, p. 73-91, jul-dez/2014.

PAULINO, Rogério Lopes da Silva. As máscaras dos palhaços da Folia de Reis: Imagens e ações do mal no catolicismo popular brasileiro. Trabalho apresentado na 26º reunião brasileira de antropologia, realizada entre os dias 1 e 4 de junho de 2008, Porto Seguro, Bahia, Brasil. 2008.

PEIRANO, Mariza. Rituais Ontem e Hoje. Rio de Janeiro: Jorge Zahar Editor Ltda, 2003.

______. (org.). O Dito e o Feito. Rio de Janeiro: Relume - Dumará: Núcleo de Antropologia da Política/UFRJ, 2002.

______. A favor da etnografia. Rio de Janeiro: Relume - Dumará, 1995.

PRANDI, Reginaldo. Mitologia dos Orixás. São Paulo: Companhia das Letras, 2001.

PROPP, Vladimir. Comicidade e Riso. São Paulo: Ática, 1992.

ROSA, João Guimarães. Grande Sertão: Veredas. 6ª edição. Rio de Janeiro: José Olympio Editora, 1968.

______. Ave, Palavra. 5ª edição, Rio de Janeiro: Nova Fronteira, 2001.

SILVA, Paulo Sérgio. A multidimensionalidade das manifestações culturais: o sagrado e o profano no contexto das Folias de Reis. Revista Rosana, v. 1, nº 4, pp. 22-34, nov. 2007.

TAMBIAH, Stanley J. Continuidade, integração e horizontes em expansão. Mana, v. 3, n. 2, p. 199-219, 1997.

ZALUAR, Alba. O diabo em Belíndia. In: ______. O condomínio do diabo. Rio de Janeiro: Editora Revan: Ed. UFRJ, 1994. Cap. 4, p. 42-48.

EL PRINCIPIO DE DUALIDAD EN LA TRADICIÓN RELIGIOSA MESOAMERICANA

María Montserrat Camacho Ángeles[53]

La religión mesoamericana se origino como respuesta al sentimiento de los pueblos frente a lo natural y lo sobrenatural que les rodeaba, conserva ideas que se remontan a los cazadores recolectores. La visión del mundo cambia notablemente con la transformación de la vida de los cazadores recolectores al paso de la agricultura, se transforma la percepción de la naturaleza y los vínculos del hombre con lo sagrado. En Mesoamérica los primeros agricultores heredaron la concepción de un cosmos formado por los opuestos complementarios (López Austin, 2008: 35).

A pesar de que el territorio mesoamericano se caracteriza por una enorme diversidad lingüística, incluye una vasta diferencia entre los diversos grupos étnicos, y una geografía muy diversa (altiplano central, valles, cordilleras, costa del golfo, del pacifico, del caribe etc.). Sin embargo los elementos religiosos de núcleo duro de la cosmovisión mesoamericana[54] que presentan uniformidad entre los diversos grupos étnicos mesoamericanos son: sistema calendárico, la estructura del cosmos, las formas de culto a las deidades principales, mitología y símbolos iconográficos (López Austin, 2008: 37).

El nómada mide su tiempo de recorrido a través de los astros nocturnos, mientras que el sedentario lo ve en los ortos y ocasos. De

---

53 Área académica de Historia y Antropología, Instituto de Ciencias Sociales y Humanidades, Universidad Autónoma del Estado de Hidalgo.

54 Las cosmovisiones no se construyen desde cero; toda cosmovisión surge de una anterior. Es posible que éstas hayan existido por más de cien mil años. Es decir, al menos desde que los homínidos tienen un cerebro tan complejo como el nuestro; gran parte de lo que fue el núcleo de la cosmovisión mesoamericana provino de la cosmovisión de los cazadores-recolectores que la antecedieron; y a su vez la de estos quizás podría rastrearse hasta antes del poblamiento de América, de tal suerte que además de la existencia de un "núcleo duro" mesoamericano, debemos de hablar de un "núcleo extraduro" precolombino panamericano". (Camacho, 2013: 17-18).

sur a norte y norte a sur a lo largo del año trópico. (López Austin, 2008: 36).

La idea de los opuestos complementarios vida-muerte, principio básico de renovación en la cosmovisión mesoamericana. Algo tan cotidiano como movimiento diario aparente del sol. El astro solar nace en el oriente, alcanza su punto más alto en el cenit, atraviesa la línea del horizonte para ocultarse durante la noche en las entrañas del inframundo y enfrentarse a grandes batallas con las deidades del mundo inferior para poder surgir a la mañana siguiente nuevamente en el oriente. Este fenómeno aparece representado constantemente en las fuentes mesoamericanas bajo distintas formas. El sol también determina el espacio, la concepción de cuadruplicidad terrestre que tenían los pueblos mesoamericanos, la salida y puesta del astro solar, la trayectoria que marcan el orden de equinoccios y solsticios determina los cuatro rumbos cardinales. El astro solar determina también el tiempo, la línea donde la tierra y el cielo se unen a lo largo del ciclo anual del astro (De la Garza, 2002: 54).

Uno de los aspectos básicos de la cosmovisión de los pueblos mesoamericanos, fue sin duda la observación de su entorno natural. Sabemos que eran grandes observadores de la naturaleza, registraron el movimiento de los astros, fechas era, ciclos agrícolas, fiestas calendáricas, mitos cosmogónicos y estructura del cosmos, que casi siempre son inseparables y constituyen un modelo para la estructura del pensamiento religioso, entre muchos otros acontecimientos que eran de vital importancia para ellos. Es decir, los eventos y personajes que consideraron de mayor relevancia.

Las deidades mesoamericanas pueden ser manifestaciones de astros, fenómenos atmosféricos, los elementos, seres calendáricos, etc., es decir, abarcan la totalidad y los componentes del cosmos. En la iconografía aparecen en su mayoría como seres antropomorfos o con mezclas fitomorfas, zoomorfas o ambas, y con una variedad de atavíos con los cuales podemos identificarlos y relacionarlos con otras deidades. La unidad de los dioses es proveída por la especie humana, es decir, la asociación de la figura humana del dios con los rasgos distintivos de una especie vegetal o animal, es una manera de significar que el dios posee las virtudes reproductivas, fertilizadoras de la planta; o la fuerza y el valor de un animal específico. El entrelazamiento de la figura humana con rasgos vegetales o animales se da por metonimia, al respecto Florescano refiere a Valerio Valeri: "el cuerpo de un dios, que es siempre el cuerpo humano, se transforma en las 'mil formas' o en los 'cuatrocientos cuerpos del dios', las cuales no son otra cosa más que proyecciones del cuerpo humano en el mundo natural o animal" (Florescano, 1997: 58).

Estas deidades o fuerzas sagradas[55] habitan en el cielo, la tierra y el inframundo, lugares que en sí mismos contienen los opuestos complementarios: vida-muerte, caliente-frío, masculino-femenino etc., en mayor o menor medida. Las deidades mesoamericanas encarnan la lucha de los opuestos complementarios y son el reflejo de una sociedad y su entorno natural.

Cabe aclarar que estas deidades están dotadas de un cuerpo físico y de materia ligera[56] que, a su vez se vincula con los opuestos complementarios en menor o mayor grado, esto obedece a su naturaleza y mundo al cual pertenecen. La representación plástica de las deidades, se ha relacionado como el recipiente y la deidad misma como el contenido. Como lo menciona Mercedes de la Garza respecto a las esculturas o efigies de dioses se convertían en receptoras o contenedoras del "espíritu" aunque únicamente eran activadas a través del rito (Velásquez, 2015: 179). "El arte mexica estuvo muy ligado a la religión, ya que a través de él se expresaron concepciones, narraciones míticas, costumbres rituales y la materialización de diversas deidades. Dicho arte presenta cánones definidos, por lo que se trata de un lenguaje plástico o formal bien establecido"(Limón 2008: 19).

---

[55] López Austin clasifica a los seres imperceptibles en la tradición mesoamericana en fuerzas y dioses, ambas formadas de materia sutil o imperceptible y con acción eficaz sobre el mundo perceptible. Y, a su vez, clasifica a las fuerzas como entidades carentes de personalidad que pueden habitar en seres imperceptibles y en las criaturas. Diferenciándolas con las deidades, que poseen personalidad semejante a la de los seres humanos y capaces de ejercer acciones en el mundo perceptible (López Austin, 2016: 13).
[56] Existen dos tipos de materia en el mundo mesoamericana: La materia pesada y la materia ligera. La materia ligera es imperceptible para el ser humano y la pesada es aquella que podemos sentir o percibir.

En realidad resulta mucho más complejo de lo que imaginamos hablar de las deidades mesoamericanas. Son seres que tienen la capacidad de fusionarse y fisionarse. "Eran seres complejos que podían separar sus diferentes aspectos –por ejemplo el masculino del femenino- o descomponerse en varias personas divinas diferentes. De manera concomitante, dos o más dioses podían formar una sola divinidad, con personalidad y atributos compuestos. Esta última propiedad culminaba en la integración del Dios Supremo" (Vela, 1996: 19). Entre los nahuas el Dios Total es Ometéotl,[57] la deidad máxima y su primer desdoblamiento es una pareja: Ometecuhtli deidad masculina y su contraparte femenina Omecíhuatl. Ambas deidades representan la dualidad hombre-mujer; y de este primer desdoblamiento se pueden fisionar y fusionar en miles de fragmentos que constituyen un sin fin de deidades, aunque todas siempre mantendrán parte de la deidad suprema total, en mayor o menor medida. **No es la trinidad cristiana, sino la dualidad antigua. Nuestro padre, nuestra madre Ométeotl.**

Los dioses mesoamericanos encarnan en si mismos la lucha de contrarios, así es como establecen un orden cósmico[58]. Entablan una relación constante con el hombre, necesitan ser venerados y alimentados a través del ritual[59]; y, el hombre a su vez necesita ayuda de sus deidades para cubrir sus necesidades de subsistencia. Los

---

[57] "... Ometéotl ... no encontramos un templo especifico para él, no hay una fiesta o ritual propio. Pareciera una paradoja que, siendo el dios de dioses, no le rindan culto los humanos; pero justamente no son los hombres, sino los dioses mismos quienes le deben venerar" (Espinosa, 2008: 103).

[58] Los dioses como seres calendáricos establecen un orden constante. "Aguardan turno para bañar el mundo con su influencia calendárica: descienden y ascienden por los postes cardinales, emergiendo al mudo bajo la forma de tiempo, entremezclando sus fuerzas en una multitud de combinaciones que dependerán exclusivamente de la maquinaria dada por los engranajes calendáricos (Espinosa, 2008: 98).

[59] "Los ritos mexicas se basaban en creencias relacionadas con el entorno natural, la forma de sobrevivencia y el poder, que se plasmaban en un conjunto de divinidades que representaban precisamente a la fuerzas de la naturaleza, sus principales medios de subsistencia, sobre todo el cultivo del maíz (González 2008: 125).

200

rituales tenían por objeto alimentar con la sangre y corazones de victimas sacrificadas a las deidades para lograr mantener un equilibrio y orden cósmico.

El comportamiento de las deidades mesoamericanas es similar al del hombre mesoamericano, poseedores de razón, voluntad, pasiones y con la capacidad de comunicarse entre si y con el hombre; actúan de diversas maneras. Pueden mostrar su bondad o enojo a través de sus acciones. Existen deidades como *Tláloc*[60] y *Ehécatl*[61], asociadas a la lluvia, al viento, al rayo y a distintos fenómenos meteorológicos, que podría arruinar la cosecha del año. Por esto era tan importante mantener una buena relación con las deidades y éstas a su vez también pueden dañar al hombre con acciones brutales como lo menciona Gabriel Espinosa "se trata de criaturas extrañas, poderosas, y a la vez impulsivas, apetentes, extrañamente deseosas de fluidos, las almas o las cualidades de los propios hombres; brutales acciones, implacables, incluso desbordadas y, sin embargo, racionales, todas obedecen a una lógica; engranan sus haceres unas con otras y crean así el orden del cosmos" (Espinosa, 2008: 97-98).

---

[60] "Así describió Covarrubias a Tláloc: se trata del aspecto masculino de la fertilidad, la lluvia, que, como semen, fertiliza la tierra: Tláloc puede escindirse en un gran número de réplicas, dioses pequeños llamados *tlaloque*... quienes producen el rayo y hacen llover... (Espinosa, 2008: 106).

[61] Otra deidad atmosférica que actúa como poste cósmico o *axis mundi* y tiene la capacidad de desdoblarse en cuatro (hacia cada rumbo cardinal). Esta deidad se fusiono con un animal mítico, una serpiente emplumada. Ehécatl-Quetzalcóatl, vinculada a la fertilidad, al viento y posiblemente al antiguo dios huasteco de las tormentas y el huracán.

Fig. 1 Representación de *Ehecatl-Quetzalcóatl* en el *Códice Borbónico*. Lámina. 22.

Enrique Vela realiza una clasificación sobre las funciones de los dioses, enumerando cada una de ellas:

Como integrantes del cosmos, menciona que son creadores del cosmos mismo y todo lo que pertenece a éste, fueron creando las distintas partes de la gran maquinaria cósmica. Así como que las deidades mesoamericanas derivan de una Divinidad Suprema. Como creadores de los componentes cósmicos, ellos mismos son representaciones del cosmos mismo, haciendo las veces de columnas que sustentan al cielo, de pisos celestes e inframundanos, así como de los elementos y cuerpos celestes. Como regentes gobernaban todo eran la voluntad que gobernaba cada uno de los componentes cósmicos. Como guardianas estaban obligados a mantener la sacralidad e

202

integridad de los distintos ámbitos del cosmos y actuar contra cualquier tipo de profanación.

Como Dinamizadores del cosmos, son esencias de las fuerzas naturales y existian un juego de lucha entre los dioses contra los fenómenos naturales. Se iban alternando para cubrir los ciclos temporales, el desgaste paulatinos de batallas entre ellos, provocaba una alternancia de victorias. Como componentes del tiempo, eran la personificacion misma de los días y de los distintos ciclos temporales. Se iban alternando para cumplir cada uno de estos ciclos temporales que van desde un día, trecenas, veintenas, años, siglos, etc.

Como rectores del mundo, eran creadores de todas las criaturas. Cada clase de criatura debia su origen a una divinidad que había intervenido en un mito cosmogonico y contenia parte de la divinidad misma. Como formadores eran parte de la esencia o "alma"de cada criatura, es decir, todas las criaturas contenian parte de esta esencia de sus dios creador. Como perpetuadores, tras la muerte de un individuo tenian la capacidad de viajar la mundo subterráneo (mundo de los muertos) para reciclar los corazones y volver a dar esencia a nuevos individuos. Con esto permitian la conservacion de lo creado a pesar de la naturaleza mortal de las criaturas. Eran generadores los los ciclos de vida. Producian las fuerzas de fecundación, nacimiento, nutrición, crecimiento, maduración, enfermedad y muerte de cada individuo. Como gobernantes regían el destino de cada individuo.

Como rectores de la existencia humana, eran patrones de los grupos humanos y cada patrono constiuía el "alma-corazón" de cada individuo del grupo. Y cada individuo recibia como herencia de su dios patron: raza, lengua u oficio. Los patronos guiaban a sus protegidos, después de sacarlos del vientre de la montaña o monte sagrado, para guiarlos a un sitio en donde había ocurrido un milagro. Desde un cerro el patrono protegía a sus hijos, dándoles salud, riqueza, lluvias etc. Los dioses podía poseer al ser humano y alterar su conducta, asi como causar enfermedades. Así como castigar o premiar la conducta humana. Después de la muerte, en el mundo de los muertos era servidor de un dios y desempeñaba tareas especificas (Vela 1996: 19).

Podemos observar que las deidades mesoamericanas poseen la capacidad de actuar sobre todo lo que pertenece al cosmos. Como lo menciona López Austin "Los dioses poblaban los más altos niveles celestes, los tenebrosos pisos del inframundo y el interior de los cinco árboles cósmicos que, plantados en el centro del mundo y en los cuatro rincones de la tierra, sostenían el cielo. Los dioses eran, además de creadores de la gran maquinaria del cosmos por la cual fluían sus fuerzas, los regentes de las distintas partes que componían la maquinaria o sus partes mismas: eran pisos celestes o del inframundo, árboles sustentantes del cielo, etcétera" (López Austin 1996: 6-16).

Como ejemplo claro del principio vida-muerte de la cosmovisión mesoamericana esta el de las deidades que no son inmortales. La muerte no significaba su aniquilación, sino su sujeción a los ciclos vida-muerte, esto es, ciclos de aparición y desaparición sucesivos en el mundo del hombre.

El arte mexica esta íntimamente vinculado con la religión. Lo podemos apreciar en un *corpus* amplísimo de representaciones estéticas: arquitectura, pintura mural, códices, escultura, etc.

En el arte mexica se expresan diversas narraciones míticas. Aparece el universo en función de la actitud o atributos de los dioses. Entre los mexicas existe un mito de origen cosmogónico y cosmológico. El mito de creación del universo nos habla al respecto. Existieron cuatro eras o cuatro soles, hasta que una quinta creación permite la existencia del ser humano, el mundo, el universo tal como lo concebimos hasta ahora, la tierra ha pasado por cinco etapas. La existencia del quinto sol, después de cuatro eras o cuatro soles.

El sol no es concebido únicamente como un astro, sino que es aquel con el cual se instaura el tiempo y, el tiempo para este caso ya no es solamente una cronología, sino que es el espacio mismo. La piedra del Sol, en donde aparece una deidad fusión solar-terrestre o el astro solar en proceso transformación rodeada de símbolo *nahui ollin* o "Quinto sol".[62] Y, es justamente un ejemplo claro en esta escultura en donde aparece una representación de este tiempo-espacio. Se encuentra representado el espacio, de forma muy concentrada expresado en el signo *ollin* y el tiempo está representado en forma de un ciclo corto, el día mismo que sigue el transcurso del astro solar, así como la representación del tiempo en su totalidad, las cinco eras como ciclos completos.

---

[62] Ver en Camacho 2013.

Fig. 2. Símbolo *nahui ollin*. Tomada de Camacho 2013: 149.

Fig. 3. La piedra del sol. Tomada de Camacho 2013: 107.

Hablar de un tiempo que es espacio es hablar de la noción de lo sagrado en el contexto del pensamiento prehispánico. El tiempo es precisamente el espacio, así es que el propio universo es el tiempo y los dioses ejercen fuerza dentro de éste. Podemos partir de símbolos para comprender estas fuerzas sagradas y los dioses ejercen sus atributos y sus acciones en este tiempo-espacio que conforma en si mismo el universo. La realidad, la vida misma, el tiempo, la existencia son las gestualidades de los dioses que se ejercen en tanto tiempo que es espacio.

El universo esta constituido por el pensamiento del ser humano, todo eso es manifestación de las fuerzas sagradas.

A través del ritual se materializaron las deidades más importantes del panteón mexica, así como las distintas deidades de las distintas áreas de Mesoamérica.

Existe un proceso que humaniza a las divinidades, pero también los hombres se divinizan.

BIBLIOGRAFÍA

Camacho Angeles, María Montserrat. 2013 *Descifrando el cosmos Análisis de cuatro cosmogramas precolombinos mesoamericanos*, Barcelona: Centre d`Estudis Precolombins.

Códice Borbónico. 1980 Descripción, historia y exposición del Códice Borbónico (edición facsimilar) por Francisco del Paso y Troncoso con un comentario de E. T. Hamy, México: Siglo XXI.

De la Garza Camino, Mercedes y Martha Ilia Nájera Coronado. 2002 *Religión Maya Enciclopedia Iberoamericana de religiones*, ed. Mercedes De la Garza Camino y Martha Ilia Nájera Coronado, Madrid: Trotta.

Espinosa Pineda, Gabriel. 2008 "La variante nahua de los dioses mesoamericanos" en *La religión de los pueblos nahuas Enciclopedia Iberoamericana de religiones*, ed. Silvia Limón Olvera, Madrid: Trotta.

Florescano, Enrique. 1997 "Sobre la naturaleza de los dioses de Mesoamérica" en *Estudios de Cultura Náhuatl*, vol. 27, México: Instituto de investigaciones Históricas, UNAM.

Limon Olvera, Silvia. 2008 "Religión y arte" en *La religión de los pueblos nahuas Enciclopedia Iberoamericana de religiones*, ed. Silvia Limón Olvera, Madrid: Trotta.

López Austin, Alfredo. 1996 "Los rostros de los dioses mesoamericanos" en *Los dioses de Mesoamérica Arqueología mexicana,* México: editorial raíces, pp. 6-19.

López Austin, Alfredo. 2008 "Características generales de la religión de los pueblos nahuas del centro de México en el Posclásico tardío" en *La religión de los pueblos nahuas Enciclopedia Iberoamericana de religiones,* ed. Silvia Limón Olvera, Madrid: Trotta.

Vela, Enrique. 1996 "Características de los dioses" en *Arqueología Mexicana* 20, pp.19, en línea [http://arqueologiamexicana.mx/mexico-antiguo/caracteristicas-de-los-dioses], fecha de consulta: 08 de septiembre de 2017, última fecha de actualización: 2016.

Velázquez García, Erik. 2015. "Las entidades y las fuerzas anímicas en la cosmovisión maya clásica" en *Los mayas voces de piedra,* pp. 177–195, Madrid: Fundación G&T Continental.

APROXIMACIÓN A LA RELIGIOSIDAD POPULAR EN
TANTO TRANSVERSALIDAD

Nelson Santibáñez Rodríguez[63]

RESUMEN: Este texto pretende relacionar dos referentes teóricos: uno que sustenta una definición de religiosidad circunscrita a la estructura institucional de las religiones y en el cual destaca el concepto de *campo religioso* desarrollado por Pierre Bourdieu; y, por otra parte, al referente de concepción funcionalista y expansiva de la religiosidad, centrada en la noción de *espiritualidad*, que es representado por el pensar de Danièle Hervieu-Léger.

Entre ambas, se considera oportuno plantear un ejercicio tentativo de complementariedad y proponer una especie de "tercera vía". Para eso, se señala una cierta transversalidad entre ellas a partir de la noción de *religión* –en representación del paradigma institucionalista– y del concepto de *espiritualidad* –en representación de concepciones más expansivas–; con el afán de aclarar un campo concebido como un *entre-medio* de la institución y de la religiosidad individualizadas; en el que, *a priori*, destacamos el valor heurístico de estudiar los cambios en la experiencia religiosa actual, mediante su interacción con las tradiciones practicadas en el espacio de la religiosidad popular.

PALABRAS CLAVE: Religión; Religiosidad popular; Espiritualidad; Campo religioso.

APROXIMACIÓN A LA RELIGIOSIDAD DESDE LAS TEORÍAS ESENCIALISTAS

Una aproximación a la religiosidad, en general, puede realizarse a partir de ciertas teorías esencialistas, entre las que resaltamos la propuesta teórica de Pierre Bourdieu, quien propuso el concepto de *campo religioso*. Para ello, el autor señala y releva que la modernidad –en tanto concreción de la racionalidad instrumental– generó una creciente especialización, separación y competitividad de

[63] Magister © en Estudios interdisciplinarios latinoamericanos. Licenciado en educación. Diplomado en docencia universitaria. Académico parcial de la Universidad Católica del Norte, Chile. Universidad Católica del Norte. Chile nelsonsantibanez@gmail.com

las esferas sociales, a través de la articulación de ciertos saberes simbólicos específicos que tienden a diferenciar a una esfera de otra; tal articulación se caracteriza por las tensiones y la competitividad por la imposición o regulación de dichos saberes específicos en el conjunto de la sociedad (Bourdieu, 1971).

Como noción derivada, se constata que la sociedad moderna descentró el papel de la religión en la sociedad; a partir de los procesos de secularización y, en específico del de laicización, la religión dejó de impregnar desde el centro al conjunto de la sociedad moderna; convirtiéndose, con ello, en una esfera entre muchas otras, con el desafío de competir –desde cierta periferia instrumental– con la economía, la política, la ciencia, el arte, la filosofía, entre muchas otras esferas (Bourdieu, 1987).

Además, en su concepto de *campo religioso*, Pierre Bourdieu plantea que tal especialización de esferas sociales, contribuyó al reforzamiento del monopolio de los saberes especializados al interior de cada campo, mediante una especie de burocratización de sus agentes especializados. En el caso del campo religioso, Bourdieu define el saber especializado de lo religioso como *"los secretos de salvación y sanación"* (Bourdieu, 1971: 35), cuyo acceso está restringido a un cuerpo de administradores: varones sacerdotes, que gozan del reconocimiento y la legitimidad social para ser los detentores exclusivos de los saberes de salvación y la cura de almas, en tanto capitales específicos.

En contraposición, operaría un despojo objetivo de las y los laicos respecto a dicho capital, cuya desposesión cuenta también con el consenso y legitimidad de los actores presentes en este campo. Ese proceso de empoderamiento y desposesión tendría su fuente de eficacia simbólica profunda en el principio de ordenación dicotómica de *sagrado-profano* (Bourdieu, 1987).

En este contexto teórico, se impulsan estudios sobre religiosidad, diversidad religiosa y sobre el papel de las religiones en las esferas públicas; conceptualizando –en esos desarrollos teóricos– lo religioso como aquellos contenidos que provienen de las instituciones especializadas en su gestión, es decir, conceptualizando lo religioso como lo que es producido y proviene casi exclusivamente de las religiones, denominaciones o iglesias.

APROXIMACIÓN A LA RELIGIOSIDAD DESDE LAS TEORÍAS EXPANSIONISTAS

Por otro lado, hay cierto consenso en que la posmodernidad o la llamada modernidad tardía, supone la fragmentación del sentido de la modernidad, lo cual lleva a plantear teorías que procuran reunir concepciones y tendencias que desregularizan el llamado *campo religioso*: la desinstitucionalización y la individualización son procesos que pueden ser señalados como característicos de la religiosidad hoy; al punto que es posible afirmar que, en la actualidad, las iglesias y diversas denominaciones han perdido el monopolio de las cosmovisiones religiosas. Esta situación es descrita por Hervieu-Léger de la siguiente manera:

> (…) si se emprende el camino de la exploración de las creencias contemporáneas, pronto se deberá admitir que lo religioso no se define únicamente por sus objetos sociales ("las religiones") en las que éste se manifiesta de manera compacta y concentrada. Lo religioso es una dimensión transversal del fenómeno humano, que opera, de manera activa o latente, explícita o implícita, en todo el espesor de la realidad social, cultural y psicológica, según modalidades propias a cada una de la civilizaciones, en el seno de las cuales, uno se esfuerza por identificar su presencia (Hervieu-Léger, 2004: 17-18).

Tal descripción parece invitar a abandonar una reflexión mono focal sobre las estructuras e instituciones religiosas, para articular una reflexión comprensiva orientada hacia los modos y formas en que los hombres y las mujeres de nuestro tiempo y cultura, en general, manifiestan su creer en algo o en alguien.

Sugerimos, a partir de Hervieu-Léger, que la religiosidad actual se está recomponiendo en un proceso en que, en la medida en que se va desinstitucionalizando, es decir, en la medida en la religiosidad se autonomiza, y se independiza de las formas de control y de gestión sobre los accesos de las experiencias sagradas, se va articulando en una nueva religiosodad, de talante individual (Hervieu-Léger, 2004). Sugerimos que estamos viendo la emergencia de una religiosidad que se recompone aceleradamente –a la velocidad precipitada tan propia de la postmodernidad– configurando, en ello, pequeños dispositivos de religiosidad personal.

Tales sugerencias comprensivas comparten la hipótesis basal de Luckman (1967) sobre la religiosidad invisible, es decir, comparten la idea respecto a que la secularización no está afectando principalmente en la disminución o la desaparición de la religión en el mundo moderno, sino que está transformando la naturaleza y la localización de lo religioso en tal mundo.

Lo religioso –desde esa perspectiva–está emigrando de las instituciones religiosas y se está privatizando: si antes la religión, en nuestro contexto latinoamericano, tendió a ser monopolizada por las iglesias cristianas, en el momento actual ya no son estas las únicas productoras y administradoras de los discursos sagrados, es decir, no gozan del monopolio de esfera que les propia, según lo descrito por Bourdieu (Bourdieu, 1987). En ese sentido, las iglesias pasan a ser una institución más entre otras, que ya no sólo compiten con otras iglesias, sino también con una diversidad de modos y modelos de producción de trascendencias, creencias, valores y producciones, en la división social asociada a la distinción *sagrado-profano*.

En ello, creemos que hoy en día, casi como nunca antes, las y los individuos somos capaces de recomponer de manera libre nuestros propios arropamientos de religiosidad, tomando prestados –en un "préstamo" que deviene en propiedad– ciertos "trozos de tela" provenientes de diferentes marcos tradicionales y de las religiones históricas existentes (Hervieu-Lèger, 1996).

Cabe señalar, que ese proceso de apropiación e individualización de los ropajes religiosos, lo percibimos necesariamente sujeto a ciertos condicionantes socios culturales; en otras palabras, los trozos de tela a los cuales podemos acceder se diferencian según clases, medios sociales, géneros y generaciones (Hervieu-Lèger, 2004: 49-50). En tal proceso de arropamiento espiritual personal, las religiones patentemente pierden normatividad, obligatoriedad y crecen los rangos de libertad en la selección de marcos de sentido.

En una posible concreción de esta línea, en el contexto del norte de Chile y durante muchos años, el fenómeno de la religiosidad popular se nos ha presentado de muchas formas y en diversos modos y lugares. En tal contexto chileno, lo religioso se practica constantemente "fuera" de las iglesias; en lugares cargados de vida, de comunidad y de encuentro humano, tales como las ferias populares, los atrios de los templos, las plazas y plazoletas de barrio–; y también se practica en espacios de tránsito humano moderno o –como los definió Marc Augé– en los "no lugares" [64], a saber: esquinas, avenidas, carreteras, terminales de buses, puertos, aeropuertos, etc.

A partir de la constatación de tales dinámicas en el despliegue de lo religioso en el norte de Chile –donde, insistimos, las religiosidades continuamente se practican fuera de los templos y a través de manifestaciones que no son dirigidas por agentes especializados en las religiones– es que se imponen a nuestra reflexión ciertas preguntas que apuntan a las limitaciones de tales articulaciones de lo religioso, en la línea de las restricciones señaladas por Talal Assad (1993), es decir: ¿cómo se autoriza la gestión de lo religioso? ¿Cómo se define lo religioso? ¿Cuáles son los procesos de su autentificación interna? ¿Cómo se van redefiniendo las competencias para practicar, relacionarse y atribuir eficacia simbólica a ciertas prácticas? ¿Qué papel siguen teniendo las religiones históricas y las tradiciones populares en la definición y autorización de lo que es y no es religioso? En otras palabras, la desinstiucionalización de lo religioso que percibimos en el norte chileno nos impone el atender a los procesos de gestión y negociación entre las tendencias institucionales –todavía existentes y vigentes– y las nuevas alternativas desinstitucionalizadas de la religiosidad.

Al respecto, creemos que la emergencia de una religiosidad no eclesiástica tiende a crear una nueva competencia al interior de las agencias eclesiásticas, que incluso las supera, las atraviesa y reformula

---

[64] El concepto de "no lugar" refiere a los espacios anónimos generados por la sobremodernidad, es decir, por las transformaciones aceleradas que están experimentado el tiempo vivido como acontecimiento, el espacio concebido como mundo conectado y empequeñecido por las tecnologías comunicativas y el hiperindividualismo. En concreto, los *no lugares* son las instalaciones necesarias para la circulación acelerada y eficiente de personas y de bienes –como pueden ser las carreteras, los aeropuertos, lugares de transportes, etc.–. Tales "no lugares" están diseñados no para generar identidad ni memoria sino para posibilitar tránsitos de forma eficiente; generando, en ello, relaciones anónimas, transitorias e instantáneas (Augé, 1993).

desde afuera hacia adentro; también creemos que, de manera muy frecuente, ello sucede en espacios umbrales, como lo es el de la religiosidad popular, ya que la percibimos como un fenómeno que no es ni institucional ni individual, sino social y comunitario.

RELIGIOSIDAD POPULAR: TRANSVERSALIDAD ENTRE RELIGIÓN Y ESPIRITUALIDAD

El término *religión*, por su uso histórico, está más bien orientado hacia una definición sustantiva y sustantivante del fenómeno religioso. Sus definiciones tienden a limitar el fenómeno religioso a realidades históricamente objetivadas, e incluso institucionalizadas, en religiones particulares. Por su parte, el término *espiritualidad* −que es muy bien acogido en el contexto de la llamada "nueva era"− remite más bien al polo de la individualización.

Junto a ambos, posicionamos al término de *religiosidad*, que referenciamos aquí bajo la conceptualización de ser un concepto umbral y no dicotómico, situado en un *"entre"* la experiencia espiritual y la religión (Landowsky, 1993). Preferimos el concepto transversal de *religiosidad*, así concebido, porque permite atender los espacios intermedios, a los quicios dados en las diferentes zonas de influencia entre lo individual y lo institucional, entre lo eventualmente nuevo y lo tradicional.

En contraste con el término de espiritualidad, que alude casi exclusivamente a la individualización de la experiencia religiosa, el de religiosidad parece que nos permite rastrear los soportes y anclajes simbólicos colectivos de las manifestaciones religiosas de nuestro contexto, sin desatender las dinámicas y efectos de su subjetivación en marcha.

Por otro lado, y en contraste con la noción de religión, la de religiosidad nos permite distanciarnos del carácter normativo que el concepto religión tradicionalmente comporta y proyecta. El concepto de religiosidad permite comprender la búsqueda de experiencias sagradas y trascendentales que tienden a conectar la realidad interior con la realidad trascendente; en búsquedas que se despliegan, construyen y experimentan dentro de contextos de ritualización social, en una dinámica que no necesariamente se desarrolla en torno a la diada ortodoxia-herejía si no que, como planteaba Aranguren, es practicada por individuos "heterodoxos", que entran y salen de las instituciones o que se encuentran en sus umbrales pero que no renuncian a ellas, si no que más bien construyen formas dinámicas de estar en los límites e incluso de entrar y salir de la institución, en un vaivén que los sitúa en un *entre medio* (Aranguren, 1994). En esto, si religión tiende a remitir a la estructura-instituida, la noción de religiosidad remite al proceso de lo estructurable y estructurante, es decir, al proceso de lo que se está instituyendo, en un gerundio que denota participación actual y eficiente de tales individuos heterodoxamente herejes.

Además consideramos que el concepto de religiosidad –a diferencia del de espiritualidad– nos permite analizar y asumir las continuidades con la tradición, en la línea de los llamados "linajes creyentes" propuestos por Hervieu-Léger (1996). Es ahí donde nos sentimos llamados a fijar nuestra atención, es decir, en los procesos rituales donde se dan las rupturas con la continuidad de la tradición y en imaginarios creyentes donde la novedad reteje las rupturas.

Proponemos poner la atención reflexiva en un espacio de "entre-medio" –dado al modo de una tercera vía– entre la tradición y las nuevas formas religiosas; en un "entre-medio" que no es un espacio a manera de laboratorio en clave moderna, sino que es un "entre-medio" benditamente poco prolijo, santamente opaco y "contaminado", donde se practica de manera simultánea la dominación, la resistencia y la transformación.

La religiosidad popular, entonces, es concebida por nosotros como una realidad *entre-medio* de nuestra cultura. Cuyo valor heurístico reside en tender a establecer articulaciones entre las diferencias culturales, en un *entre-medio* cultural donde transversalmente se están re-elaborando las estrategias de identidad personal y comunitaria.

LA RELIGIOSIDAD POPULAR EN AMÉRICA LATINA: LUGAR DE TRANSVERSALIDAD CULTURAL

Un rasgo característico de América Latina es la religiosidad popular. Cristian Parker lo destacó como el fermento histórico de la cultura en América Latina.

En ello, y debido al peso que el catolicismo tiene, la mayoría de las veces religiosidad popular es sinónimo del catolicismo popular –aunque no es un fenómeno exclusivo de esta religión– (Parker, 1993).

En este contexto, la consideraremos más bien una expresión de la dinámica del sincretismo, que tuvo origen en el choque cultural entre el catolicismo –introducido a fuerza de espada, azotes y negación por parte de los conquistadores– con las cosmologías originarias de estas tierras y, posteriormente, con las religiones de origen africano que llegaron con el esclavismo negro. A todo lo cual, se sumaran posteriormente, los epifenómenos propios de la modernidad.

La religiosidad popular así entendida es, entonces, una religiosidad sincrética, que opera no fundamentalmente como resultado de la yuxtaposición entre diversas culturas, sino sobre todo como matriz generativa de síntesis entre marcos simbólicos y prácticos de creencias diversas.

Por ello es que postulamos que en la religiosidad popular es el *dónde*, aún en la actualidad, se genera la mixtura entre varios sistemas religiosos: las cosmovisiones originarias, el curanderismo, el animismo y el catolicismo popular articulador de la devoción a los santos y vírgenes, el milagro y el ritualismo, pero también la espiritualidad la nueva era y la neoesoteria.

La religiosidad popular, entonces, es conceptualizada como un pivote que actúa como eje de tensión de la inculturación, pues si se mantiene vigente es por el dinamismo permanente entre la asimilación y el rechazo a la modernidad, entre la resistencia cultural de las tradiciones y su respuesta, no sólo adaptativa, sino también creativa y performativa para encarar y generar vías alternativas para asumir el ser y el estar desde Latinoamérica (Kusch, 2000), en la modernidad contemporánea.

La religiosidad popular se constituye, en esto, sobre la potencia del saber práctico y de la eficacia simbólica; y no sobre la erudición, el dogma, la doctrina o la coherencia ideológica. En palabras de Rostas y Droogers:

> Los usuarios de religiones (populares) están poco preocupados por el origen de sus creencias y prácticas y sí, en cambio, por la eficacia de su versión de la religión. Ellos se apropian de símbolos y los aplican o los reinterpretan en situaciones particulares con el fin de ayudarse a sí mismos (a resolver sus situaciones financieras o a curarse da alguna enfermedad, por

ejemplo). Los usuarios de la religión popular no tienen escrúpulos acerca de mezclar e incorporar elementos a fin de satisfacer sus necesidades, independientemente de que ellas sean espirituales o materiales". (Rostas & Droogers 1995:87).

Así los rituales de religiosidad popular –sean éstos aceptados, tolerados o rechazados por la institucionalidad– lejos de ser suplantados por nuevos contenidos y formas de la religiosidad nueva era o de la neo esoteria, están siendo practicados de manera densa; y las nuevas manifestaciones de religiosidad, paradójicamente, recurren a ellos constantemente en búsqueda de anclajes y de legitimación.

En esto, tampoco observamos que las nuevas manifestaciones religiosas estén desplazando significativamente a las tradicionales y menos que sus contenidos estén vaciando las formas simbólicas y rituales de las tradiciones populares, más bien percibimos que la religiosidad popular funciona como una fértil transversalidad cultural simbólica.

INSISTENCIAS FINALES

Para finalizar, debemos volver a relevar que las nuevas formas de la religiosidad contemporánea se manifiestan continuamente en las prácticas de la religiosidad popular, en tanto espacio umbral dado entre la institución y el individuo, entre la tradición y la novedad, entre la continuidad y el cambio. En prácticas que plantean el hecho de que, si bien la experiencia de lo religioso es cada vez más desinstitucionalizada, ésta no se experimenta eminentemente de manera aislada e individual, sino inmersa en una experiencia colectiva y social.

Por todo lo dicho, creemos que la religiosidad popular –en tanto forma de producir, transmitir y vivir lo religioso– no ha sido desplazada por las tendencias de desinstitucionalización que caracterizan a las nuevas formas que adopta lo religioso, ya que, tal y como Hervieu-Léger planteó, éstas tienen la necesidad de legitimarse recurriendo a las tradiciones, en la adhesión a linajes creyentes, que les permitan construir imaginarios de continuidad con las tradiciones de larga duración (Hervieu-Léger 1993).

También creemos que en la religiosidad popular se están viviendo permanentemente procesos de redefinición y reinterpretación del sentido práctico de la religión. La religiosidad popular no es un espacio vacío, no es una oquedad baladí sino que es un espacio multipracticado, un denso espacio transversal: por un lado, la religiosidad popular se mantiene como lugar que se resiste al orden dogmático y sacerdotal pues ahí se salvaguardan las formas no ortodoxas –por ejemplo, las creencias de pueblos originarios y del mundo campesino–; y, a la vez, la religiosidad popular se mantiene como el espacio en que constantemente se renuevan e instituyen nuevos sentidos culturales y de identificación –por ejemplo, las espiritualidades *new age* y la neoesoteria).

Finalmente, y a la luz de lo visto y oído por estos días en la localidad de Andacollo, consideramos que las y los creyentes no son ni peregrinos que abandonan las instituciones ni fieles conversos que no salen de sus recintos sagrados. Son, en conjunto, agentes religiosos que practican de manera "heterodoxamente hereje" y que operan en los umbrales de la Iglesia, del dogma y de la rancia tradición. Son creyentes-agentes, como los definió Aranguren, que optan por creer de manera algo diferente los dogmas de su religión, por experimentar nuevas vías de acceso a lo sagrado y por vivenciar nuevos rituales, pero no se salen de la institucionalidad religiosa ni se dejan expulsar (Aranguren, 1994: 33).

Finalmente, deseamos que esta lectura sea una invitación a fijar la atención comprensiva en los cambios que la religiosidad contemporánea enfrenta en las intersecciones, umbrales y encrucijadas, que nos muestran la complejidad del reacomodo entre permanencias y cambios, entre ortodoxia y heterodoxia, entre creyente-agentes e instituciones; en definitiva, la complejidad del reacomodo de las eventuales fronteras entre lo sagrado y lo profano.

BIBLIOGRAFÍA

ARANGUREN, José Luis (1994). *"La religión hoy"*, en Díaz et alt. *"Formas modernas de religión"*. Madrid: Alianza Editorial.

ASAD, Talal (1993). *"Genealogía de las Religiones"*. Baltimore: The Johns Hopkins University Press.

AUGÉ, Marc (1993). *"Los no lugares: espacios del anonimato. Una antropología de la sobremodernidad"*. Barcelona: Gedisa.

BOURDIEU, Pierre (1971). *"Génesis y estructura del campo religioso".* Paris: Éditorial Les lettres.

----------------------- (1987). *"Cosas dichas por Pierre Bourdieu".* Buenos Aires: Gedisa.

DE LA TORRE, Renée (2012). *"Religiosidades nómadas. Creencias y prácticas heterodoxas en Guadalajara".* México: CIESAS.

DURKHEIM, Émile (2000). *"Las formas elementales de la vida religiosa".* México: Colofón.

HERVIEU-LÉGER, Danièle (1996). *"Por una sociología de las nuevas formas de religiosidad: algunas cuestiones teóricas previas",* en Gilberto Giménez (comp.) *"Identidades religiosas y sociales en México".* México: IFAL/ UNAM.

--------------------------------(2004). *"El peregrino y el convertido. La religión en movimiento".* México: Helénico.

Kusch, Rodolfo (2000). *"Obras Completas".* 4 Tomos. Buenos Aires: Editorial Fundación Ross.

LANDOWSKY, Erick (1993). *"La sociedad figurada. Ensayos de socio semiótica".* México: Fondo de Cultura Económica.

LUCKMANN, Thomas (1967). *"La religion invisible: el problema de la religión en la sociedad moderna".* Nueva York: Macmillan.

MARDONES, José María (1994). *"Para comprender las nuevas formas de la religión. La reconfiguración postcristiana de la religión".* Navarra: Verbo Divino.

PARKER, Cristian (1993). *"Otra lógica en América Latina. Religión popular y modernización capitalista".* Santiago de Chile: Fondo de Cultura Económica.

ROSTAS, Susanna y Droogers, André (1995). *"El uso popular de la religión popular en América Latina: una introducción",* en revista *Alteridades.* México: UAM-Iztapalapa, No. 5 (9):81-91.

PATRIMONIO E IDENTIDAD CULTURAL
PATRIMÓNIO E IDENTIDADE CULTURAL

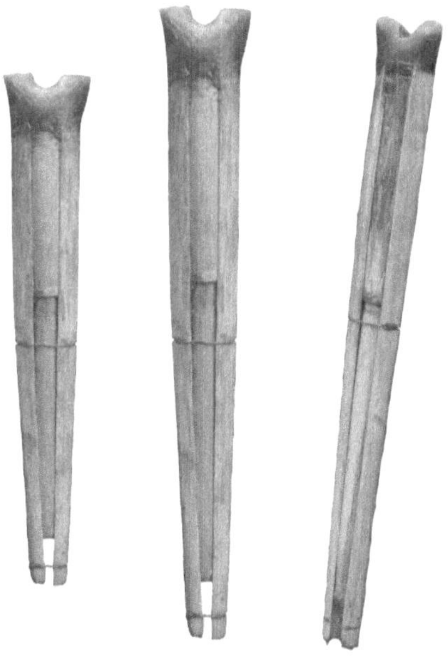

Flauta da Virgem de Andacollo - Chile

PATRIMONIO Y MEMORIA DEL LITORAL CATARINENSE: GRUPO ARCOS EN LA PRESERVACIÓN DE LOS BIENES CULTURALES, EMPODERAMIENTO Y DIFERENCIAS

Ana Lúcia Coutinho[65]

RESUMEN: A través de las prácticas culturales es posible distinguir las diferencias sociales y culturales, se construye puentes y conexiones entre os grupos congéneres y la sociedad con sus diferentes realidades socioculturales. Abordar el empoderamiento social como elemento cultural para reconocer y mantener la conservación del patrimonio, enseñando sus múltiples significados como forma de organización en el campo popular y en la construcción de ciudadanía, de las expresiones atribuladas a las manifestaciones de la cultura popular y del folclore como una afirmación de valores de identidad individual y colectiva en el local, estadual y nacional. Las vivencias producen autoestima a la comunidad llevándolas a desarrollar y garantizar las acciones y proyectos destinados a la protección del patrimonio cultural.

El objetivo de la investigación considera que a partir del

---

[65] Doctora en Antropología de Iberoamérica por la Universidad de Salamanca/ España con tema de investigación relacionado al Patrimonio Cultural catarinense, con énfasis para la cultura popular luso-azoriana. Especialista en Historia por la Universidad Federal de Santa Catarina; Archivología por la Universidad de São Paulo y en Patrimonio Cultural por la DUO / UNESCO. En el proyecto de implantación y fue directora del Museo Nacional del Mar - Embarcaciones Brasileñas, en la ciudad de San Francisco del Sur (SC) y de la revitalización del Museo Etnográfico Casa de las Azores de São Miguel (SC). Coordinó el Inventario de la Cultura Inmaterial luso-azoriana del litoral y de las Canoas bordadas tradicionales de la región norte-nordeste catarinense. Es Consejera del Núcleo de Estudios Azores y de la Casa de las Azores. Es productora cultural y desarrolla investigaciones relacionadas con la cultura azoriana, folclore y indumentaria. Es fundadora del Grupo Arcos Pro-Rescate de la Memoria Histórica, Artística y Cultural y del Grupo Folclórico Danzas y Azoriano de Biguaçu. Miembro de la Comisión del Patrimonio Inmaterial del Municipio de Florianópolis y de la Fundación Catarinense de Cultura y de la Comisión Especial de Selección de la Artesanía. Posee trabajos publicados en el área de la Historia y la cultura popular catarinense.

apuntamiento del patrimonio cultural inmaterial del litoral de Santa Catarina, producción de una lista y descripción etnográfica de las manifestaciones nombradas, distinguían las festividades, las formas de expresión, los oficios y los modos de hacer. Los datos de la presentación se componen y será realizado un estudio de caso centrado en el Grupos Arcos Pró-Resgate da Memória Histórica, Artística e Cultural de Biguaçu, involucrado con el empoderamiento sociocultural y territorial, con relación a la manifestación de la cultura azoriana en el litoral catarinense y averiguar en el campo de la Antropología Cultural a su papel como conservación de los bienes culturales en el contexto contemporáneo.

PALABRAS CHAVES: Património Inmaterial; identidad; folclore; preservación y empoderamiento sociocultural.

INTRODUCCIÓN

El Patrimônio y la Memória cuando discutido sobre los aspectos que tienen relación con las diversas interpretaciones conceptuales con la expresión cultura, memoria e identidad agrega las informaciones de diferentes bibliografías y documento, con relación a las diferentes manifestaciones fiestas (Religiosidad); las Formas de Expresión, los Oficios y Modos de Hacer y Formas de Saber del litoral de Santa Catarina, asociada con la cultura azoriana, en donde es representado un conjunto organizado a la comunidad local.

A partir de la lista producida por aquellos que tienen conocimiento, se realizaron las descripciones etnográficas de los bienes culturales con la intención de distinguir e producir una mejor comprensión de lo existe en las comunidades y conectarse al estudio de caso desarrollado en el Grupo Arcos Pró-Resgate da Memoria Histórica, Artística e Cultural de Biguaçu, una institución no gubernamental que se utiliza de las prácticas culturales para mantener el empoderamiento sociocultural y consecuentemente guardando y protegiendo el patrimonio inmaterial brasileño. En el caso, el Grupo Arcos, tiene un lenguaje simbólico cuyos son traducidos los valores culturales que les pertenecen.

A través de las práticas culturales es posible distinguir las diferencias sociales y culturales, se construye puentes y conexiones entre os grupos congéneres y la sociedad con sus diferentes realidades socioculturales. Abordar el empoderamiento cocial como elemento cultural para reconocer y mantener la conservación del patrimonio, enseñando sus múltiples significados como forma de organización en el campo popular y en la construcción de ciudadanía, de las expresiones atribuladas a las manifestaciones de la cultura popular y del folclore como una afirmación de valores de identidad individual y colectiva en el loca, estadual y nacional. Las vivencias producen autoestima a la comunidad llevándolas a desarrollar y garantizar las acciones y proyectos destinados a la protección del patrimonio cultural.

O trabajo se justifica, pelos los diferentes elementos culturales existentes. Celebraciones, ritos, insignias, símbolos, creencias, fiestas, bailes, canciones, las formas de producción de artesanías y preparar la tierra para la siembra, las canciones que envuelven el trabajo mientras el período de la cosecha son expuestas con naturalidad a la sociedad del litoral, pero en estas situaciones el mundo académico se tardó muchos años para estudiar esas cuestiones y comprender su importancia en la formación del equipo sociocultural brasileño.

Otro punto, importante en la construcción de este trabajo fueron centradas las observaciones efectuadas por un histórico de vida, volviendo a muchos casos los caminos de las parroquias, los pueblos de las zonas rurales y en las zonas urbanas, manteniendo encuentros con las personas y los grupos sociales en busca de eventos culturales, sus prácticas, rituales y símbolos en sus diferentes formas y lenguajes, historias, valores, creencias y costumbres, incluyendo la origen y desarrollo en las comunidades en más de dos siglos y medio de migración a estas tierras.

En este punto, sin embargo, está vinculado a mi relación personal con ese universo, a través de las relaciones establecidas que se acomodan con las prácticas culturales relacionadas a la cultura popular, que a través de la organización de los festivales populares, estimulando la experiencia colectiva, sus encuentros, como se relacionan y como esos grupos sociales e individuos hacen parte de estos contextos y contribuyen para la memoria colectiva de conservación del patrimonio cultural inmaterial.

Como la hipótesis, podemos suponer que Santa Catarina como un estado de inmigrantes que realza a su composición ética después del meados del siglo XVIII, cuando los grupos europeos llegan en el territorio.

Con esa propiedad, se destaca en el contexto cultural brasileño por mantener una serie de peculiaridades relativas a esos grupos sociales, puntuados diferentemente en el territorio, que preservan y dan vida a sus tradiciones culturales, van por caminos separados en la implementación de sus prácticas, que los conducen al mantenimiento y preservación de las raíces culturales en relación a cultura popular.

Como parte de litoral la existencia de un pasillo cultural de la matriz de los Azores presenta un patrimonio inmaterial expresivo, tradicional, compuesto por una multiplicidad de aspectos y formas que merecen la atención de los investigadores del campo de la Antropología, gobernantes, de las instituciones y líderes culturales. En este tenor, el Grupo Arcos Pró Resgate da Memória Histórica, Artística e Cultural de Biguaçu, a lo largo de su camino, trajo ciertas contribuciones que dan visibilidad y extiende el sentido de pertinencia, promueve posturas actitudes cívicas y, sobre todo los valores de la preservación, salvaguardia y difundir el patrimonio cultural del litoral de Santa Catarina y, en particular, dentro de la región metropolitana de Florianópolis, centrándose en la ciudad de Biguaçu, convirtiéndose en modelo de referencia institucional.

La elección de la metodología y de los instrumentos para llevar a cabo la exploración y la inscripción propuesta están basadas en el contexto de trabajo de campo, evidenciadas por las visitas, observaciones en las manifestaciones del patrimonio cultural local, también usando las direcciones indicadas por los informantes. Realzó que los ejes sugeridos no ocurren de manera aislada. Se relacionan y se apoyan considerando la literatura relacionada con eventos culturales establecidos en conceptos respaldados por la revisión de la literatura en el campo de la Antropología Cultural.

Para mejor comprensión de los datos, teniendo en cuenta el caso de los bienes culturales, el resultado de los procedimientos anteriores compone una nueva lista llamada de "Amostra das Manifestações Culturais do Litoral Catarinense", donde las manifestaciones se agruparon en tres categorías diferentes con las siguientes subdivisiones: Festividades (religiosidad); Formas de expresión (juegos, juguetes, literatura popular, creencias populares, baile y canto) y los Oficios y Modos de Hacer (la gastronomía, el patrimonio naval, la medicina popular, la producción de artesanías, transporte terrestre y las industrias artesanales), utilizando de la misma nomenclatura del Nacional de fecha "Referência Cultural-INRC- Inventário Nacional de Referência Cultural", para una mejor visualización en la hora de hacer la descripción de los bienes y de la etnografía.

Efectuada esta parte de la investigación, las descripciones de los artículos y de las imágenes fotográficas, las informaciones cruzaron con el acervo del Grupo Arcos, desde sus experiencias y la familiaridad con el Grupo y, las acciones y prácticas que aplican para mantener la salvaguardia del patrimonio inmaterial de la identidad cultural azoriana en el litoral catarinense, centrado en la cultura popular a partir de la averiguación que originó la inscripción y mantener una trayectoria de éxito.

GRUPO ARCOS: SALVAGUARDIA DO PATRIMONIO INMATERIAL UNA RELACIÓN DE INTERÉS DE IDENTIDAD.

El panorama descrito en la lista del litoral de Santa Catarina, en los municipios de composición de base azoriana, revelan en su contexto espacial del patrimonio cultural existente transmite a las nuevas generaciones, y ven poco a poco, despertado el interés de las personas y las instituciones públicas y privadas, principalmente culturales, que se instituyó se dedican a la investigación y revelan substancialmente para mantener los valores de identidad, mediante la promoción de acciones que sugieren que la salvaguardia del patrimonio inmaterial. Con este fin fue desarrollado una serie de prácticas culturales que proporcionan visibilidad y empoderamiento sociocultural de los grupos sociales en las comunidades que llevan las manifestaciones con el fin de proteger a cualquier relación que tenga conexión practica y bienes culturales relacionados con su origen ancestral y absorbidas en el territorio como país de adopción.

Sin embargo, a pesar del esfuerzo moderado, podemos ver en los últimos años que, además de las influencias de los inmigrantes procedentes de otras partes de Brasil, en busca de oportunidades y calidad de vida, aún existe las situaciones económicas y tecnológicas que la fuerza juntos la pérdida de estos elementos característicos de la identidad cultural local y la preocupación sobre manera las experiencias colectivas para su mantenimiento que fortalece en el camino de la unión de las personas que rodean al tema en la busca de nuevas miradas técnicas y científicas, para entender la posición de los grupos sociales.

La importancia de este compromiso está presente en la historia del Grupo Arcos y, se formó con el principal objetivo da salvaguardia de este patrimonio. Es representante de la identidad cultural local que se configura como un grupo de estudio, investigación que identifica, rescata, protege y divulga estas características.

Así, con el empoderamiento de este conocimiento, clasificado y etiquetado, permite conexiones más amplias con otros grupos de diversas orígenes y de otras regiones, por ejemplo también las características compartidas con las comunidades de otros grupos étnicos o de regiones como São Paulo, Rio Grande do Sul, Rio de Janeiro y otras, cuyo trabajo del Grupos Arcos alcanzan, llegando a la Isla de los azores, donde estas especificidades se resaltan aún más, una vez que son el punto de origen de los antiguos pobladores que construyeron, con otros grupos étnicos, esta misma identidad ahora estudiados y compartidos.

Podemos decir entonces que la labor del Grupo de Arcos pertenece a la escena del catarinense cultura popular a finales de los años 80, del siglo XX hasta la actualidad, período en la que ocurre la apertura democrática del país y permite a la sociedad a participar en el proceso, en la busca de mayor visibilidad para las cuestiones culturales. También destaca el trabajo interno de la institución y su creciente participación local y los intercambios culturales con otras instituciones similares en la búsqueda de la constante interacción con los grupos culturales de Brasil, Estados Unidos, Uruguay cambiando experiencias en esta área de conocimiento relacionada con la cultura llamada de Azoriana.

Esta interacción y convergencias institucionales y colectivas el Grupo Arcos es reconocido en el ámbito de las manifestaciones culturales históricos y etnográficos en el litoral catarinense, en especial cuando se trata de la cultura popular y el folclore, que proporciona una fuerte dedicación, la identificación de los hábitos y costumbres de la comunidad, en relación con el período comprendido entre finales del siglo XVIII hasta finales del siglo XX. En esta concepción, busca entender la " red de significados " que componen la sociedad en la que aparece, construido por los grupos sociales en este momento, utilizando el "Grupo Folclorico Danças e Cantares Açorianos" como uno de los vehículos de difusión etnográfica del periodo, ahora cristaliza en las representaciones.

Sin embargo, en la cultura del Grupo está imbuido también el concepto de que " las tradiciones impuestas por las costumbres son procesos sociales cambiantes y sobreviven a través de las diferentes formas de adaptación" aprovechando el concepto de Hobsbawm.

IDENTIDAD CULTURAL: SENTIDO DE PERTENENCIA

Después de caminar el sendero del patrimonio cultural inmaterial de la costa del estado, fue realizado la inscripción y la descripción etnográfica de los bienes con la intención de tener un conocimiento global, rectifica como plataforma de los estudios se destacan en su relación institucional. A partir de la declaración, el Grupo de Arcos, tiene a su disposición la agrupación de eventos y los utiliza en formato de proyecto con el fin de proporcionar una mayor notoriedad del patrimonio cultural y combinarlo preservación.

También son relacionadas en las presentaciones folclóricas, cuando desarrollados los trabajo comunitarios, cuyo les confiere, igualmente, mayor confiabilidad a la sociedad. En esa relación de trabajo está presente el carácter del sentido de pertenencia a las cosas del cotidiano. La comprensión de un sentimiento de pertenencia a la potenciación de los vínculos instituidos por Arcos Grupo, con el fin de entender las relaciones sociales en el que aplana para preservar, revitalizar, conservar y difundir el patrimonio inmaterial de su matriz cultural, relacionado en este caso a la cultura popular.

Absorbe en medio de ellos, la cultura popular en singular y plural y la considera como una fuente inagotable de creación e inspiración organizado por informantes, los maestros, compositores, los cantantes, las fiestas religiosas y paganas en su períodos de celebraciones, líderes locales y grupos culturales, en actores cortos y sociales que dan vida y voz a este mundo tan cerca uno del otro y que a menudo parece ser invisible para otras culturas que conforman el todo en el estado de Santa Catarina y por lo tanto, el brasileño.

En el caso concreto, se reúne la relación que se establece con los sujetos que tienen el ánimo y el deseo de mantener viva la memoria, ritos, símbolos y tradiciones que los identifican delante de otros grupos sociales, dispuestos a caminar por los senderos de preservar el mantenimiento de la identidad cultural. También considera que el fortalecimiento de la ciudadanía en este caso es consistente con la misión de la institución "para que el ciudadano sea un individuo más feliz, convirtiéndolo en el tutor responsable de la conservación y difusor del patrimonio histórico, cultural y paisajístico" en que esta inserido.

La concepción del grupo no hay ninguna intención, en el pensamiento, para dirigir un único camino para la acción relacionada con su misión. Los defensores, sin embargo, la noción de compromiso que cada uno debe tener con la institución y su papel en la sociedad, y deja claro a los miembros a considerar las razones por las que se instituyó. En esta lógica, presione por la libertad de expresión y de elección de cada uno. Sin embargo, perforar estas fronteras es un reto diario, y el derecho de uno existe, si la tarea está en línea con los objetivos y con el conocimiento frente a la tarea de apoyo a las artes, la cultura popular, el folclore y permitir la cooperación entre todas las instituciones y en la construcción de un mejor y más fraterno mundo.

En el ámbito de debate, se consideran las relaciones que se establecen con el mundo popular y académico, con instituciones similares de los Azores: Gabinete das Comunidades, con el Grupo das Doze Ribeiras, da Freguesia das Doze Ribeiras, na Ilha Terceira, con el Grupo Cantares e Bailhados da Relva, da Freguesia da Relva, da Ilha de São Miguel e con el Grupo Tempo de Outrora de San José na Califórnia, con el Grupo Folclórico da Casa dos Açores de São Paulo.

Más allá de las instituciones en el territorio de Santa Catarina como el Núcleo de Estudos Açorianos" y la "Casa dos Açores de Santa Catarina" y grupos culturales que se restablecieron a partir del movimiento azorianista, provocada por el NEA, ya en los años 80 del siglo XX y el propio Grupo Arcos. Todas las instituciones para las que fueron creados en el litoral de Santa Catarina tienen la misma dirección política e institucional en lo que respecta a las prácticas culturales para mantener la identidad cultural local en sus perspectivas históricas y sociales.

Estas instituciones ubicadas en diferentes universos geográficos, pero vinculados a la misma matriz cultural, unidos por el idioma original y el deseo de mantener vivas las tradiciones, rituales, símbolos relacionados con sus significados traducen, en su camino, los efectos de la cultura en el grupo social al que pertenecen. Según lo propuesto es replantear sus valores culturales que impregna el universo sociocultural que se basan en sus logros y actitudes, desde la identificación de las expresiones culturales, produciendo la liberación de mercancías a través de sus prácticas y se encuentran en muchos niveles diferentes cuando se ejecuta acciones para mantener las tradiciones y la identidad cultural.

El culto del Espíritu Santo, las danzas folclóricas son marcas que inmediatamente tiene la identificación cultural, sea en Biguaçu, São Paulo, Rio Grande do Sul, Rio de Janeiro, Sao José California o San Carlos en Uruguay o cualquier otro componente migratorio. Estas son manifestaciones que están inmediatamente identificados, incluso los grupos que no viven cerca. La identidad aportada, une, acerca y también hace que los sujetos no se olvide de dónde viene y cómo vivieron sus antepasados y lo plantaron en diferentes partes del mundo.

Es esta marca la singularidad de la identidad cultural, a través de las manifestaciones de los conocimientos y prácticas que dan lugar a las tradiciones que hoy tiene el orgullo de pertenencia y hacer grupos vienen adelante en favor de la preservación. "Siempre hay una comunidad de nuestras culturas que nos hace reconocer sin importar la hora o de donde estamos", dice uno de los informantes. Lógicamente, que la composición de las frases demás valores están implícitos en el caso de los californianos descendientes se incrusta una reciente sensación de lo que significa ser portugués, fuera de su unidad nacional. Mientras que la costa del estado es algo que supera más de doscientos sesenta años de edad y está destinada a ser Santa Catarina un mosaico cultural definido, cortado por otros elementos étnicos, donde es necesario partir de las singularidades culturales establecer sus tradiciones, entender que aun siendo un híbrido de estado si adorar a las particularidades y diversas tradiciones seculares.

Es importante considerar que la dinámica cultural del proceso de identificación, pertenencia y protección de los bienes culturales relacionados con una matriz cultural particular se refiere únicamente a su pueblo pasa y se lleva a cabo cuando el individuo en la sociedad se relaciona y reconoce cuando se identifica con que, en su día a día en reuniones con otros grupos culturales, como el caso mencionado.

Así, el individuo crea lazos entre sí, en alusión a la responsabilidad entre sus pares, para una mejor comprensión sociocultural, promover e instituir prácticas de conservación, aspectos que son importantes para mantener las tradiciones, en un esfuerzo para mantener el sentido de pertenencia a esto es parte de su identidad.

En este sentido, cabe señalar que el Grupo de Arcos es una de las instituciones, preocupadas con el reconocimiento de las tradiciones y las relaciones individuales y colectivas cuando son tratados patrimonio cultural, como una de las razones de preservación de la identidad local y establece vínculos concretos con sociedad que legitima y le da el derecho a la representación.

Esta característica podría estar vinculada a su empoderamiento sociocultural evidenciado en los premios otorgados por organizaciones privadas y públicas estatales y locales. En todas las manifestaciones se implica en la propiedad del grupo en las relaciones que se establecen con el sentido de pertenencia con la cultura local basada en los Azores, en combinación con la protección y promoción de las expresiones culturales, figurado en el compromiso que se desarrolló por la búsqueda, la inscripción y la descripción realizada en el material de patrimonio cultural e inmaterial del litoral de Santa Catarina, para desarrollar proyectos que combinan la cultura y la educación, basadas en el trabajo voluntario, la creación del Grupo Folclórico Danças e Cantares Açoriano y de la Carta Cultural, como uno de los instrumentos que utiliza para mantener la comunicación, rompiendo el supuesto de que la propagación es de vital para la comprensión de las acciones aportadas por la organización.

Básicamente, utilizando de escritos, orales, lenguajes iconográficos, entre otros signos, sigue dándole a la sociedad cuando se reconoce y lo interpreta como un guardián de la cultura.

Obviamente, para mantener estas relaciones tienen que desarrollar acciones a través de la asociación establecida con los miembros y personas anónimas, de muchas maneras diferentes, compartir la información que aparece en las averiguaciones en sus entornos espaciales, sociales, profesionales y que sin ellos, sin duda, el Grupo no sería capaz de absorberlos, dado el número de tareas asignadas en su estado.

Todavía en la perspectiva de pensar acerca de la cultura y relacionarlo, la institución entender cómo algo que se cruza a través de un proceso gradual y dinámico dictada por las fuerzas sociales y las propias manifestaciones asignadas como institución. Es el lugar donde se vive y comparte, creando una "red de significados", tantas veces mencionado en este trabajo, impregna los temas en los que las creencias, ritos, símbolos, costumbres forman parte de la acción social. En este sentido, Geertz (2008) menciona "el individuo en la sociedad opera dentro de un sistema compartido de creencias y valores, que se rige por un lenguaje que produce una red de significados que los sujetos elaboran socialmente" y replantear sus vidas.

Mientras caminamos en ese sentido, observamos, para una mejor comprensión, en relación con el concepto de que están de acuerdo sus obras, en relación, por ejemplo, a un ritual de mantener la fe a través del baile, gracias, ocio, cuando el sujeto cuando lanzamiento al hecho produce la red que establece la conexión con los demás, la asignación a través del acto una serie de significados, que se materializaron y dirigen la acción y producen algo por la simple repetición, o los ritos y símbolos que se traduce en una práctica de la danza de alegría a una deidad o simplemente para exponer la religiosidad, a través de la devoción a una imagen o para establecer la alegría como algo que es parte de la vida.

En la cultura del Grupo Arcos son prácticas religiosas implícitos y de acción de gracias que han sido transmitidos y heredados por su grupo social, el padre transmite al niño, lo que implica mantener las danzas folclóricas relacionadas con la buena cosecha, manteniendo la fe en las procesiones religiosas tradicionales que se acompañan en alabanza devoción a los santos patronos, por ejemplo, el mantenimiento de la tradición y que simboliza la búsqueda de salvaguardar como elemento de identidad.

En el cumplimiento de sus objetivos se utilizar una práctica cultura como estrategia, por lo que la mirada de la sociedad a ti mismo y al mismo tiempo a su entorno y convertirse en un participante en el compromiso de salvaguardar los bienes culturales locales. Con una visión de toda agregación se extiende a otros grupos sociales para participar. Ministro talleres culturales, cursos de patrimonio y educación patrimonial, exposiciones, ferias, seminarios, clases al aire libre, también utiliza la técnica de arte de la calle relacionados con grafito en colaboración con artistas, comprometidos con la cultura popular, para mantener visibilidad y relaciones institucionales.

FORMACIÓN Y ETNOGRAFIA

En todo este contexto del litoral de Santa Catarina, el municipio Biguaçu fue, en un primer momento, el foco principal de la obra del Grupo Arcos, impulsado principalmente por la pérdida gradual del patrimonio tangible e intangible asociado. La extensión a todo el patrimonio cultural de la ciudad, es la religión, las formas de expresión con juegos, juguetes y juegos, creencias y supersticiones, la literatura popular, baile y canto, diversiones, artes y formas de hacer, la cocina, la artesanía, la medicina popular, entre otras cosas.

A lo largo de la historia, se identificó en la ciudad, la alegría y las manifestaciones de la cultura popular organizado, con las actuaciones do Boi-de-Mamão, en momentos específicos. Diversiones se organizaron dentro de las comunidades, de forma natural, con el objetivo de la diversión y la propia o de seguir lo que era costumbre en la comunidad. Como ejemplos pueden hacer con la playa Boi-de-Mamão João Rosa, una comunidad de pescadores urbana Biguaçu, que fue organizado para presentaciones durante los meses de diciembre y enero, en las calles, por lo general en una esquina o un patio más de ancho, que atrae a los niños, niñas y adolescentes y sus familias par risa y divertirse de una manera natural. O aun en las fiestas de Navidad, cuando fueron invitados a presentar en los patios traseros de las casas de las familias más ricas de la ciudad.

Alegría por lo que eran comunes hasta mediados de la década de 1970 en otras comunidades del municipio, como Sorocaba, Três Riachos, Tijuquinhas, Cachoeiras e San Miguel, caracterizadas como las más tradicionales de la cultura de los Azores, tal vez por su distancia desde el centro de la ciudad, más urbano. Algunos de ellos incluso siguió hasta mediados de la década de 1990, ya motivado para actuar en el Grupo Arcos. Además del Boi-de-Mamão, hubo el Pau-de-Fita y danza, motivados sobre todo en fiestas escolares, es la fiesta de junio o cualquier evento de la comunidad, en junio y julio. Apareciendo y desapareciendo también, al mismo tiempo, y mantenerse al día, a veces con el apoyo del Grupo Arcos que también promovían a conocer a través de la canción popular y la danza del

Grupo Folclórico Danças e Cantares Açorianos estas manifestaciones y otras danzas como la Chamarrita y Pezinho.

Otra fiesta que vale la pena mencionar es el traje de los reyes, que todavía existe con dificultad, sin embargo, ha inspirado nuevos seguidores y continúa a surgir espontáneamente en la comunidad, aunque tímidamente, que se producen en los meses de diciembre y enero. Esta fiesta consiste en un grupo de tres músicos en noches conmemorativas durante los meses de diciembre y enero, canta a las puertas de los hogares con dificultades de aventurarse en los espacios debido a paredes que protegen a sus hogares, en espacios cada vez más urbanas. Tal vez, este es un hecho de la disminución gradual por ningún contacto más ser directa entre las cantantes amos y dueños de residencias. La diferencia del Grupo Arcos, estas diversiones y manifestaciones surgió espontáneamente con el fin de continuar con lo que sus padres y abuelos practican en las comunidades, pero sin un objetivo más técnica de rescate y preservación.

Y en este contexto, el Grupo Arcos surge como para darse cuenta de la pérdida de este patrimonio con los cambios urbanos en la década de 1980 hasta 1990. Después de así como una identidad municipal del tutor, con investigación, publicaciones, campañas educativas y reivindicativas en apoyo de su objetivo, la preservación del patrimonio y sin tener en el primer contacto con los Azores, los vínculos con la diáspora y tan poco estar involucrado como representación Azoreanidad.

El despertar a las discusiones de lo que representa ser Azoriano en el litoral de Santa Catarina seguramente tiene que ver con la celebración de los doscientos años de la migración que se destacó por un grupo de intelectuales durante el Primer Congreso de Historia en 1948, al reportar una serie de artículos la firma de las actas de separación. Tal vez la idea de estos autores, ya que el momento en que se conecta con el término conjunto de las Azores en 1932 por el poeta, novelista, columnista, investigador Victorino Nemesio, durante el V Centenario del Descubrimiento Azores, por sugerencia escritor y filósofo español del amigo Miguel de Unamuno. Afirmaba el autor:

> [...] Me gustaría poder agrupar esta página la esencia emocional de mi islote de la conciencia. El primer lugar de apego a la tierra, este amor elemental que no conoce

las razones, pero el impulso; y pronto el sentimiento de patrimonio ético que está estrechamente relacionado con la grandeza del mar. (https://wikipedia.or.wiki/vitorino_Neni 2016).

La diferencia de los residentes Azores en los países del sur de Brasil los Azorianos no fueron aislado por las aguas del Atlántico, por el contrario, fue a través de estas aguas que mantenían comunicación entre una comunidad y otra. Sin embargo, integrado en el equipaje que trajo la memoria viva no el aislamiento que los mantenía en casa, además de la inmensidad del mar que se aleja definitivamente de la tierra madre relacionándolos "íntimamente con la grandeza del mar ', más allá de la nostalgia. Y que la tierra permanezca aquí proporcionar alguna singularidad costera que mantiene vivas muchas de sus tradiciones.

Sin embargo, son las manifestaciones de la cultura popular desde hace más de dos siglos y medio mantiene en sus núcleos de ocupación de conexión imaginaria entre usted y los archipiélagos de Azores de islas por la religiosidad, presente principalmente en el culto del Espíritu Santo y extender la práctica de la fe en las procesiones rituales y devoción a las imágenes en los oratorios, las maneras de tratar a los pacientes mediante la realización de la benzeduras, el baile y el canto son ejemplos como tantos otros se dirigieron a la inscripción cultural inmaterial en el comienzo de esta tesis que marcan los logros la liquidación y que simbolizan y cerca de la Diáspora.

De hecho, el vocablo, Azores después Vitorino Nemesio ha sido ampliamente reportado y la diáspora de los Azores se ha conectado en una forma en que la otra, teniendo en cuenta el resultado de la forma de pensar de la gente, el apego a la tierra, en relación con su geografía isla arrestado por un océano que los agregados y la prohibición, marcado por más de cinco siglo de fe religiosa retratados los santos patronos y El Espíritu Santo, que los protege contra los elementos de la Naturaleza, vinculado a los terremotos y volcanes. La canción de cuna a cabo por las baladas soul y canciones que abarrotan las reuniones que narran el anhelo y el aislamiento.

En el litoral de Santa Catarina seguramente el término de las Azores no está conectado al aislamiento geográfico y tan poco a los volcanes y terremotos como las Azores. Sin duda, está obligado por las manifestaciones culturales relacionadas con el patrimonio intangible. Las imágenes que son muy propias, a los diferentes acentos que se caracterizan por las variantes fonéticas de la lengua portuguesa, que se encuentra en diferentes pronunciaciones y en el legado demostraciones, muestras, fiestas, símbolos. Mundos construidos en diferentes lugares de la geografía, pero aun así por igual, marcadas por cruces, marcados por numerosas celebraciones, la fe en la Divinidad y los santos patronos, canciones y bailes que marcan el anhelo y cultivos, formas de trabajar la tierra y artesanías que producen, tejido por la lengua portuguesa que añade términos y cantado y rápidos acentos.

El baile y el canto presentado por grupos folclóricos y canciones populares dan testimonio de una cultura única que conquistó el mundo y se centra en la ruralidad ya veces es el hombre de campo que aparece en su forma de vida y del hombre de vivir junto al mar con una relación muy particular con los barcos que construyen y los relaciona con la bahía del mar y el mar abierto. Las letras de las canciones legadas hablan de amor, la soledad y la nostalgia, además también hay las críticas, las burlas y jugando con improvisaciones creatividad cancionero. Es en la cultura popular a través de las fiestas religiosas y Folclore su mayor vibración, utilizando la codificación de idioma e identifica cualquier parte del mundo donde hay descendientes de azorianos. No importa el tempo de emigrantes.

En la diáspora, el siglo XX, los Azores y descendientes crearon las casas de los Azores para mantener las tradiciones, revivir los eventos culturales y crear grupos culturales y folclóricos de agregar, mantener y difundir las tradiciones que son actividades de las casas, que cumplen su papel de salvaguardar la identidad de los Azores esparcidos por todos los continentes. De "olvidado" en la jerga popular ahora son recordados, incluso mediante la adopción de la política adoptada por el Gobierno de los Azores, que estimula las reuniones itinerantes entre las casas, cursos específicos relacionados con los jóvenes, la lengua portuguesa y la más alejada del proceso de migración son los cursos "Busca de raízes" y " É bailando que a gente se entende", los festivales folclóricos, el Congreso del Espíritu Santo, que se convierten en lugares de diferentes generaciones. Estas oportunidades han llamado la atención y provocar el deseo de participar, mientras que la política del gobierno, que se coloca a través de la diáspora y lo que puede ofrecer a los inmigrantes, esta identificación Azoreanidad.

La creación de las casas de Azores constituye un vínculo institucional directo con el gobierno de los Azores y de las comunidades de los Azores en todo el mundo. Son formas de mantener la identidad colectiva, utilizando el aspecto sociocultural. Por el momento los grupos folclóricos son instrumentos y mantener su papel, agregar y difundir la memoria llamando a la responsabilidad de ser la integración de los Azores. Pero no todo está en las casas de Azores, hay grupos independientes que voluntariamente y con frecuencia sin contacto con los Azores, crean las instituciones y cobertizo de trabajo relacionadas con la cultura, a fin de preservar la memoria colectiva de origen. El Grupo Pró-Rescate de la Memória Histórica Artística e Cultural de Biguaçu es uno de esos aspectos, pero desde su vieja tierra mantiene este vínculo.

Promover actividades culturales con el fin de crear oportunidades y despertar en los ciudadanos un compromiso duradero, promoviendo encuentros y debates sobre el papel del Partido en su territorialidad, identificar a los sujetos sociales, centrándose en lo que hacen lo que creen que lo que ellos crean, recrear y reinventar es también la meta Permanente su administración.

La integración en el grupo se caracteriza de diferentes maneras. Ocurre invitaciones relacionadas por la propia institución; otros a través de la publicidad y los resultados de la participación del Grupo en la sociedad, otros a petición de los miembros de la familia, motivada por las metas del grupo y lo que hay en la sociedad y propone en sus estatutos relacionados con la cultura popular y la salvaguardia del patrimonio inmaterial. Con múltiples objetivos y alcance social y cultural genera intereses con actuaciones diferenciadas Muchos jóvenes buscan institución a participar exclusivamente el Grupo Folclórico.

Tal vez esta decisión está relacionada con la joven para proporcionar al grupo a sus miembros. Viajes, los intercambios y la oportunidad de interactuar con otros grupos, conocer nuevos lugares y culturas diferentes.

Como aludido por tableros similares y la junta directiva, los que forman parte de la actividad de la gente comienzan a integrar automáticamente Grupo Arcos, incluyendo los mayores de dieciséis años, de conformidad con la ley y las personas mayores de dieciocho años nacionales son invitados a unirse al cuerpo directiva y tomar posiciones. Este es un ejercicio democrático de preparación que ayuda a generar interés al mismo tiempo contribuye a la madurez administrativa en la institución.

Esta era una manera apreciada por el consejo y sus elementos con el fin de proporcionar un dinamismo interno y sugerir el empoderamiento de la institución por sus miembros. De esta manera, ellos creen que el establecimiento de un grado de responsabilidad en el curso de las actividades, por lo que entienden que la institución permite a objetivos más amplios, al no estar guiada exclusivamente por las danzas folclóricas originó los Azores y los viajes que se le asignen.

Retomando lo mencionado, se observa que la misión y los objetivos son herramientas importantes en la formación de los que hacen ellos parte.Com estas actitudes se conserva la estructura y le da la oportunidad a la expansión del núcleo permanente esfuerzo por renovar. Esta acción contribuye para que no haya vacíos administrativos en proceso de gestión que mantiene su existencia y su esencia. Otra parte esencial de la administración está en contacto con los miembros flotantes, visto no considerar una nota negativa el progreso del Grupo, ya que esta situación se invierte en positivos, ya que no permite que el grupo de edad. La impermanencia de ciertos miembros se considera, por dos razones: la primera se centra en el derecho de circulación de los ciudadanos y la segunda está vinculada a razones particulares. Estos son los cambios espacio habitable, a otras regiones; cambio de estado civil, combinado con las bodas; participación en la vida profesional, en algunos casos, como los estudios de educación superior, graduado, tener que hacer malabares con las actividades de trabajo y de formación.

Al mismo tiempo, en el que la salida de los miembros genera un malestar Grupo en el papel que desempeña cada uno en el otro lado, no es suficiente para poner en peligro la institución. Sin embargo, si no hay renovación y buena conducta en el cumplimiento de sus objetivos y la misión, puede, sí, frente a esta situación.

Para hacer frente tema como este, el líder tiene un papel clave en el mantenimiento de la finalidad para que fue creada la institución, con el apoyo de la junta directiva y sus directores. Un

Hecho importante a considerar es el número de personajes que dieron su aportación al Grupo Arcos principios fundamentales y que muchos de ellos hasta hoy permanece. Más de trescientas personas, individuales y de instituciones relacionadas en los 26 años de fundación que han circulado y circulan Grupo. Un número significativo porque es una institución voluntaria que demuestra, sin duda su grado de implicación con la sociedad. Y se trata de la importancia de la institución y son parte de ella, experimentando los valores, la agregación y el intercambio de experiencias, no existen miembros en sus puntos de vista de manera objetiva, cuando se le preguntó acerca de la importancia del Grupo en sus vidas.

De hecho, es en la narrativa y el sentido de pertenencia de los miembros, familiares y personas admiradores de la institución, se centró en sus observaciones independientes que emiten la escala del papel sociocultural y educativo de la institución en la formación del individuo. Es a través de las oportunidades como ésta, que contribuye a la formación de los jóvenes y también se crean vínculos con la preservación del patrimonio cultural.

PROYECTOS Y ACCIONES

Los proyectos y acciones se dividen en cuatro categorías distintas. El primero está vinculado internamente para el desarrollo de la investigación primaria, completado por el secundario, relacionado con el patrimonio cultural paisaje de la región en virtud del Estatuto (2005). Aunque el Grupo desde su fundación es guiado en esta prerrogativa, sólo se une el estado, al hacer el cambio, reafirmante los miembros la idea de que la relación con la investigación es algo de importancia y responsabilidad, esencial para la protección y mantenimiento de la memoria.

El segundo grupo se centra en la forma de presentación expositiva del acervo, que lleva a cabo a través de la instalación de temporal, viajes y exposiciones permanentes, producido a partir de la colección construida que da el producto para realizar la acción y presentaciones por el Grupo Folklórico establecida.

La tercera categoría está relacionada con la custodia de los activos, compuesto por el material de archivo y etnográfico permanente. El material es el resultado de las actividades internas se centraron en la investigación y está organizada de acuerdo a las normas y técnicas de la ciencia archivística brasileña, para el arreglo de custodia y documental, en relación con el papel, material fotográfico, bibliográfico, CDs, cintas VHS, casetes. Trajes típicos hombres y mujeres, adultos y niños, que representan la vida rural y urbana a finales del siglo XVIII hasta mediados de la década de 1950, se caracteriza por el trabajo doméstico y "ver a Dios" y se disponen en el espacio correspondiente, cada uno dispuesto en cabinas con todas las partes integrales disponibles. De vez en cuando se colocan en forma de exposición a disposición del público en los museos, casas de memoria, las universidades, las escuelas públicas de la región. Instrumentos musicales: alambre violas quince cuerdas, bombo, triángulo y guitarras, se organizan por sus categorías, pero no siempre bien acomodados por falta de recursos y el desarrollo de proyectos específicos para este fin.

Y la cuarta y última categoría está vinculada a la producción de materiales impresos para la difusión, el resultado de la investigación realizada o donación por otros, la mayoría de las instituciones académicas, ordenados por tipo en el propio espacio. Este último está conectado por completo al desarrollo y mantenimiento del Grupo Folclórico Danças e Cantares Açoriano.
De todas las actividades y acciones, algunos han convertido en éxito y otras están en estado latente, en espera de nuevo la oportunidad de compartir, por su continuidad efectiva. Sin embargo, parte de la planificación en curso de la institución, la búsqueda de la realización de todos los proyectos enumerados enlazan una perfecta sintonía con sus objetivos. Entre ellos se encuentra el documento llamado "Carta Cultural para Biguaçu" descrito, aprobado y difundido en la comunidad. Este último incluso ha alentado a otros municipios de la costa y fuera de esta región para recorrer el camino de la salvaguardia de su patrimonio cultural, la organización de una mayor visibilidad.

La creación del Grupo Folclórico Danças e Cantares Açorianos (ritual y simbología) es una acción instituida por Grupo Arcos en línea con sus objetivos. En su organización, tiene la función de difundir la cultura popular dirigida al patrimonio inmaterial conectados con sus manifestaciones de costa de Santa Catarina, centrándose en las tradiciones Portugués-Azores. Es a través del canto y el baile que el Grupo expresó retrata y compone principalmente de un escenario de la vida urbana y rural vinculado a los hechos de la agricultura y el mar de los grupos sociales en esas zonas, ocupaciones y rituales religiosos.   Para el desempeño de sus presentaciones a la estructura organizativa establecida se basa en experiencias de la familia y de la investigación retratada en la primera exploración del patrimonio cultural inmaterial en el campo de la danza y el canto, con énfasis en la Región Metropolitana de Florianópolis, seguido de la investigación realizada en el archipiélago de los Azores.

El sentimiento colectivo crea la cultura Grupo Folclórico en el trato con la organización institucional, la producción de la difusión de los bienes culturales, aprovechando caminos diferentes a su disposición. Resaltar reuniones académicas, intercambios, los diferentes medios de comunicación, las actuaciones folclóricas consagrados en diversos entornos públicos y privados.

En el campo de acción y representatividad están presentes danzas populares en la costa de Santa Catarina de influencia portuguesa-Azores, que reflejan ciertas similitudes con las letras y los rasgos coreográficas de modas existentes en las Azores y que se incorporan al repertorio existente, a raíz de los muchos andanzas de ese archipiélago y también la venida del que los grupos Archipiélago de ingenieros para el Grupo, con la intención de la comparación con las letras de las danzas en las búsquedas de las raíces de identidad existentes en las comunidades costeras, especificados en su repertorio.

El Grupo Folclórico no se desarrolla sin una metodología u organización desvinculado de conocimientos técnicos, tiene una posición y una jerarquía interna que compone su entrenamiento, y esta jerarquía se expresa como la ritualización de las actuaciones del Grupo, ya sea a cabo en espacios colectivos, no ambientes de cuidado están abiertos o cerrados, ya sean populares, formal o cívica.

En este caso particular, el símbolo consiste en una tabla de madera de cedro revestido con una capa de barniz mate que destaca su color natural. La madera en bruto, al mismo tiempo representa la fuerza, la determinación y la tradición.

El acto de primer lugar la placa simbólica de la institución, como una bandera de identificación, hace que el Grupo de establecer una relación con el desarrollo de la función comenzará a jugar en ese momento, mientras que delimita el espacio del Grupo en relación con el espacio fuera del Grupo. Un ritual que imparte un cierto grado de organización en relación con el caos que implica generalmente los

242

sitios de presentación, una fiesta o una plaza pública. Este símbolo transmite una responsabilidad, la cohesión, lo que permite, en ese momento, la visión de plástico del Grupo.

La organización del Grupo desarrolla procesos relativos a las prácticas culturales, algo que no es estático y, por lo tanto, están sujetas a cambios, dándoles la condición, si lo desean, para incorporar un elemento u otro de convivencia, marcada por las experiencias, las tradiciones y el patrimonio cultural encarnada por el Grupo con el fin de llamar la atención sobre la salvaguardia de esa manifestación o cultural en cuestión.

PRACTICAS CULTURALES APLICADAS

O Grupo Arcos como práctica cultural utiliza acciones relacionadas con el desarrollo de las relaciones internas y externas a la institución. Las relaciones internas son las reuniones periódicas dirigidas a los debates de mantenimiento y conservación de la cultura popular del Grupo. En forma externa utiliza contactos directos con las instituciones gubernamentales y la sociedad civil a nivel nacional y extranjera, con el fin de garantizar el progreso del grupo y promover su visibilidad a través del trabajo que se realiza.

Esta práctica administrativa ha asegurado su continuo y se refleja en los resultados a través de la que son periódicos, los intercambios culturales, actuaciones folclóricas en ferias, festivales, conferencias relacionadas con su misión.

Como una práctica cultural también desarrolla la investigación permanente en relación con la inscripción y la descripción de los bienes culturales de carácter intangible de la costa de Santa Catarina, con el fin de dar a conocer a fin de crear mecanismos para el establecimiento de políticas de preservación y salvaguardia. Realiza, con este fin, los talleres del patrimonio cultural relacionado con la educación patrimonial.

Produce conferencias, exposiciones permanentes e itinerantes y publicaciones. En opinión de la cultura institución es la suma de la producción humana consciente e inconsciente hecho relacionado con numerosos retos dispuestos a interpretarlas, relacionados con la "red de significados", ya se ha dicho Geertz.

La institución, de este modo, elige el camino del patrimonio inmaterial, tejiendo relaciones con las instituciones y los sujetos, se analizan los conceptos de la tradición, la memoria y la tradición como la manera de implementar las prácticas culturales organizadas por las interpretaciones que se mantienen o aquellos reinventan, usado para la salvaguardia del patrimonio cultural.

En la realización de las prácticas, acciones tomadas están en consonancia con los objetivos, discutidos y aprobados en la reunión de la junta, se indica en su estatuto, instrumento que guía todas y cada acción de la institución responsable por el mantenimiento de sus hechos y acciones, ritos y símbolos durante la ruta.

Esta práctica avances y maduran sus principios cuando se hace disponible para el desempeño con los miembros y hace que mantener la concentración en el trabajo de los voluntarios, que trae como uno de los principios de funcionamiento de la institución. El aspecto de la institución, esto se considera un principio de importancia en el ejercicio de la ciudadanía.

Cuando se ejecuta la misión en el cumplimiento de los objetivos que se convierte en ritual simbólico de seguir. Acciones se materializan a través del desarrollo y ejecución de los proyectos puestos en marcha por la entidad, a disposición de la sociedad. Los talleres sobre el patrimonio cultural están relacionados con el conocimiento popular y prácticas, la reproducción de juegos para niños, realizado por maestros que pasa las piezas de conocimiento que produce. Estos constituyen la producción y difusión del patrimonio cultural de la investigación relacionada en el proceso de revitalización con el fin de proteger la identidad cultural.

Estas prácticas establecidas por el Grupo se llevan a cabo a través de reuniones previamente programadas para llevarse a cabo en varios lugares o durante las presentaciones realizadas por Grupo Folk Danza y Cantares Azoreano. Producen en las plazas públicas, universidades, salas y los o Gobernadores de la comunidad, seminarios, ferias, durante la ocurrencia de eventos corporativos y fiestas populares y académicos, con la participación de sus miembros cualificados a los efectos asignados o también confían amos y señores de transmitir sus conocimientos y prácticas.

La razón de la existencia de la institución en el cumplimiento de sus funciones va más allá de su papel en el cuidado del patrimonio, que es algo que va más allá de la perspectiva de la salvaguardia y contribuye a la formación de la persona. A partir de la contribución en la formación de la trayectoria se expone al individuo a empoderar a las cosas del lugar, ya que se siente partícipe de contribuir con las instituciónes de los distintos niveles institucionales.

En el ejercicio diario para mantener el funcionamiento y el equilibrio en las relaciones establecidas, tanto interna como externamente es necesario seguir las reglas para mantener las prácticas sobre el derecho a la memoria. En este caso, las instituciones mantienen estrecha con las instituciones públicas y privadas a través de prácticas relacionadas con largas que se invierten en acciones y otras prácticas socioculturales relacionados con el ejercicio de la preservación.

La propuesta conjunta por el Grupo ocurre de manera natural y espontánea y cumple la función para la que fue diseñada. Al reflexionar sobre el tema de verificación que se encuentra en los detalles de su composición, el marco para la obtención y el logro de los resultados que la materialidad aparece como fruto del trabajo de interacción que añade las relaciones que se establecen en el conocimiento y el arte de la gestión.

La obras de ingeniería natural y agrega otros elementos, lo que refleja las experiencias y profundización de las singularidades relacionadas con el conocimiento individual de disposiciones colectivas. La suma de esta disposición crea el equilibrio para el éxito. Si miramos desde el ángulo de la razón, de hecho, no hay una receta que estar haciendo un buen trabajo en ese grupo que tiene el desapego, el conocimiento y la voluntad de hacerlo. Teniendo en cuenta lo que se ha mencionado, existe la voluntad de la organización para lograr sus objetivos a través de prácticas laborarías propósito. Únete a estos programas y proyectos de desarrollo, aunque con un principio, medio y fin, contribuyendo a la consecución de los objetivos. Es a partir de ejercicios como este que los resultados aparecen y ganó el reconocimiento de la sociedad. De lo contrario, es Necesario revisar los objetivos establecidos por la institución.

Al deflagrarnos la propuesta de la sostenibilidad se encuentra que está en línea con sus objetivos y se basa en tres palabras clave: concentración, determinación y dedicación. Se puede ver claramente que la organización interna es algo vivo y dinámico y trabajos guiados por la libertad de expresión, teniendo en cuenta la figura del líder que dirige el proceso y tiene la desinversión de vincular la interacción interna y la externa como un factor importante para la fortalecer la Organización. Se postula que la institución tiene su propia cultura, basada en la aplicación de sus principios, firmó en el espíritu de la solidaridad y la integración atribuido al sentido común de la organización

A la luz de la interpretación que se considera el papel de los Arcos Grupo, tal vez una de las instituciones más importantes de voluntarios que dedica su tiempo a las prácticas culturales para la salvaguardia del patrimonio inmaterial, centrándose en la cultura popular como uno de los enlaces comprensión de las prácticas de identidad. Su visión del mundo se centra en la investigación, conservación y difusión, el reconocimiento de las manifestaciones, las prácticas culturales, los maestros de los verdaderos guardianes del conocimiento y el conocimiento en este sentido es la comprensión de la identidad local a través de los valores que identifican y preservan.

CONSIDERACIONES FINALES

Como mencioné en la introducción de este trabajo, no pretendo que las descripciones e interpretaciones realizadas en el aspecto de Antropología Cultural presentado durante su transcurso ser definitiva, espero, sí, para servir como un incentivo para seguir desarrollando otros trabajos vinculados a tema y las nuevas obligaciones que tiene como alcance el mantenimiento de la cultura popular y el folclore, de lo que anhelamos sus grupos sociales, teniendo en cuenta la salvaguardia del patrimonio cultural material e inmaterial en el cumplimiento de los valores establecidos impulsado por el empoderamiento socio-cultural.

Y también que las prácticas culturales institucionalizados democráticamente animar a los ciudadanos cada vez más a la participación social y cultural, aprovechando la construcción de la expresión cultural colectiva de construir una sociedad más justa e igualitaria. Que identifica el surgimiento de líderes orientados para el área de conservación del patrimonio cultural se centra en la cultura inmaterial. Que los grupos culturales producen el debate local, para permitir que más personas se involucren en el proceso y haciendo que la participación de profesionales de diversos campos del conocimiento para que las instituciones no gubernamentales a que se conectan, la búsqueda de una forma transparente, cumpliendo su papel de las múltiples interpretaciones relacionadas con el término cultura, la memoria y la identidad. Parece ser que el sentido de pertenencia de la figura dimensión espacial como una plataforma de prácticas humanas y por lo tanto para la salvaguardia de los bienes culturales, como puede verse en la obra de Arcos Grupo.

Creo que los resultados descritos, asignados durante la búsqueda, además de las experiencias personales, experiencias y conexiones con los informantes, establecieron conciencia y prudencia, una relación de confianza con las comunidades en el curso del proceso. Y que la inscripción, la descripción y la etnografía producido bienes culturales forman un conjunto visible de las observaciones pertinentes para analizar la composición en el fortalecimiento de la identidad cultural de la sede de las Azores en la costa de Santa Catarina, en el papel de las instituciones culturales, donde cada sujeto se reconoce en su universo y compone toda Santa Catarina de las acciones y prácticas que establecen y ponen en práctica para lograr el empoderamiento socio-cultural como una forma de sensibilidad identidad.

Por lo tanto, el trabajo realizado por Arcos de grupo en la preservación del patrimonio inmaterial es considerado por instituciones similares, informantes y participantes, como un símbolo de referencia cultural en la salvaguarda del patrimonio inmaterial de la sede de las Azores en la costa de Santa Catarina. La apertura a la participación colectiva constituye un verdadero ejercicio democrático de las prácticas colectivas de inclusión socio-cultural.

Por otro lado, no se engañe ni me antoja absoluta neutralidad, borrando de la memoria las huellas de mi participación en el proceso de intercambio de experiencias y vivencias, en el que se crearon las acciones para instituir procesos de protección al patrimonio inmaterial a través de nuevas mira, dirigido también a la salvaguardia de los bienes culturales, ahora muy presente y, a veces sólo una relación cálida, pertenencia.

La relación que se establece con los grupos sociales, los informantes de la comunidad y sus muchas experiencias, contribuyó a sumar conocimientos,, ao mismo tiempo no me exime de la responsabilidad profesional y la participación ciudadana y la oportunidad de compartir experiencias y reafirmar la responsabilidad y el compromiso con el campo de la Antropología Cultural y Aplicada.

Al parecer, es el Grupo de Arcos, reconocido por la sociedad y entre sus pares como una fuente inagotable de institución de investigación e interpretaciones utilizando el campo de la antropología cultural para entender las relaciones con otras instituciones a través de las prácticas culturales que establecen para mantener la salvaguardia del patrimonio inmaterial. Un referente cultural es considerado cuando se trata de la implementación de prácticas que abordan la matrícula y la descripción en la difusión de los bienes culturales de la costa del estado de ser seguido por los grupos.

REFERÊNCIAS

AGUIRRE, Ángel (2004). **La cultura de las organizaciones.** Barcelona: Ariel.

AUGÉ, Marc e COLLEYN, Jean-Paul (2005). **A Antropologia: Perspectivas do Homem.** Lisboa: Edições 70.

BAUMAN, Zygmunt (2012). **Ensaios sobre conceitos de cultura**. Rio de Janeiro: Zahar.

BARRIO, Angel-B. Espina (2005). **Manual de Antropologia Cultural.** Recife: Massangana.

BOSI, Eclea (1994). **Memória e Sociedade: Lembranças de Velhos.** São Paulo: Cia das Letras.

CANCLINI, Nestor García (2006). **Culturas híbridas: Estratégias para entrar e sair da modernidade**. São Paulo: Edusp.

CASCUDO, Luís da Câmara (2004). **Civilização e Cultura**. São Paulo: Global.

CATÁLOGO 28 Edição do Prêmio Rodrigo de Melo Franco Andrade (2015). Brasília:Iphan.

CHOAY, Françoise (2001). **A Alegoria do Patrimônio**. Trad. Luciano Vieira Machado. São Paulo: Estação liberdade; Editora Unesp.

CLIFFORD, James. Sobre a autoridade etnográfica (1998). **In: A experiência etnográfica: Antropologia e literatura no século XX**. Rio de Janeiro: UFRJ.

CORRÊA, Rosa Lydia Teixeira (2008). **Cultura e diversidade**. Curitiba: Ibpes.

COUTINHO, Ana Lúcia e RÜDIGER, Catarina (1998). **Florianópolis: Ilha Açoriana/Florianópolis: Azorean Island**. Florianópolis: Mares do Sul.

COUTINHO, Ana Lúcia e RÜDIGER, Catarina (2001). **Grupo Arcos: ideia que deu certo**. Florianópolis: Imprensa Oficial do Estado de Santa Catarina.

COUTINHO, Ana Lúcia e RÜDIGER, Catarina (2007). **Passaport Grupo Arcos Pró-Resgate da Memória, Histórica, Artística e Cultural de Biguaçu**. Florianópolis: Alternativa.

COUTINHO, Ana Lúcia e LIMA, André (Itú) Luiz (2006). **Arrolamento do Patrimônio Imaterial do Litoral Catarinense.** Florinanópolis: IPHAN, 2006.

DE ROTA, José A. Fernández (2005). **Nacionalismo, Cultura y Tradición**, Barcelona: Antropos.

ELÍADE, Mircea (1991). **Imagens e Símbolos: ensaios sobre o simbolismo mágico - religioso**. São Paulo: Martins Fontes.

FARIAS, Vilson Francisco de (1998). **Dos Açores ao Brasil Meridional - uma viagem no tempo: povoamento, demografia, cultura Açores e o litoral catarinense: um livro para o ensino fundamental**. Florianópolis: Ed. do Autor.

GEERTZ, Clifford (1989). **A interpretação das culturas**. Rio de Janeiro: Zahar.

GEERTZ, Clifford (1997). **O saber local: novos ensaios sobre antropologia interpretativa**. Petrópolis: Vozes.

HALBWACHS, Maurice (1990). **A Memória Coletiva**. Rio de Janeiro: Vértice.

HOBSBAWM, Eric e RANGER, Terence (1997). **A invenção das tradições.** São Paulo: Paz e Terra.

LARAIA, R. de B (2007). **Cultura: um conceito antropológico**. Rio de Janeiro: J. Zahar.

LEAL, João (2007). **Cultura e identidade açoriana: o movimento açorianista em Santa Catarina**. Florianópolis: Insular.

MALINOWSKI, Bronislaw (1970). **Uma teoria científica da cultura**. Rio de Janeiro: Zahar Editores.

MARTINS, Guilhermes d'Oliveira (2009). **Patrimônio, Herança e Memória: a cultura como criação.** Portugal: Gradiva, 2009.

OLIVEIRA, Roberto Cardoso de (2000). **O trabalho do antropólogo**. São Paulo: UNESP.

ORTIZ, Renato (1992). **Cultura popular: românticos e folcloristas**. São Paulo: Olho d'Água.

POLLAK, Michael (1992). **Memória e identidade social**. Estudos Históricos 5, n.10.

SAHLINS, Marshall (1979). **Cultura e razão prática**. Rio de Janeiro: Zahar.

SCHADEN, Egon (1972). **Homem Cultura e Sociedade no Brasil: Seleções da Revista de Antropologia**. Petrópolis: Vozes.

SITES

www.unicamp.br/folclore/material/extraaspectos.pdf. Acessado em 10 jan. 2015.

(https://wikipedia.or.wiki/vitorino_Neni). Acessado em 10 jan. 2016.

www.secretariageral.gov.br/arquivos/monografia. Acessado em 02 julho. 2015.

LA TRASHUMANCIA DEL TIEMPO: LA HERENCIA DEL PATRIMONIO CULTURAL INDÍGENA DE LOS PUEBLOS ANDINOS DE LA REGIÓN DE COQUIMBO

Nanette Vergara Aguilera[66]

RESUMEN: La trashumancia es un concepto acuñado a la geografía, se refiere a las personas que ocupan la movilidad humana de la época estival- veranadas- para trasladarse con el ganado a la alta cordillera, específicamente en este caso de ganado caprino. Este trabajo se inspira en el listado de apellidos de familias de origen indígena que trashuman a las distintas cordilleras fronterizas andinas en la provincia del Choapa, región de Coquimbo. Se plantea una antropología comprometida, permitiendo la construcción de saberes desde el dialogo experiencial, un tipo de saber construído sobre la base de la polifonía, donde muchas voces son interpretadas al alero de la mirada del método etnográfico.

La movilidad que realizan los pequeños productores caprinos de la provincia del Choapa, es para acceder a los pastizales endémicos andinos y el agua pura permitiéndoles configurar una identidad trashumante herencia de los pueblos andinos, quienes hacen uso temporal de los límites fronterizos entre Chile y Argentina, desdibujando las fronteras para la permanencia cultural de su sistema productivo. Los discursos de este grupo humano mestizo, desplazados por los diferentes contextos sociopolíticos a los cuales han adaptado su trashumancia cultural, establecen un planteamiento geopolítico de la utilización de los espacios para uso colectivo, dentro de un sistema de economía familiar de subsistencia.

PALABRAS CLAVES: Trashumancia, polifonía, geopolítica.

La trashumancia andina es una práctica que tiene el carácter de ser estacional, puesto que se desarrolla en época estival en las alturas de los Andes, es un fenómeno cultural y económico practicado actualmente por los crianceros de cabras que habitan el semiárido de

---

[66] Antropóloga, Universidad Austral de Chile. Magister en Arte con mención en Patrimonio, Universidad de Playa Ancha Ciencias de la Educación.

los Valles Trasversales de la región de Coquimbo. Este grupo humano se desplaza de acuerdo a las temporadas de invernada y veranadas entre la región de Coquimbo (Chile) y provincia de San Juan (Argentina) en dirección oeste-este. Dicha práctica estacional de movilidad ganadera sienta su raíz en la experiencia milenaria de los pueblos originarios del territorio ecológico/cultural en que se sitúa el Choapa.

Las referencias arqueológicas de la práctica de la trashumancia andina se encuentra sugerentemente representada en multiples petroglifos, considerados un fenómeno estético y comunicativo relevante para los pueblos precolombinos (Castelleti, 2008). Entre estos pueblos se puede considerar el complejo cultural Molle (2300 a.p-1300 a.p.), Ánimas (1300-1100 a.p.) y Diaguita (1100 a.p.- 500 a.p)

> En efecto, trabajos realizados en el sector meridional del Norte Semiárido, en particular en los valles de Choapa y Combarbalá (Pavlovic 2004; Méndez et al.2009), sugieren que las poblaciones Alfareras Tempranas responden a un modo de vida móvil con una fuerte orientación cazadora-recolectora (…) (Troncoso, 2012:77).

Fuente: Petroglifo sector Chillepín, Valle del Choapa. Registro propio 2011.

252

Es así como es posible identificar para este período Alfarero Temprano (0-1000 años d.C) en los vestigios arqueológicos como son cementerios y sitios de vivienda que es un territorio culturalmente recorrido junto al ganado de auquénidos andinos americanos de tipo silvestre: guanaco, vicuña; y de tipo doméstico: llama y alpaca, estas últimas introducidas a partir del contacto con el Inca en el año 1470 (Cartajena, López, Pascual, Pavlovic, Santander, 2013). Esta última incorporación al *Tawantinsuyo* facilitó la anexión de "la llama" reconocida en el mundo andino como hábil en el traslado de cargas. La incorporación de la domesticación de camélidos en el perído Tardio (Diaguita-Inca) a través de la evidencia del arte rupestre (petroglifos) en la zona del Choapa y la movilidad pastoril está dentro de una interrelación que está presente hasta nuestros días,

> El aumento en las representaciones de camélidos, la ilustración de escenas de pastoreo sumado a su concentración en un espacio asociado al tráfico de bienes hacia la vertiente oriental de los Andes, muestran cómo estas transformaciones en los ámbitos infraestructurales fueron de la mano con una modificación tanto en los discursos visuales como en los imaginarios de las comunidades locales, anclando en la roca la materialidad y la inmaterialidad de tales câmbios. (Troncoso, 2012:91).

Recientes investigaciones arqueológicas específicamente llevadas a cabo en el sitio El Olivar, ubicado en la costa norte de la Ciudad de La Serena, encabezados por los arqueólogos Gabriel Cantarutti y Paola Gonzalez, reafirman la presencia de camélidos en los sitios de entierro junto con el ajuar fúnebre en la costa, en otras palabras, las osamentas encontradas corresponden a cuerpos humanos resguardados dentro de osamentas de cámelidos (guanacos). Hay consenso entre los investigadores que los pueblos andinos precolombinos seguían las rutas de tránsito de los guanacos, cuyo comportamiento móvil tenía que ver con los ciclos de la naturaleza, es decir se movilizaban según las estaciones de invierno y verano entre la costa y las alturas de la Cordillera de Los Andes.

Ante el posterior proceso de aculturación que trajo la conquista española hace 500 años -entre otros procesos de mestizaje- la incorporación de un camélido de menor tamaño como es la cabra, fue poco a poco supliendo el exterminio de los camélidos nativos en los sistemas productivos de las economías locales "la pluma de Gérónimo de Bibar registra en 1558 a Antonio Ulloa y Diego Maldonado, introduciendo ganado caprino por el despoblamiento de Atacama" (Castillo, 2003:67)

El concepto de trashumancia por su parte, fue difuminado en Chile por los análisis productivos de la crianza caprina en el 1970 por la investigadora Ximena Aranda, aludiendo que es de uso común para los geográfos, pues se trata de la movilidad de grupos humanos a otras zonas geográficas distintas a su lugar de origen para la obtención de recursos (agua y pasto) para alimentar al ganado. La investigadora da cuenta con datos del Censo Agropecuario de los años 1967-1968-1969, eran cerca de 10.500 familias las que se dedicaban a la crianza caprina en la zona del norte chico (desde el río Huasco hasta el río Aconcagua) y consecuentemente se vinculan a la trashumancia (Aranda, 1970). Si esos datos los llevamos al presente, hoy son cerca de 5.000 familias en la región de Coquimbo dedicadas a la crianza caprina, siendo específicos, con los datos actuales de la encuesta caprina 2015 del Instituto Nacional de Estadísticas (INE) la región de Coquimbo concentra la producción caprina del país con 249.989 cabezas de ganado, seguida de la región del Maule que tiene 35.157 cabezas de producción caprina de un total de 412.538 de cabezas de ganado caprino en el país. Estos datos no menores dan cuenta que la crianza de ganado caprino para la región de Coquimbo tiene una importancia relevante, no sólo en terminos productivos sino también identitarios para la región.

Si bien el hecho de movilizar al ganado caprino con fines pastoriles a través de la trashumacia es una economía familiar de subsistencia, esta es posible en la medida que pueda seguir desarrollándose en forma autónoma. Si bien muchos de los trashumantes no poseen grandes extensiones de tierra, son dependientes de las tranferencias monetarias del Estado para llevar acabo su actividad. Los espacios cordilleranos Andinos -siendo parte de la soberanía nacional- han sido sido ocupados en forma temporales por miles de años. En la actualidad esos espacios son considerado mercancía, puesto que desde finales de la década de los noventa, los expresidentes Eduardo Frei (Chile) y Carlos Menen (Argentina) firman un tratado binacional minero que comprende una larga extensión de territorio desde la región de Antofagasta en el norte del país hasta Magallanes en el Sur. Este tratado ha definido un espacio económico posible de ser explotado por trasnacionales que irrumpen más allá de las soberanías de los países y las identidades locales que allí confluyen, imponiendo el modelo económico neoextractivista. Algunos teóricos como David Harvey (2004) llaman a esta nueva fase del capitalismo "acumulación por desposesión", los que sostienen este enfoque plantean que un porción importante de quienes tienen el capital en el Mundo, buscan acumular de forma sistemática los recursos naturales de los pueblos (agua, tierra, minerales, glaciares, etc.) todo lo ven como una mercancía, todo bien puede ser puesto en el mercado, sin medir los impactos futuros en el ambiente. Es en este territorio en donde se lleva a cabo la trashumancia, los espacios que habían sido usado de forma deliberativa por este grupo humano, hoy son recintos privados de la Compañía minera Los Pelambres, de grupo económico Antofagasta Minerals S.A y Mitsubishi S.A en el caso chileno y un proyecto binacional El Pachón que está en su fase de implementación, vienen a ser las principales amenazas para los territorios que son dependientes de las aguas que se forman en la alta cordillera cabeza de cuenca del río Choapa.

En ese contexto y desde el punto de vista teórico este artículo es una apuesta a descolonizar el pensamiento desde Latinoamérica donde emergen distintas posturas epistémicas, emanadas desde el pensamiento crítico principalmente, las que pueden ser sintetizadas en propuestas que hagan avanzar a los pueblos afectados, con nuevas formas de enfrentar la actual fase del capitalismo. "Descolonización epistémica; alternativas al "desarrollo" y Buen Vivir; transiciones al postextractivismo; crisis civilizatoria y alternativas a la modernidad, y el pluriverso" (Escobar, 2015:38). Si bien estas posturas en sí agrupan una serie de interrrelaciones, son las nuevas miradas que se están dando a la producción del conocimiento, una forma de explicar los procesos sociales ya no con una mirada únicamente academisista, sino integrativa de las comunidades más bien desde una praxis activa, que se sostiene en generar las condiciones para que se produzcan transformaciones significativas en la sociedad. Estas transformaciones pasan por visibilizar las problemáticas de las identidades afectadas y sus formas de ver y comprender el mundo.

Si bien España se retira hace 200 años de los territorios considerados colonias, hoy vivimos un "colonialismo interior" o "endocolonialismo" a través de este concepto se explica una multiplicidades de factores que están atentando con las comunidades, sobretodo indigenas de las regiones surandinas "(…)se quiere designar un comportamiento generalizado de la población de un país que se orienta al saqueo económico y hace aparecer por tanto, a la naturaleza y a los que viven de ella, como objetos que son posibles de manipular y explotar" (Mires, 1990:82).

Debido a la intervención de trasnacionales en este territorio los trashumantes ya no pueden pastoriar a su ganado por los caminos, debido al tránsito de camiones de alta peligrosidad y camionetas mineras. Por lo tanto deben pagar por trasporte para llevar el ganado a la cordillera, esto afecta directamente su identidad, resultado de ello vemos en la actualidad un escaso recambio generacional de la práctica, quienes están privilegiando los trabajos temporales en la minería, puesto que no son mano de obra calificada. Por otro lado se eleva el costo de la producción debido al pago de talaje en terrenos que hoy son de administraciones de las comunidades de tierra, una deriba del proceso de reforma agraria en la década de los 60´y principios de los 70´que asignó tierras a los campesinos bajo la cuota del canal de riego[67] para explotación agrícola colectiva y tierras sobre la cuota del canal conocido como campo de secano para el pastoreo de ganado. Sin duda desde entonces los campesinos no imaginaban siquiera que esos territorios fueran fuentes de riquezas mineras, flora y fauna, fuentes de agua. Hoy los asignatarios campesinos han actualizado sus deslindes de campo puesto que ven que en esos espacio ya no sólo circulan animales para el pastoreo, sino exploraciones y explotaciones mineras, por tanto están valorando esos espacios como una fuente de ingresos diversos para sus comunidades.

---

[67] Entendiendo que estas zonas corresponden al semiárido chileno, bajo la cuota del canal se refiere a zonas bajo riego por sistema de canales de regadío y sobre la cuota del canal se refiere a zonas de secano (sin agua de riego).

Es entonces que en los actuales trashumantes vemos vestigios de una cultura que vive con el concepto de autonomía desde la tensión entre tradición y modernidad, siendo las personas de más edad sobre los 55 años los que permanecen con la práctica del pastoreo caprino, sin desconocer que hay familias en que la tradición está fuertemenete arraigada a su identidad, por lo tanto los jóvenes reproducen esta forma de vida por principios de autonomía. Desde pensamientos venidos desde el marxismo se puede explicar este concepto con la produndidad que conlleva un análisis político-económico.

> La autonomía es un proceso de autonomización permanente, de comprensión continuada del papel subalternizado que impone el sistema a las clases populares y de la necesidad de su revisión, que tienen sus marchas y contra-marchas, sus flujos y reflujos" (Thwaites, 2004:20).

Fuente: Camino a a la Cordillera. Sector Coirón río Choapa Alto. Registro propio 2012.

En el caso del Choapa en específico, es una zona que tiene una extensión que bordea los 200 km entre cordillera y mar, pasando a ser el espacio geográfico continental más angosto del país, iclusive en la zona de la comuna de Illapel alcanza la parte más estrecha con 96 km, siendo un espacio importante desde el punto de vista hidrológico -

considerando el cambio climático- está zona cercana entre el mar y la cordillera se produce un biombo que facilita el proceso del ciclo del agua, por tanto es un territorio estratégico desde el punto de vista de la biodiversidad y de las comunidades que allí confluyen desde hace más de 500 años.

En el año 2001 se prohibió el paso del ganado a las cordilleras argentinas en todo el país por la presencia de fiebre aftosa. Para ello se instaló una barrera sanitaria regulada por el SAG, Servicio Agrícola Ganadero, institución del Estado perteneciente al Ministerio de Agricultura que fiscaliza a las personas dedicadas a la trashumancia ovina, caprina, caballares, mulares en la cordillera de Los Andes. Según el registro de este organismo, en la veranada 2009-2010 de las personas dedicadas a la trashumancia en las cordilleras de la provincia del Choapa una cantidad importante de los apellidos son de origen indígena, entre ellos diaguitas, mapuches, aymarás. Sin embargo no necesariamente adscriben a un pueblo originario reconocido por el Estado. De este listado 531 personas de ambos sexos se dedican a la trashumancia con distintos tipos de ganado, de ese total 54 son mujeres correspondiendo al 10% del total de trashumantes de la provincia.

El carácter inclusivo de los crianceros de cabras desde el punto de vista de género, clase y generación donde son familias completas las que se trasladan a vivir en un campamento andino en la alta cordillera en condiciones climáticas variables y muchas veces adversas, sumado a la dedicación exclusiva al ganado desde el punto de vista productivo permitió abrir una serie de preguntas de investigación, desde una antropología comprometida que se aproxima a visibilizar las principales problemáticas de este grupo humano y sus devenires.

Este tipo de investigación permite la construcción de saberes desde el diálogo experiencial, un tipo de saber construído sobre la base de la polifonía. La forma de interpretación de la realidad, es una deriba del concepto bricoleur, presentado por Lévi-Strauss en su libro pensamiento salvaje (1964). A partir de este texto inicial otros autores han explicado esta forma de abordar las interpretaciones las que sin duda van puliendo la forma en que se explican los fenómenos sociales *"el producto de la labor del bricoleur interpretativo es un complejo bricolaje semejante a una colcha, un collage reflexivo o montaje –una serie de imágenes y representaciones fluidas e interconectadas-. Esta estructura interpretativa es como una colcha, un texto performativo, o una secuencia de representaciones que conectan las partes al todo." (Denzin & Lincoln, 2005:8)*

El norte semi-árido de la región, tiene muy marcadas las estaciones, sobretodo en épocas de sequía, donde el pasto se seca y no hay como alimentar el ganado. Podemos decir que la dependencia del pasto de la alta montaña luego de los deshielos es vital para la permanencia cultural y económica de las familias que trashuman. Largos desplazamientos en la zona precordillerana de los Andes, permiten movilizarse por un territorio que en su conjunto de localidades tienen un radio bordea los 70 km. El principal objetivo de este estudio etnográfico es puesto en la identidad cultural de los trashumantes que llegan o parten a la cordillera, fuera de las familias asentadas en el sector alto del valle del Choapa. Allí el grupo humano confluye por medio de sus experiencia por generaciones cada año en los mismos espacios en los que muchos de ellos han pasado la mayor parte de su vida, y que sin duda por medio de la herencia cultural es el legado de sus ancestros: Los diaguitas.

Los crónistas del siglo XVI se refieren a los habitantes de estas zonas andinas como los naturales diaguitas. A pesar de las distintas discuciones en la disciplinas entre arqueólogos e historiadores quienes se disputan si el etnónimo Diaguita es el correcto para denominar a esta cultura, se asumió como tal, incluso por sus propios descendientes.

La perdida del Kakán, lengua origInaria de este pueblo hizo pensar la extinción de este pueblo por mestizaje, siendo la estrategia ideal de dominación del inquisidor en el proceso de la conquista, al verse enfrentados a una cultura andina fuerte que no hiba a ser capaz de someterse si no era a través de la extirpación de la lengua. La conquista del Tiawantisuyo y el dominio de la lengua quechua facilitó al conquistador de avanzar en el proceso de conquista, puesto que el imperio inca ya le había precedido en el conocimiento de estos pueblos. Así a través de los hablantes quechua quienes fueron llevados como escalvos por el conquistador se abrieron camino para imponerse con toda una cultura en los territorios. Lo que no sabían era que estos indios, usaron la lengua quechua y castellana y adaptaron los rituales andinos de una forma amable a la evangelización católica, es decir continuaron con su ritualidad incorporando aspectos de la cultura del conquistador en su cosmovisión, para de esa manera continuar con su cultura (Zaffaroni, 2011).

El territorio diaguita se reconoce como extenso desde del Noreste Argentino al Norte Chico chileno, ubicanse en la actualidad distintos pueblos Los Huarpes, Los Quilmes, Los Toconotés, los calchaquies y los Diaguitas Chilenos, los que en su conjunto tenían en común la lengua Kakán. Hoy persiste el pago a la tierra, los carnavales, los bailes chinos, la challa y luego persinarse por si acaso. Sin duda hoy los trashumantes conocedores de la cordillera de los Andes, circulan por un espacio que tienen una frontera impuesta, pero que para ellos es un territorio común por generaciones desde hace más 500 años. Favorablemente el año 2013 se levanta la barrera sanitaria por la fiebre aftosa, y ya no tienen la limitación para ir a la Argentina con el ganado en busca de mejores pastos andinos.

El reciente reconocimiento al pueblo diaguita el año 2006 en la ley indígena chilena como pueblos originarios, a permitido a la sociedad reconocerlos como tales y además se han inciado procesos de autorreconocimiento en territorios como el valle de Aconcagua,Salamanca, Huasco y Copiapó. Los estudios previos a la cultura diaguita se habían centrado en los objetos arqueológicos encontrados en la región, algunos arqueólogos como Gastón Castillo, Gonzálo Ampuero hablan de los Molles y la cultura Ánimas, como predecesora a la cultura Diaguita.

En esta investigación etnográfica de la trashumancia, nos encontramos con los herederos de esa cultura, sus descendientes ahora siendo multiculturales, pues hubieron procesos de mestizaje importantes entre los pueblos diaguitas, mapuches y aymarás, Al menos la toponimía y apellidos en mapudungun así lo confirman. La evidencia cultural está dada en la comunidad mapuche Canihuante, en la provicnia del Elqui, donde muchos de sus miembros también se dedican a la crianza de animales y por territorio se consideran así mismos como diaguitas.

La geografía próxima entre cordillera y mar por donde circula el río Choapa favorable para quienes habitaron el territorio en toda su extención, es un antecedente actual que demuestra esta movilidad. Queda demostrado en el hecho que encontramos en la costa, a pescadores artesanales que en forma complementaria también se dedican a la crianza caprina en varias caletas de la cuarta región, donde también trashuman en territorio marino en la persistente busqueda de los recursos. El sitio arqueológico el Olivar mencionado, hay evidencia de estructuras óseas poderosas de hombres que utilizaban remos para encontrar el sustento en las profundidades de mar.

Desde el punto de vista productivo con la introducción de la cabra para lo pueblos Andinos de la cuarta región significó diversificar la economía, se reduce el tamaño del animal, con la sobrexplotación se pierde la lana de la vicuña y el llamo, a cambio de una gran cantidad de subproductos entre ellos el sebo, el cuero, el guano, el principal subproducto que persiste a pesar del paso de los años: el queso de cabra.

Los caminos recorridos por los pueblos semi-nómades andinos y sus herederos se siguieron transitando hasta el día de hoy, estos pequeños senderos de piedras que sólo los trashumantes saben reconocer y que los conducen a las llamadas "posturas de veranadas", especie de refugios muchos de ellos usados desde época inmemorial por casi las mismas familias. Las posturas son lugares de descanso junto al ganado, por lo general están cercanas a fuentes de agua y pasto andino. Algunas de ellas tienen estructuras de piedra, otras en cambio se improvisan en cada arreo de animales. Entendiendo que la cordillera de Los Andes son espacios de ocupación temporal para el ser humano, estos lugares son improvisados cada año, la nieve, los fuertes vientos, avalanchas impiden que se puedan mantener estructuras permanentes. Las distintas posturas de veranadas se ubican cercanas a fuentes de agua en la Cordillera de los Andes, en la forntera con la República Argentina las que son ocupadas por distintas familias por generaciones hasta nuestros días, los nombres de dichos espacios aluden a referencias de la geografía del lugar, las que pueden ser visiblemente ubicadas en el espacio, por ejemplo "el Aletón de la Llareta", aletón se refiere a una formación rocosa que hace de refugio en la montaña (postura) y llareta a una planta endémica y medicinal, en vías de extinción de los Andes que abunda en dicho lugar. En el caso del Choapa estas posturas se ubican hoy en las comunidades de Tierra mencionadas anteriormente en la Alta cordillera. Entre esas comunidades de tierras está las cordilleras de Cuncumén que ahora son privadas por encontrarse dos yacimientos de trasnacionales mineras MLP y Pachón. En el caso de las cordilleras de Coirón, Quelén y Tranquilla, son espacios de propiedad colectiva de la tierra en manos de los campesinos, siendo una fuente importante de recursos hídricos que alimentan el río Choapa y de patrimonio cultural material y natural.

No estando exentas las culturas a las disposiones del mercado con la fabricación del queso, esto permite tener un ingreso para cerca de 5.000 familias en la región, un sustento tradicional que debe lidiar con las complejidades del sistema que les pide modernizarse en sus prácticas tradicionales. Las personas dedicadas a esta actividad mantienen en las familias todo un saber pues para enfrentarse a la naturaleza en la alta cordillera se debe entender con humildad lo dependientes que somos de ella y los cuidados y respeto que le debemos retribuir, eso es un patrimonio inmaterial invaluable. Entre ese saber se menciona el conocimiento acerca de la medicina herbolarea cordillerana, mucha de ella endémica y única en el mundo que les permite autosanarse en los sectores aislados cordilleranos en que se encuentran las posturas.

Las alianzas territoriales por parentesco estuvieron, están y seguirán estando presentes en los territorios andinos de la cuarta región. Las comunidades indígenas son culturas pre-existentes en estos territorios. Las investigaciones científicas llamaron a las prácticas culturales de los ancestros con conceptos premodernos, como agrícultura a pequeña escala, pastoreo de camélidos, caza y recolección. Así vemos, que el carácter multicultural de los arrieros, pastores, trashumantes, semi-nómade, cuyas denominaciones científicas tratan de describir a un grupo humano, que se autodenomina crianceros de cabras -crianceros por el amoroso acto de criar animales- son el resultado de la herencia indígena, de mantener la ritualidad en conexión con la naturaleza en un perigrinaje constante, ocupando los recursos en la abundancia y adversidad andina, terrenos riscosos de una altura que bordea los 4000 m.s.n.m. Hoy estos territorios son considerados mercancía por el Estado y las empresas trasnacionales para ser explotados, con la consecuente contaminación. Los pueblos indígenas andinos nos advierten de ello, puesto ven afectada toda forma de vida flora y fauna por donde circule el río desde la altas cordilleras al mar. La restitución de la ritualidad de la "crianza" concepto que engloba una relación profunda y amorosa con el ecosistema de los pueblos indígenas andinos se hace urgente, donde además las comunidades conocen dicho potencial para restablecer el equilibrio en la naturaleza.

La etnografía es un método delicado, el cual complejiza las problemáticas para aclararnos e identificar aquellos temas comunes que a las investigadores nos importan. Donde accedemos a una memoria que va hilando el sentido de las comunidades estudiadas. Es dibujar -en alguna medida- la cadena de valor desde el origen de la lana, las formas de ser hilada, el sentido simbólico del tejido y finalmente la ofrenda comunitaria para el intercambio, nos permite escribir los resultados acerca de esta experiencia, sobre la base ideal y ética de resguardar con la puesta en valor de dichos saberes, dándoles el carácter de conocimiento científico que necesariamente se debe conservar para las futuras generaciones, allí el concepto de patrimonio cultural inmterial adquiere sentido.

La trashumancia como práctica cultural cada vez se ve más limitada al modelo económico, puesto que la mercancía para las grandes empresas trasnacionales está en los recursos naturales de la alta cordillera. Si bien muchas de las familias que transitan a la cordillera no se autoidentifican con un pueblo originario, tienen un modo de vida heredado por generaciones a través de la oralidad, donde los pueblos indígenas declarados como tales mantienen ese saber como parte de su patrimonio inmaterial, principalmente asociado al principio de comunidad, donde la naturaleza no está separada de la cultura, sino está integrada, interelacionadas en una cosmovisión propia. Cabe preguntarnos de qué manera conjunta la comunidad, la academia y el Estado genera las condiciones para que la identidad local no pague los costos de las transformaciones que produce el progreso económico por las intervenciones en los ecosistemas de territorios andinos, sino al contrario sea la identidad el motor que permita llevarnos a un desarrollo armónico, sostenible e inclusivo de la diferencia. Hablamos entonces de visibilizar una cultura del agua, la cual habita la cuna de las cuencas de los ríos en Chile de absoluta dependencia de los ecosistemas altoandinos como son humedales de altura, lagunas, bofedales y vegas, fuentes de agua que conservan, depuran y alimentan los ríos. Frente al avance de la contaminación minera de estos espacios y a la escases hidríca en el mundo, ahora que el antropoceno está en nosotros y como tal debemos hacerle frente si queremos sobrevivir como especie humana.

BIBLIOGRAFÍA

ARANDA BAEZA, X. (1970). Algunas consideraciones sobre a trashumancia en el Norte Chico. Investigaciones Geográficas, N° 20 Universidad de Chile. Pág.141-169. Recuperado de: http://www.investigacionesgeograficas.uchile.cl/index.php/IG/article/view/32844. Último acceso: 17 de septiembre 2017.

CASTELLETI, J. (2008). La serpiente en el arte rupestre de Nocui, norte semiárido de Chile. Estudios Atacameños, n° 36. Universidad Católica del Norte, Chile,pp.73-91.

CASTILLO, G. (2003). "La Vuelta de los Años": Reseñas y Perspectivas sobre las Comunidades, el Pastoreo y la Trashumancia en la Región Semiárida de Chile. *En: Dinámicas de los Sistemas Agrarios en Chile Árido: La Región de Coquimbo. Patrick Livenais y Ximena Aranda Editores Científicos.* (IRD Institut de Recherche Pour le Developpement). LOM Ediciones Ltda.

CARTAJENA I.; LÓPEZ P.; PASCUAL D.; PAVLOVIC D. Y SANTANDER B. (2015). Camélidos domésticos en el Valle de Mauro (Norte Semiárido, Chile): múltiples análisis para un mismo problema. Revista intersecciones en Antropología n° 16. Facultad de Ciencias Sociales-UNCPBA Argentina. pp. 101-114.

DENZIN, NORMAN K. & LINCOLN, YVONNA S (2005). *The Sage Handbook of Qualitative Research.*: pp. 1-13.

ESCOBAR, A. (2015). *Sentipensar con la Tierra. Nuevas lecturas sobre desarrollo, territorio y diferencia.* Ediciones CIDECI-UNITIERRA Chiapas, México.

 HARVEY, D. (2004). El "nuevo" imperialismo: acumulación por desposesión. Socialist Register: el nuevo desafío imperial, pp. 100-129. Recuperado de: http://www.socialistregister.com/index.php/srv/article/view/14997#.WutKTxR-B1A Último acceso: 3 de mayo 2018

MIRES, F. (1990). *El discurso de la Naturaleza. Ecología Política en América Latina.* Editorial Amerinda. Santiago de Chile.

THWAITES, M. (2004). *La Autonomía como Búsqueda, el Estado como Contradicción.* Editorial Prometeo, Buenos Aires.

TRONCOSO, A. PAVLOVIC, D. (2013). Historia, Saberes y Prácticas: Un Ensayo Sobre el Desarrollo de las Comunidades Alfareras del

264

Norte Semiárido Chileno. *Revista Chilena de Antropología* N° 27, 1° semestre, pp.101-140.

VERGARA AGUILERA, N. (2016). Metáfora en los Andes. Trashumancia y Resistencia Cultural en el Valle de Choapa. Editorial Quimantú, Santiago de Chile

ZAFFARONI, A. (2011). *Kakanchic pájaro de las tormentas: la Resistencia del Pueblo de Quilmes.* Editorial MILOR, Salta, República Argentina.

MUJERES COLLA: IDENTIDADES Y COTIDIANEIDADES EN LA REGIÓN DE ATACAMA[68]

Viviana Rodríguez Venegas[69]

RESUMEN: La presente ponencia expone los resultados de un estudio cualitativo que indaga en los discursos y cotidianeidades de mujeres Colla de la región de Atacama, Chile. Presentan un paisaje de su identidad sociocultural, manifestaciones culturales y dinámicas sociales que se dan tanto al interior de la comunidad Colla como en su contexto cotidiano. La investigación se realiza desde una perspectiva situada y centrada en las sujetas de investigación, queriendo relevar sus experiencias y saberes a través de una mirada cualitativa bajo el método de teoría fundamentada. Igualmente, se recolecta la información con entrevistas en profundidad, encuentros abiertos de socialización de resultados y visitas en terreno a comunidades indígenas de cuatro comunas de la región de Atacama (Diego de Almagro, Tierra Amarilla, Copiapó y Caldera). Los saberes y conocimientos que entrega este estudio contribuyen al acervo cultural del pueblo Colla y al desarrollo de políticas públicas y sociales con enfoque intercultural para las mujeres indígenas del norte de Chile.
PALABRAS CLAVES: Mujeres Colla, Identidad, Interculturalidad, Género, Pueblos originarios.

ABSTRAC: This paper presents the results of a qualitative study that investigates the speeches and daily lives of Colla women from the Atacama region, Chile. They present a landscape of their socio-cultural identity, cultural manifestations and social dynamics that occur both within the Colla community and in their everyday context. The research is carried out from a perspective located and focused on the

---

[68] Avance del Proyecto de investigación, año 2014, Vicerrectoría de Investigación y Postgrado, Universidad de Atacama (DIUDA-22288).

[69] Trabajadora Social. Licenciada en Trabajo Social. Magister en Gerencia Social, Diplomada en Estudios de género. Académica, Departamento de Trabajo Social, Facultad de Ciencias Jurídicas y Sociales. Universidad de Atacama, Copiapó, Chile. Correo electrónico: viviana.rodriguez@uda,cl

subjects of research, wanting to relieve their opinions and knowledge through a qualitative look under the method of grounded theory. Likewise, information is collected with in-depth interviews, open meetings to socialize results and field visits to indigenous communities of four communes of the Atacama region (Diego de Almagro, Tierra Amarilla, Copiapó and Caldera). The knowledge and knowledge provided by this study could contribute to the cultural heritage of the Colla people and to the development of public and social policies with an intercultural approach for the indigenous women of northern Chile. **KEY WORDS:** Colla Women, Identity, Interculturality, Gender, Indigenous Peoples

PRESENTACIÓN

En la actualidad existe un acervo epistémico y sociohistórico acabado de los pueblos originarios en Chile, sin embargo, pocos estudios se sitúan desde la memoria histórica y ancestral de mujeres indígenas del norte de nuestro país, es por esto, que se propone realizar un estudio cualitativo que sea capaz de relevar a través de los discursos y cotidianeidades, los elementos identitarios de mujeres indígenas de la región de Atacama, en específico, mujeres del pueblo Colla, indagando en su identidad sociocultural, costumbres, tradiciones, usos y aceres cotidianos.

Este trabajo investigativo se realiza entre los años 2015-2017, siendo financiado por fondos investigativos internos de la Vicerrectoría de Investigación y Postgrado de la Universidad de Atacama (DIUDA-2015).

TERRITORIO (RE) CONSTRUIDO POR UN PROCESO HISTÓRICO

La intención de este apartado es realizar una breve exposición de los principales hitos sociohistóricos que impactan en la identidad del pueblo Colla.

La literatura y los expertos en la cultura Colla, establecen que en el siglo XIX el término "Colla" o "Collita" se comienza a utilizar en los pastores que transitaban en la Puna de Atacama, noroeste de Argentina y sur de Bolivia. Por tanto, tuvo su origen en la zona altiplánica del lago Titicaca, desarrollándose hacia el sur en los indígenas del altiplano puneño de las provincias de Jujuy, Salta y

Catamarca, transitando en este espacio geográfico y comercial entre la Puna de Atacama y de los valles circumpuneños argentinos (Molina, 2003; 2004).

La ocupación de los Collas, se inicia abarcando los Salares de Pedernales y Maricunga, las quebradas de precordillera y parte del desierto de Atacama. Extendieron sus posesiones desde la Quebrada Juncal y La Encantada por el norte, hasta la cuenca alta del río Jorquera, por el Sur. En esta zona aprovecharon los campos de pastoreo, vegas y aguadas (Molina, 2003; 2004). Por medio de un sistema de trashumancia o desplazamiento de los pastores con su ganado entre invernadas y veranadas que se producen en el mes de noviembre que corresponde a la denominada "subida", mientras que el desplazamiento de veranadas a invernadas o "bajada" se realiza entre abril y mayo, localizadas a distintas alturas que conforman pisos ecológicos diferentes (Molina, 2003; Comisión Verdad Histórica y Nuevo Trato, 2008).
Ya mediados del siglo XIX, comienza el auge minero en la zona, con el descubrimiento de yacimientos de oro, plata y cobre, destacándose el mineral de plata de Chañarcillo y Tres Puntas. Poco después, en la década de 1870, comienza el auge salitrero en las cercanías de Taltal y la explotación de bórax en los salares de Pedernales y Maricunga (Molina, 2004, p. 215).

En el Siglo XX, la explotación minera se intensifica, generando una fuerte contaminación en los suelos, vegas, aguadas, en definitiva en los territorios ancestrales de trashumancia del Pueblo Colla, consecuencia de esta ocupación, se inicia el envenenamiento del ganado, existiendo una masiva muerte de llamas, cabras y ovejas. Se suma a ello, fuertes disputas de las tierras utilizadas para la trashumancia con familias aristocráticas de la zona (Hacienda Potreros de la Iglesia inscrita a nombre de la familia Cousiño).

Ambos factores generan fuertes transformaciones para el Pueblo Colla, por un lado, algunas familias Collas deciden seguir trashumando, adentrándose más profundamente en la cordillera, ("*quedándose arriba*"). Sin embargo, otras deciden cambiar sus labores de pastoreo para buscar trabajo como pirquinero y/o guía mostrando las vetas mineras, medieros, agricultores u otro. Consecuentemente a ello, se inicia una masiva migración campo-ciudad a diversas conurbaciones de la región de Atacama *("quedándose abajo")*. (Molina, 2004; Comisión Verdad Histórica y Nuevo Trato, 2008).

Otro momento histórico que se desea destacar, es el periodo de dictadura militar en la zona atacameña, producto del Golpe de Estado de 1973, instalándose un régimen que genera profundas fisuras y vulneración a los derechos humanos de los pueblos originarios en Chile y en este caso, para el Pueblo Colla en particular, teniendo que limitar o eliminar sus principales actividades socioculturales y económicas, lo que genera el segundo o el tercer oleaje migratorio a las ciudades. Esto se produce por diversas medidas que impone el régimen en cuestión, como la disolución de los sindicatos, (organización de leñadores), restricción al manejo de explosivos por seguridad nacional, prohibición de explotación de leña y fabricación de carbón, limitaciones para la ganadería caprina y trashumancia. A esto se agrega, una fuerte persecución política y militar, ya que muchos/as de ellos/as se les acusaba de ayudar a los opositores del régimen a *"los comunistas"* a cruzar a Argentina por pasos fronterizos no habilitados. Aquí se destaca la historia de las Hermanas Quispe o las *"tres marías"*, pastoras trashumantes que son encontradas muertas en dudosas circunstancias en la vega La Tola, aquí los lugareños tienen opiniones dividas con respecto al hecho, por un lado se plantea como un suicidio masivo junto a sus animales, siendo un ritual de muerte a raíz de la represión política y militar; y otros discursos lo asocian a que fueron asesinadas por los propios militares. Este hecho histórico impacta en la tranquilidad y cotidianeidades propia de la cordillera. Este episodio es mencionado por varios investigadores y expertos en la cultura Colla, inclusive es llevada al cine por el Director Sebastián Sepúlveda: "Las niñas Qyuispe" y a las tablas por el Director Juan Radrigán: "Las Brutas".

Igualmente, dentro de las reformas neoliberales instaladas en este periodo, una de las más devastadoras para el Pueblo Colla fue la privatización de las aguas (a través del Código de Aguas de 1981). Todo esto termina por exiliar a los Collas de sus tierras ancestrales, transformándolas en un territorio fértil para la instalación de mineras transnacionales y agroindustrias con claros intereses extractivistas y neocapitalistas (Comisión Verdad Histórica y Nuevo Trato 2008; Molina, 2004).

Ya en la década de los años noventa, se comienza a trabajar en la Nueva Ley de Pueblos Indígenas, (Ley N° 19.253, publicada en Diario Oficial el 5 de octubre de 1993), la que reconoce al Pueblo Colla como parte de las etnias indígenas de Chile. Esta ley genera una organización en base a las comunidades, siendo las primeras en constituirse en el año 1995, las de Potrerillo, Quebrada Paipote y Rio Jorquera, iniciando con ello un rescate de las tradiciones y saberes del Pueblo Colla.

En el XVII Censo Nacional de Población y VI de Vivienda, realizado en abril del año 2002 se señala que el pueblo Colla, alcanza el 0,46% del total de la población indígena del país, con 3.198 personas Colla. De esta población un 54.3 % vive en la Región de Atacama, alcanzando una población aproximada de 1.800 personas.

En la actualidad el Pueblo Colla, ocupa parte del desierto de Atacama, mediante un sistema de poblamiento disperso, que se sitúa en las quebradas de la precordillera y en la puna de las provincias de Copiapó y Chañaral, haciendo una distinción entre los que viven en la zona rural que se encuentran en El Salvador (sector Portal del Inca), Potrerillos, Quebrada Paipote, Quebrada San Miguel, Quebrada Carrizalillo y el Río Jorquera y sus Afluentes y en la zona urbana radicándose en ciudades y pueblos como Copiapó, Paipote, Diego de Almagro, Inca de Oro, Tierra Amarilla, El Salado, Caldera y Los Loros, principalmente. (Comisión Verdad Histórica y Nuevo Trato 2008; Molina; 2004).

METODOLOGIA

El presente estudio se basa en una investigación cualitativa, que "…se considera como un proceso activo, sistemático y riguroso de indagación dirigida, en el cual se toman decisiones sobre lo investigable, en tanto se está en el campo objeto de estudio" (Pérez, G, 1998, p. 43). Por tanto, se estudia la realidad dentro de su contexto natural, tal y como suceden las cosas, para poder dar sentido a los fenómenos que se estudian, desde los significados de las participantes.

Asimismo, está bajo el paradigma interpretativo, cuya tarea de la investigadora es estudiar el proceso de interpretación que las actoras sociales hacen de su "realidad", es decir, deberá investigar el modo en que se le asigna significado a las cosas. Esto implica estudiarlo desde el punto de vista de las personas que nos lleva a aceptar que los seres humanos no descubren el conocimiento, sino que lo construyen, ya que es el producto del trabajo intelectual propio y resultado de las vivencias del individuo desde que nace y enfatizar el proceso de comprensión de parte de la investigadora, inmersa en la realidad estudiada con el fin de que pueda comprender su significado (Krause, 1995).

Se basa en la Teoría Fundamentada, la que se define como "una teoría derivada de datos recopilados de manera sistemática y analizados por medio de un proceso de investigación. En este método, la recolección de datos, el análisis y la teoría que surgirá de ellos guardan estrecha relación entre sí" (Strauss y Corbin 2002, p.21). Las técnicas de recolección de información utilizadas fue la entrevista en profundidad que se basa en " los reiterados encuentros, cara a cara, entre el investigador y los informantes, encuentros éstos dirigidos hacia la comprensión de las perspectivas o situaciones, tal como las expresan con sus propias palabra" (Taylor y Bogdan, 1987). Abordando a 8 mujeres dirigentas Colla de la región de Atacama. Igualmente, se realizan encuentros abiertos con comunidades Colla para la socialización de resultados de la investigación donde se recoge y se triangulan los datos con el objetivo de llegar a la saturación. Por último, se realizan diversas visitas a terreno de comunidades indígenas en cuatro comunas de la región de Atacama (Copiapó, Diego de Almagro, Tierra Amarilla y Caldera).

Para el análisis de información se utiliza el Análisis de Contenido Semántico, según Navarro y Díaz (1995) es un método de interpretación que se centra en el carácter expresivo de las acciones humanas, entendiendo, a su vez, que los diversos modos de la expresividad humana se organizan como lenguajes. Esto es apoyado por el programa de análisis de datos cualitativos Atlas. Ti Versión 6.24, que aporta a la construcción teórica y ordenamiento de los datos, ya que permite la integración de información de distinta naturaleza (entrevistas, fotografías, notas de campo, audios, observaciones personales, etc.). Recogiendo así la diversidad de significados que expresan la realidad social y cultural del Pueblo Colla. Superando así el nivel descriptivo que se sitúa solo en la caracterización de los fenómenos sociales, que nos invita a un nivel de reflexión más profunda, que contribuye a la teorización y construcción de nuevos significados/significantes para el acervo de nuestras culturas originarias.

RESULTADOS

El Pueblo Colla inicia su proceso de reivindicación sociocultural a partir de la década de los años 90, con el retorno de la democracia en Chile, luchando por una (re) configuración identitaria y el reconocimiento constitucional como pueblo. Actualmente, trabajan por visibilizar su cultura y la recuperación de tierras ancestrales. En este escenario, las mujeres colla participantes de este estudio, comparten muchas de las demandas históricas del pueblo colla, sin embargo, adicionan nuevas creencias y experiencias en torno a su cultura que son trascendentes de relatar.

A continuación se muestran los principales ejes semánticos encontrados en los discursos de las participantes:

* *Identidad sociocultural de las mujeres colla*

Las participantes de esta investigación, explican que poseen rasgos comunes, que las hace mujeres características de una cultura y territorio. Se trabajan cinco subcategorías: carácter fuerte, franco y directo, conexión espiritual, nómadas, memoria genética transmisible y orgullosa de su cultura.

* *Mujeres y Cultura del Pueblo Colla*

Mencionan que tienen un fuerte compromiso afectivo, social y político para preservar y difundir la cultura del pueblo colla. Se trabajan cuatro subcategorías: gastronomía, medicina ancestral, arte textil, y guardadoras de semillas.

* *Mujeres colla y sus procesos migratorios*

Exponen que tienen una gama de vivencias en torno al proceso migratorio campo-ciudad la que marca un cambio en su estructura sociocultural tradicional. Se trabajan tres subcategorías matriarcado, trato discriminatorio, relaciones sociales y dinámicas internas del pueblo colla.

- ***Creencias y experiencias sobre la menstruación, embarazo, parto y puerperio***

Aquí se plasman las creencias y cuidados en el periodo de menstruación, embarazo, parto y puerperio. Este conocimiento en torno a los cuidados socioculturales puede contribuir al enfoque de la salud intercultural en mujeres indígenas del norte del país. Se trabajan cuatro subcategorías: menstruación, embarazo, parto y puerperio.

CONCLUSIONES

Unas de las principales conclusiones y reflexiones derivadas del proceso investigativo, se sitúan en base a las dinámicas sociales, cotidianidades y performáticas culturales que vivencian las mujeres indígenas de la región de Atacama, las que están atravesadas por brechas de desigualdad y pobreza, donde su identidad genérica se sitúa en un espacio sociocultural caracterizado por ser altamente patriarcal, capitalista y colonial, propias de zonas sobreexplotadas e intervenidas por mega trasnacionales mineras y agroindustrias. En este contexto, las comunidades Colla han sido expulsadas de sus territorios o han sido relegadas a un espacio mínimo para habitar, bajo condiciones de escasez de recursos, violencias simbólicas generando finalmente una alta migración a las conurbaciones, mellando así fuertemente en su identidad cultural e indígena.

Este escenario impacta directamente a las mujeres Colla, produciendo que las relaciones sociales se construyan de manera desigual, dadas por la naturaleza biológica asociada al sexo y a su origen mestizo e indígena no blanco, desencadenando contextos basados en el racismo, discriminación y misoginia que vivencian a diario.

Siguiendo en esta misma reflexión, Collins (2000) citado en Jabardo (2012), establece que estas relaciones de opresión y desigualdad se expresan mediante una matriz de dominación/opresión que se manifiestan en jerarquías de raza/etnia, clase, género, edad, sexualidad y otras. Esto nos permite visualizar cómo se entrelazan o intersectan los *vectores de opresión y de privilegio*, destacando los cruces de clase y raza/etnia; de género y sexualidad y/o de género y raza/etnia, entre otras tantas conexiones duales o triples.

Igualmente, estas relaciones o intersecciones permiten visualizar cómo impactan en la vida cotidiana de las mujeres Colla y cuáles son sus estrategias de resistencia frente a este modelo capitalista, globalizado y colonizador. Por tanto, la correlación que se da entre la estratificación de clase, género y raza, resulta fundamental no sólo para explicar la triple opresión que padecen las mujeres indígenas, sino para comprender las distintas estrategias de lucha que ellas han desarrollado frente al Estado, a la sociedad mestiza y a sus propias comunidades y organizaciones (Gail, 2004, p.246, citado de Gall y Hernández Castillo, en prensa).

Por tanto, la construcción identitaria de las mujeres Colla, es un quiebre que se genera a raíz del despojo territorial y cultural, que hoy se manifiesta contra la estereotipificación y discriminación basada en el esencialismo o imagen idílica de la mujer indígena, fundada en la añeja relación tradición/modernidad. Por tanto, se cuestionan el discurso hegemónico que configura la identidad del Estado Chileno como monocultural y debaten en torno a la inamovilidad de la tradición, para (re) conocer y (re) valorar nuevas construcciones sociales y culturales en torno a la identidad de la cultura Colla.

Los pueblos originarios de manera intrínseca y natural poseen un arraigo con la naturaleza, los animales y sus territorios, ya que lo visualizan como parte integral de su tejido social, siendo una mirada totalmente contraria al capitalismo neoliberal que la visualiza como una mercancía, donde lo único que importa es explotarla y controlarla (Barroso, 2016). Por ende, las cosmovisiones de las culturas originarias que *habitan nuestra América morena*, se visualizan como un solo cuerpo con la naturaleza, con una concepción de que la tierra, *sus cerros* y frutos no son mercancías, *ni se pueden tranzar por dinero*, que sus ríos, lagos, *vegas, aguadas y desiertos* son bienes y *lugares comunes de tránsito*. Esto se fundamenta, en los modos comunitarios de vivir en la naturaleza, el proyecto político del "buen vivir" *(Sumak Kawsay)* y sus sistemas de pensamiento que abarcan desde la política, la economía, hasta la justicia. (Korol, 2016. *las cursivas son mías*).

Finalmente, las mujeres Colla se (re) configuran con una nueva identidad basada en las pluralidades, diversidades y resistencias frente al paradigma hegemónico occidental, cuestionando su saber único universal y sus formas colonizadas de construir conocimiento, bajos las lógicas del comportamiento y pensamiento único. Se reconocen como actrices claves en construir otras formas de ser y de hacer, basadas en sus propios conocimientos y saberes ancestrales.

BIBLIOGRAFÍA

Barroso J. (2016). *Descolonizando, Dialogo entre Yuderkys Espinosa Miñoso y Nelson Maldonado Torres.* Iberoamérica Social: revista- red de estudios sociales VI.

Cervellino, M. (1993). *Ritos colla en la Región de Atacama.* Santiago, Revista Museos, N° 15, Dirección de Archivos y Museos.

Comisionado para asuntos indígenas (2008) *Informe de la comisión verdad histórica y Nuevo trato con los pueblos indígenas. Gobierno de Chile.* Primera Edición. Santiago, Chile.

Gall, O. (2004). *Identidad, exclusión y racismo: reflexiones teóricas y sobre México.* Revista mexicana de sociología, México, n 66, pp. 221-259.

Grebe, M. (1998) *Culturas Indígenas de Chile: Un Estudio Preliminar.* Pehuén Editores Stgo.

Jabardo, M (Comp). (2012). Feminismos negros. Una antología. España: Editorial Traficantes de sueños.

Korol, C (2016). Somos tierra, semilla y rebeldía. Mujeres, tierra y territorio en América Latina.

Martínez, J. (1998). *Pueblos del Chañar y el Algarrobo: Los atacamas en el siglo XVII.* Ediciones DIBAM. Colección Antropología. Santiago.

Molina, R (2003). Capítulo IV: Los derechos del pueblo colla. En Los derechos de los pueblos indígenas en Chile. Informe de Programa de Derechos Indígenas. Instituto de Estudios Indígenas. Universidad de la Frontera. LOM Ediciones e Instituto de Estudios Indígenas de la Universidad de la Frontera. Temuco, Chile.

Molina, R. (2004). Los Collas de la cordillera de Atacama. En *La Memoria Olvidada: Historia de los Pueblos Indígenas de Chile*, editado por J. Bengoa, pp. 213-242. Cuadernos Bicentenario. Presidencia de la República. Santiago.

Strauss, A. y Corbin, J. (2002). Bases de la investigación cualitativa. Técnicas y procedimientos para desarrollar la Teoría Fundamentada. Medellín: Universidad de Antioquia.

Taylor, S y Bogdan, R. (1987). Introducción a los métodos cualitativos de investigación. Barcelona: Paidós.

DANZAS Y MÚSICA
DANÇAS E MÚSICA

Tambores da Virgem de Andacollo - Chile

LAS IMÁGENES DE LA DESCOLONIZACIÓN: BAILES CHINOS Y LA APUESTA FEMENINA POR EL MESTIZAJE

Andrés Gálvez Osorio[70]

RESUMEN: La investigación etnográfica que comparto se desarrolla en mi propia experiencia vivida dentro del itinerario festivo de los Bailes Chinos de la zona central y norte chico de Chile, manifestación de una espiritualidad mestiza cristalizada desde el comienzo de la colonización y que se desarrolla en el presente a través de sus ciclos anuales de celebraciones en torno al santoral popular. Mi experiencia de aprendizaje con Silvia Rivera Cusicanqui y el Colectivx Ch'ixi en La Paz, Bolivia, me ha dispuesto a desarrollar mi investigación en torno a las culturas visuales del Baile Chino, entendidas como un conjunto de elementos heterogéneos yuxtapuestos, que dan forma a una expresividad de semióticas contradictorias y recombinaciones culturales conflictivas, las cuales ofrecen un enorme potencial epistémico y poderosos recursos interpretativos de nuestra realidad. Renunciando a las conceptualizaciones de sincretismo o hibridación, mi apuesta vital en el Baile Chino se despliega a partir de la noción de lo ch'ixi, metáfora de voz aymara que concibe el mestizaje como un espacio articulador de lo propio con lo ajeno sin devenir en una síntesis armónica, labor hermenéutica en el que las mujeres de este continente han sido protagonistas. Así, la apuesta femenina por el mestizaje se convierte en el principal marco interpretativo de mi investigación, a partir del cual abordaré las tensiones culturales elaboradas en formas de enunciación subalterna, que interpelan y desbordan las categorizaciones esencialistas, binarias y eurocéntricas, al mismo tiempo que aglutina y entreteje la diversidad social que cohabita en estos suelos.

PALABRAS CLAVE: Bailes Chinos; Semiopraxis; Ch'ixi, Espiritualidades heterodoxas.

RESUMO: Pesquisa etnográfica que eu compartilho desenvolvido em minha própria experiência dentro do itinerário festiva de Bailes Chinos

---

[70] Psicólogo Social (Universidad de Valparaíso). Correo electrónico: andres.galvez.laserena@gmail.com

de centro e norte do Chile, manifestação de uma espiritualidade mestiço cristalizado a partir do início da colonização e ocorrendo no presente através de seus ciclos anuais de celebrações em torno dos santos populares. Minha experiência de aprendizagem com Silvia Rivera Cusicanqui e Colectivx Ch'ixi em La Paz, Bolívia, ordenou-me a desenvolver minha pesquisa sobre as culturas visuais de Bailes Chinos, entendida como um conjunto de elementos heterogêneos justapostas moldar uma expressividade de semiótica contraditória e recombinações culturais conflitantes, que oferecem um enorme potencial epistêmico e poderosos recursos interpretativos de nossa realidade. Renunciando a conceituações de sincretismo, ou hibridização, a minha vida na aposta Bailes Chinos é implantado a partir da noção de ch'ixi, metáfora Aymara concebido miscigenação como um espaço articulador o mesmo com o estrangeiro sem se tornar em uma síntese harmônica, trabalho hermenêutico no qual as mulheres deste continente foram protagonistas. Assim, as mulheres comprometidos miscigenação se torna o principal quadro interpretativo da minha pesquisa, a partir do qual abordarei as tensões culturais elaboradas em formas de enunciação subalterna, que interpelam e transbordam as categorizações essencialista, binária e eurocêntrica, ao mesmo tempo em que aglutina e entrelaça a diversidade social que coabita nesses solos.

PALABRAS CLAVE: Bailes Chinos; Semiopraxis; Ch'ixi, Espiritualidades heterodoxas.

"No os espantéis, cristiano lector, de que la idolatría y herronía antigua le erraron como gentiles indios antiguos, erraron el camino verdadero, como los españoles tuvieron ídolos, como escribió el reverendo padre fray Luis de Granada que un español tenía un ídolo de plata que él lo había labrado con sus manos, y "otro español se lo había hurtado; de ello fue llorando a buscar su ídolo, más lloraba del ídolo que de la plata, así los indios como bárbaros y gentiles lloraban de sus ídolos cuando se les quebraron en tiempo de la conquista, y vosotros tenéis ídolos en vuestra hacienda, y plata en todo el mundo."

Felipe Waman Poma de Ayala (1612)

INTRODUCCIÓN. UNA MIRADA MANCHADA DESDE LOS BAILES CHINOS.

Las imágenes y relatos que componen este trabajo pretenden aportar al estudio de la espiritualidad popular de la región de los Valles Transversales de Chile a partir de mi propia experiencia vivida dentro del itinerario festivo comunal de los *bailes chinos*, el cual se despliega su repertorio musical, visual y ritual, al ritmo de las *salidas* del santoral de los marianismos y cristianismos populares. Allí, en las vueltas de un calendario de peregrinaciones, procesiones y mandas, aprendí a enfilarme en la doble hilera de *soplantes* y tocar la flauta *china*, ejecutar las *mudanzas* que manda la tamborera y *romancear* los versos en décimas y cuartetas del *alférez* que dialogan con los Santos y Vírgenes Marías enraizadas a una determinada ciudad, pueblo o calle de la región. Un devenir *chino* que, como seguro también experimentan otros hermanos y hermanas que se (re)integran a estas fiestas, nos conecta con un potente torrente de memorias corporales, sonoras, orales y visuales; que nos adopta y a la vez adoptamos, ligando nuestra intima subjetividad a los universales pasajes de la historia.

Es a partir de este encuentro con *lo chino* (o, mejor, con *la China*) que interpretar creativamente la experiencia vivencial de esta espiritualidad conllevará prestar atención a los abigarrados detalles de su semiótica incorporada; a aquella capacidad de significar en forma auténtica y original, respondiendo y reconfigurando las violencias heredadas a partir de la herida colonial, bailando con nuestro propio ritmo. De esta manera, una investigación situada en esta espiritualidad *sui géneris* nos invita a repensarnos entre lo particular y lo universal, pues, en cada fiesta que celebramos, enraizamos a estos suelos un complejo ramaje de herencias culturales propias y ajenas, que tomamos e injertamos en nuestros cuerpos danzantes e itinerantes. Una *puesta en escena absoluta* de profundos horizontes históricos y sociales heterogéneos, donde la imagen de una armónica hibridación cultural, fusión o sincretismo (síntesis de cronos) no parecen evidentes. Muy por el contrario, la espiritualidad *china* se revela más bien como una *chimuchina* de texturas sociales abigarradas y yuxtapuestas. En las siguientes páginas recorreremos este desplazamiento epistemológico a través de mi propio tránsito desde una postura esencialista hacia a una mirada barroca, marcado por la interpelación de mi *habitus* colonial in-corporado desde el primer momento que soplé la flauta *china* y repetí

los versos que cantaba el alférez frente a la imagen de San Pedro de
Loncura.

LO *CHINO* ENTRE EL SONIDO ESENCIAL Y LA IMAGEN MANCHADA.

Los *bailes chinos* destacan por una sociabilidad intercomunal y
capacidad de autogestión ritual únicos, cuyos contrastes y tensiones
con las culturas hegemónicas en su medio –desde el adoctrinamiento
eclesiástico colonial hasta las imposiciones de *blanqueamiento cultural*
del Chile republicano– han sido valorados desde diversas disciplinas y
miradas; después de un largo silencio en el que esta práctica pasaba
casi inadvertida en la literatura, con la salvedad de las crónicas que
describieron –no sin actitud racista– la presencia indígena en esta
ritualidad en las regiones del norte chico del país (CONTRERAS Y
GONZALEZ, 2014). Por su parte, los *bailes chinos* de la zona central de
Chile –espacio donde se concentran grandes metrópolis emblemáticas
de la "modernidad" neoliberal, a la vez que alberga importantes
manifestaciones culturales "tradicionales" – son descritos recién a
mediados del siglo pasado (URIBE, 1958; PUMARINO & SANGUEZA,
1968). Posteriormente fueron abordados sus distintos repertorios en
detalle, centrándose en los aspectos de su danza (BÓRQUEZ, 1987), sus
particularidades sonoras en relación con el espacio (PÉREZ DE ARCE,
1996) y con las alteraciones en los estados de conciencia de sus
participantes (MERCADO 1995-1996). Ya a fines del siglo pasado y
hasta hoy, se han visibilizado con fuerza los nexos históricos y
culturales entre las actuales comunidades *chinas* con diversas
tradiciones indígenas prehispánicas y contemporáneas de la región
surandina en general, y de la zona central y sur de Chile en específico
(PÉREZ DE ARCE, 1997, 2014; RONDÓN, 2003; MERCADO, 1995,
2005; FABRE, DE LA CUADRA & PÉREZ DE ARCE, 2012;
CIVALLERO, 2016). Podemos atestiguar aquí una verdadera
coyuntura en la vida centenaria del *baile chino*: sus cultores y cultoras, a
través de estos aportes, tomaron contacto explícito con las memorias
que remontan hacia los tiempos de los albores de la colonización. Aquí
resulta emblemática la experiencia en que el etnomusicólogo
CLAUDIO MERCADO (2003) convocó a ejecutar flautas *"chinas"*
prehispánicas arqueológicas a un *chino puntero* en el museo de historia
natural de Santiago, abriendo posibilidades de identificación con

282

referentes culturales andinos prehispánicos prácticamente inéditas hasta entonces.

Este punto abre también una reflexión en torno a las tensiones entre las culturas locales con la cultura global, nodo crítico donde se han destacado los componentes sonoros del *baile chino* vinculados a tradiciones prehispánicas milenarias, describiéndolas como una forma de preservación cultural en estado de pureza. En este sentido, MERCADO (2002) describió los distintos aportes que confluyen en el *baile chino* en términos de *fusión* cultural; fenómeno en el que, sin embargo, hace una clara distinción entre los componentes indígenas respecto de los hispánicos. Así, nuestro etnomusicólogo comprende el sustrato indígena inscrito exclusivamente en el componente musical ligado a los instrumentos –en especial la flauta *china*–, a partir del cual derivaría su danza, la obtención de estados especiales de conciencia y la comunicación directa con lo divino; mientras que el canto del alférez, las imágenes sagradas y su calendario ritual los ve enlazados a las imposiciones hispánicas, configurando desde la época colonial hasta hoy una ritualidad contenciosa.

En conjunción con esta interpretación, el musicólogo JOSÉ PÉREZ DE ÁRCE (2017) describe este *sincretismo* en términos de una "estrategia de invisibilidad" realizada por las comunidades colonizadas como respuesta de resistencia cultural activa ante las sociedades de la elite colonial y postcolonial, la cual preservó una esencia indígena inmutable en el sistema musical vernáculo de la *flauta colectiva*. Por el contrario, el sustrato visual; las imágenes sagradas, los lienzos barrocos que habitan en las iglesias, las abigarradas indumentarias de los trajes de los *chinos*, en fin, el conjunto de imágenes y objetos alusivos a la iglesia católica y/o a la nación chilena; las representa como una mera envoltura estratégica de protección ante la sociedad dominante. Podemos identificar aquí un sesgo esencialista que esconde una peligrosa paradoja: si bien se define una activa labor hermenéutica de conservación cultural, la capacidad de reproducción de esta no queda asegurada pues esta perspectiva plantea también la imposibilidad de comunicación y transmisión hacia las culturas Otras; limitando conceptualmente las capacidades de retroalimentación fundamentales para garantizar la viabilidad de este patrimonio en su relación con la sociedad global.

Respecto a este tipo de peligros de mistificación del *baile chino*, CONTRERAS Y GONZÁLEZ (2014) muestran un importante gesto intelectual que pretende abordar lo *chino* como "expresión genuina y exclusiva" de una celebración musicalizada y bailada desde un sentido propio e inédito, no identificable en alguna categoría étnica determinada. A la vez, tampoco comulgan con nociones sobre mestizaje comprendidas desde el encuentro sincrético de culturas, optando así por un enfoque que enfatiza las complejidades y los conflictos sociales históricos que atraviesan lo *chino*. De esta manera, este completo y exhaustivo estudio sobre el génesis histórico del *baile chino* y su actual despliegue en el norte chico de Chile, constituye un aporte fundamental para comprender este espacio festivo-ritual autónomo en su contexto histórico diacrónico –desde la época colonial– y sincrónico –sus expresiones actuales–, así como su tradición oral y visual.

Empero, no resulta difícil percatar una cierta ambigüedad o dificultad en torno al posicionamiento y propuesta de estos autores respecto a la "identidad indígena que posiblemente aún perviva en la abigarrada mixtura de muchas familias, bailes y comunidades" (CONTRERAS & GONZÁLEZ, 2014: 49). Los autores, citando a Tristan Platt –importante investigador de las sociedades andinas contemporáneas en Bolivia–, concuerdan con que el pasado indígena no ha sido superado y que este emerge en la memoria de las actuales generaciones mestizas. De esta manera, en el grueso del texto se describen múltiples vínculos entre la espiritualidad *chin*a con los legados indígenas prehispánicos que sobrevivieron al impacto de la colonización, aunque, paradójicamente, afirman:

> El chino no nos ha provisto de relatos que en el contexto moderno nos hablen necesariamente de una historia de desigualdades y atropellos, cual lo fuese en el pasado remoto la encomienda. Por su parte, la encomienda, y con ella la servidumbre, es una pieza del proceso que creó las condiciones para el surgimiento de los bailes de indios, no obstante, la encomienda no encierra en sí la definición de chino, ni en su sentido operativo ni en su sentido histórico. Menos aún en los últimos 200 años, periodo en que *ser* chino ha venido expresando un conjunto de relaciones y

significados más complejos. De esta manera, no creemos aceptable la tesis que *chino* exprese algún etos cultural o esencial (CONTRERAS & GONZÁLEZ, 2014: 47).

Pero precisan lo siguiente:

> [...] ha existido diversidad de nociones en torno a la voz *chino*, que es la que denomina al integrante del baile de flauta y tambor. Pero más allá del ámbito devocional, el *chino* también designó al trabajador vinculado a la producción minera; en su acepción femenina, esta voz señalaba a la mujer que trabajaba en los servicios domésticos, o bien, aquella que convivía en condición de concubinato (CONTRERAS & GONZÁLEZ, 2014: 47).

Esta notoria dificultad por la comprensión de las identidades históricas que conforman lo *chino* se enmarca en el esfuerzo que los autores realizan para evitar una lectura esencialista del mismo, sin embargo, la interpretación de estos autores no logra, desde mi perspectiva, una elaboración intelectual fiel a un componente fundamental del hecho colonial, mas someramente la nombra: la desarticulación comunitaria de las sociedades prehispánicas locales, junto a la *internalización* el colonialismo y la destrucción de sus imágenes sagradas, vino de la mano con el dislocamiento de las construcciones sociales de las diferencias de género (RIVERA CUSICANQUI, [1997] 2010). Este doble impacto, colonial y patriarcal, ha sido ampliamente elaborado en lo teórico y en la praxis desde múltiples regiones y tiempos en el continente americano. Por señalar con lo que más me identifico, considero importante la conceptualización del *ethos barroco* desarrollado por el filósofo ecuatoriano-mexicano BOLÍVAR ECHEVERRÍA (1998, 2002), o sobre el *colonialismo interno* en el trabajo de la socióloga boliviana SILVIA RIVERA CUSICANQUI [1984] (2010). Particularmente en Chile, destaco los aportes de PEDRO MORANDÉ (1984) en torno la preeminencia de una cultura ritual mestiza sobre el proyecto ilustrado de modernización y el trabajo de SONIA MONTECINO [1991] (2011), los cuales describen un clima altamente conflictivo en el choque del colonialismo europeo sobre los pueblos de América-Abya Yala y su reactualización en durante cada horizonte histórico, hasta el actual horizonte republicano (neo)liberal. Aquí, la simbólica de nuestras Vírgenes Marías adoptadas en cada paisaje particular de este continente, encarnaría la alegoría fundamental de la colonización y las formas de resistencia política y espiritual de las sociedades nativas.

> La unión entre el español y la mujer india terminó muy pocas veces en la institución del matrimonio. Normalmente, la madre permanecía junto a su hijo, a su huacho, abandonada y buscando estrategias para su sustento. El padre español se transformó así en un ausente. La progenitora, presente y singular era quien entregaba una parte del origen: el padre era plural, podía ser este o aquel español, un padre genérico (MORANDÉ, 1984; en MONTECINO, [1991] 2011)

De esta manera, consideramos crucial para comprender la rica y compleja expresividad de los *bailes chinos* no soslayar estas miradas que hallan en este nodo crítico el mito fundacional de nuestras culturas latinoamericanas.

> La china, la mestiza, la pobre, continuó siendo ese "obscuro objeto del deseo" de los hombres; era ella quien "iniciaba" a los hijos de la familia en la vida sexual; pero también era la suplantadora de la madre, en su calidad de "nana" (niñera). China-madre y china-sexo se conjuntaron para reproducir la alegoría madre/hijo de las constituciones genéricas en nuestro país (MONTECINO, [1991] 2011).

A pesar de esta doble moral respecto a la construcción de un sujeto masculino-dominante, el cual se encarna tanto en el "padre ausente" de la clase popular como en las violencias físicas y simbólicas operadas desde las elites coloniales y postcoloniales, el trabajo de MAXIMILIANO SALINAS (1985, 1994, 2012) nos muestra un importante margen de resistencia espiritual y de sociabilidades amorosas, actividad que tuvo por protagonista a las mujeres de la época colonial.

El pueblo se sintió heredero de las "chinas", como se identificó a las mujeres plebeyas, denominándolas con esta expresión quechua. "China", si bien tuvo un carácter de discriminación racista –por parte de las elites–, en su expresión "chinita" fue una fórmula sobresaliente de afecto y de cariño. Las chinas fueron calificadas como indígenas sospechosas de romper la decencia del orden católico establecido [...] animaron la vida festiva y amorosa chilena del siglo XVII (SALINAS, 2012: 333).

En palabras de BOLÍVAR ECHEVERRÍA (1998), se trata de una proeza civilizatoria desplegada por la población india derrotada por la Conquista pero que respondió a la violencia colonial protegiendo un margen importante de autonomía y de reproducción social no capitalista (los valores de uso por sobre la valorización del valor). Según el filósofo, el despliegue del mestizaje como recurso de alto valor social por las clases marginales de las ciudades virreinales del siglo XVII y XVIII, cimentó la configuración de un ethos barroco y una rica "economía informal" –que pronto fue legitimada por la misma Corona– que se enfrentó al completo vacío productivo del 'espíritu' capitalista que trajeron las colonias Portuguesas y Españolas. Haciendo uso de una "estetización desmedida" de la vida cotidiana subsumida desde entonces a la contradicción capitalista, se elaboró una destreza socio-política subalterna que desbordó las legalidades e instituciones coloniales sin rebelarse ni someterse abiertamente ante ellas; sino por el contrario, haciendo uso y abuso de las mismas, instituyendo vías paralelas y sobrepuestas a las oficiales.

Es en este contexto donde las *chinas* –junto a las *zambas, moras, indias y cholas* (SALINAS, 2012)– tejieron una suerte de "tercera república", espacio intermedio entre la sociedad colonial y la sociedad india que tomaba una forma táctica para evadir el pago de tributos a la Corona, pero a la vez era utilizada por los españoles como estrategia de "blanqueamieto" de los pueblos indígena (BARRAGÁN, 1992). El costo de la conformación de esta "tercera república" que conectaba ambos mundos eran extremos: la subordinación como sirvienta, amancebada, o concubina del español; pero permitía un mecanismo de supervivencia en la que podían evadir tributos, compensar la falta de legitimidad social con poder económico y prestigios, adquirir propiedades y negocios a través de la ayuda del amante español o criollo, y aspirar a ensanchar las posibilidades sociales para su prole mestizaj, sus huachos y huachas. Las tácticas hipergámicas de estas mujeres y su apuesta por el mestizaje cristalizan esta huella conflictiva en la frontera entre las dos sociedades, abriendo espacios para la "reproducción celebratoria y prácticas de convivencia andina, formas de reciprocidad y poder rituales, haciéndolas compatibles con aquellos rasgos que en principio parecían los talismanes malignos de la cultura invasora: el dinero, el mercado, la religión católica" (RIVERA CUSICANQUI, [1997] 2010: 195).

En esta apuesta femenina por el mestizaje se revela en su máxima expresión una importante dimensión epistémica que las sociedades andinas –urbanas y rurales– han sabido proteger y desplegar en cada horizonte histórico. Se trata de un recurso de conocimientos con los cuales las clases subalternas elaboran espacios físicos y simbólicos de intermediación y contaminación para con las sociedades hegemónicas, articulando en forma contenciosa y conflictiva un abigarrado conjunto de memorias, estéticas, sonoridades y narrativas heterogéneas, las cuales se recombinan en forma yuxtapuesta. Esta noción de lo *ch'ixi* desarrollada por RIVERA (2010), más allá de las nociones de sincretismo o hibridación, conjura la no superación de los elementos constitutivos en nuestra conformación mestiza, explicándose elocuentemente en el significado literal de esta palabra aymara: un gris jaspeado de manchas menudas que denota una fuerza explosiva resultante de la articulación contenciosa de contrarios. "Lo ch'ixi conjuga el mundo indio con su apuesto, sin mezclarse nunca con él" (RIVERA, 2010: 70) en una dialéctica sin síntesis creativa de retóricas y prácticas de potencial universal capaces de subvertir el colonialismo interno y la episteme de la razón instrumental.

Ante estos complejos procesos de desplazamientos humanos, políticos y simbólicos en este continente, la comprensión del *baile chino* nos incita ahora a pensarlo en torno a las transformaciones y subversiones simbólicas en las mismas imágenes coloniales y postcoloniales *manchadas* por el mundo indígena, para así aproximarnos a una descripción acorde a su propia (contra)narrativa y autenticidad. En esta perspectiva, considero que el esfuerzo desmitificador de CONTRERAS & GONZALEZ (2014) descarta importantes aportes teóricos sobre los procesos de mestizaje, resistencias femeninas y (contra)colonización simbólica en América Latina, lo cual acarrea un importante sesgo en nuestro anhelo por recuperar nuestra memoria colectiva. Pero también, desde otro frente conceptual, pensar al baile chino como una "estrategia invisible" para la conservación de su "acervo ancestral" (PÉREZ DE ARCE, 2017) resulta estrecho e inconsistente en mi enfoque, en tanto allí se pretende abordar lo *chino* en tanto esencia, soslayando las posibilidades de transformación táctica y descolonizadora.

Por mi parte, mi deriva intelectual en los *bailes chinos* se despliega en el cúmulo de alegorías e interpretaciones colectivas de la historia encarnada en los cuerpos, las imágenes, el paisaje y los objetos presentes en las festividades, un *sentido práctico* que ha permitido a lo largo de 500 años encumbrar una narrativa subalterna frente a las elites eclesiásticas, económicas y políticas; agenciando necesidades sociales y materializándolas en esquemas motrices y automatismos corporales propios de un "estado del cuerpo" (BOURDIEU, 2007). En este sentido, el *socioanálisis* podría significar un modelo etnográfico apropiado para dotar densidad socio-histórica a nuestro mapa teórico de los *bailes chinos*. Sin embargo, el contexto postcolonial donde se desenvuelve este ritual nos conlleva situarnos al margen de las "estrategias de visibilización" propias de la tecnología epistémica dominante, y atravesar "la trama de *sentidos-en-acción*, radicalizando la crítica allí donde parecía que había llana cooptación del *habitus* bajo las presiones del 'campo' o del 'espacio social' estatizado y establecido" (GROSSO, 2012: 10). Se trata, pues, de interpretar el mundo *chino* desde una *semiopraxis* inmersa en sus fiestas, en la articulación histórica de experimentar su baile a nivel individual y colectivo elaborando análisis teóricos que aborden, sin subsumir uno sobre otro, lo visual, lo musical y lo quinestésico; integrado estos elementos en el cuerpo y éste a su vez en paisaje que habitamos. Así, exactamente como hacen lo *bailes chinos* en cada una de sus fiestas, *la samiopraxis* me posibilita intervenir en la realidad en forma táctica (GROSSO, 2012).

A partir del increíble aporte de SILVIA RIVERA Y EL COLECTIVO (2010), quienes desplegaron en la región circunlacustre de Bolivia una investigación de la semiótica visual de las espiritualidades *ch'ixis* que lo habitan, he podido formular –a modo de hipótesis– que los *bailes chinos* en su articulación imagen-movimiento fundan un espacio propio que se articula contenciosamente con los espacios Otros, dotando a los objetos-imágenes coloniales de una narrativa social inscrita en una oralidad y estética autónoma, capaz de interpelar y tender puentes con la cultura hegemónica. Así, pretendo superar una perspectiva dualista sobre los *bailes chinos* que lo conciban como mero conjunto de "usos y costumbres" que precisen ser archivados en el cerco de museos o fronteras identitarias de (in)visibilización, para comprenderlo como una verdadera episteme de alcance universal, capaz de tender puentes de inteligibilidad e interpelación con las sociedades otras. Pero tampoco cayendo al otro extremo del razonamiento que concibe un mestizaje armónico bajo la noción de "hibridez", metáfora genética que connota esterilidad en una fusión generadora de un tercero completamente nuevo (RIVERA, 2010:70).

El desafío consiste, entonces, en describir e interpretar las culturas visuales del itinerario festivo del *baile chino* en relación con sus límites y potencialidades ante la cultura global, abordando las apropiaciones sociales y subalternidades de las imágenes coloniales y postcoloniales en su relación con las comunidades a las que pertenecen y sus ritos, y sus estructuras de relación y conocimiento.

UNA SOCIOLOGÍA DE LA IMAGEN DE LOS *BAILES CHINOS.*

Mi estudio descriptivo e interpretativo de la *semiopraxis ch'ixi* del *baile chino* contempla abordar los datos etnográficos y fotografías registradas en las fiestas participadas, junto a la revisión teórica y documental, a través de la Sociología de la Imagen, metodología propuesta por la misma SILVIA RIVERA CUSICANQUI (2010, 2015). Esta propuesta de análisis de culturas visuales, independiente del método de la Antropología Visual, privilegia el uso de las imágenes como recurso interpretativo de la realidad complementario a los datos orales y/o textuales empleados, lo cual, como plantea la autora, resulta sumamente pertinente en las sociedades latinoamericanas donde "son las imágenes más que las palabras (...) las que permiten captar los sentidos bloqueados y olvidados por la lengua oficial" (RIVERA, 2010: 05). Esto para efectos de nuestro estudio sobre las culturas visuales del Baile Chino es altamente significativo, en tanto la Sociología de la

290

Imagen ha sido desarrollado como práctica académica en pleno contexto latinoamericano, por lo cual resulta una hábil propuesta para interpretar las resignificaciones y subversiones simbólicas que anclan nuestro imaginario mestizo a formas de resistencia cultural activa ante la hegemonía colonial y postcolonial.

Esta metodología se orienta a abordar toda práctica de representación, "la totalidad del mundo visual" (RIVERA, 2015: 21), donde los registros fotográficos y de video se suman al abordaje de imágenes de archivo, arte pictórico colonial, dibujos, así como también representaciones colectivas sedimentadas en el espacio (HALBWACHS, [1950] 1997). Estas visualizaciones se alternan con el texto en un "tránsito entre la imagen y la palabra" (RIVERA, 2015: 176) para crear un intertexto de narrativas teóricas, visuales y orales a través de Ensayos Visuales, donde las imágenes seleccionadas y montadas secuencialmente dialogan con las voces de los/las cultores/as y del propio investigador.

Aquí radica una importante diferencia con la Antropología Visual que cabe mencionar: está práctica no busca una representación exotizante de "sociedades otras" para ser reportadas a una "sociedad urbana/académica"; por el contrario, se trata de un ejercicio de problematización y reflexión del propio contexto cultural en donde se participa, por lo cual la participación deja de ser un *instrumento* para el conocimiento y pasa a ser un simple *presupuesto*. Por otro lado, también se diferencia respecto a la Antropología Visual en tanto el recurso de las imágenes no pretende ser sólo un documento ilustrativo de los contenidos textuales de la investigación; pues se aspira a generar a través de ellas una narrativa alterna a la textual y crear un "efecto montaje" (RIVERA, 2015: 18) que exprese un "modo de ver" (BERGER, 1975) como alegoría visual colectiva; a partir de la semiótica expresada en la estética, como narrativa interpretativa de la sociedad en la que se desenvuelve (BARTHES, 1995). Asimismo, la producción de Ensayos Visuales desde el trabajo etnográfico abre importantes potencialidades de transmisión en tanto los montajes de imágenes en diálogo con los textos ofrecen "perspectivas de comprensión de la realidad" capaces de cortar las brechas entre el lenguaje estándar-culto con los modos coloquiales del habla (RIVERA, 2010: 20).

ENSAYO VISUAL:

Feminización de una wak'a masculina. La Chinita entre la reapropiación comunal y la captura neoliberal.

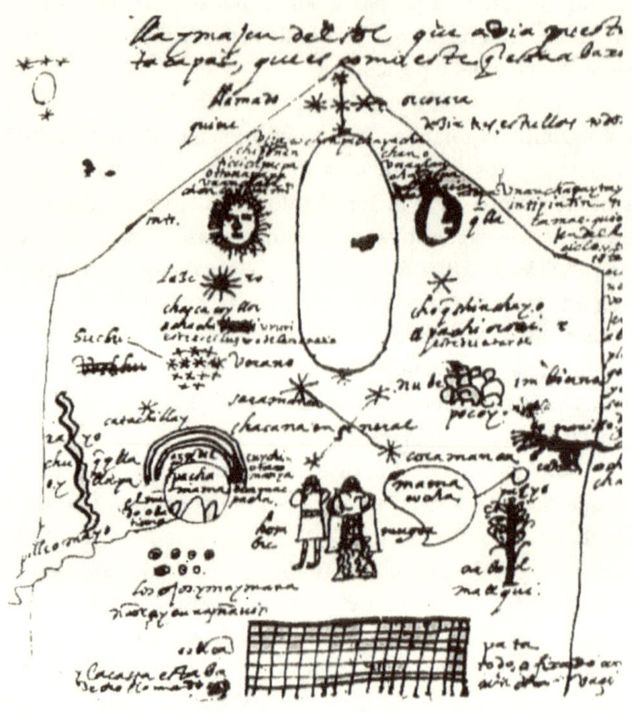

Ilustración 1. Dibujo cosmogónico de Juan Santa Cruz Pachakuti Yamki Sallkamaywa (1613) en el que representa el panteón andino según su interpretación de la plancha que afirmaba haber visto en persona en el altar del templo de Quricancha, Cusco. Allí dispone las deidades y fuerzas cósmicas, ctónicas, humanas, animales, vegetales y atmosféricas en un ordenamiento de complementariedad y reciprocidad. Al centro, entre el sol y la luna, coloca al Wiraqucha como dios creador invisible arriba de una constelación que llama "chacana en general". A la izquierda pictórica, la parte femenina, figura junto a una mujer el árbol mallqui de los ancestros, el jaguar, el lucero de la tarde y las mares y lagunas que llama "Mama Cocha". Los cerros con el nombre de "Pacha Mama" ocupan el lugar masculino a la derecha pictórica junto al rayo, al arcoíris, el lucero de la mañana y un hombre. Estas formaciones montañosas constituyen las deidades masculinas llamadas Apus o Achachilas.

Ilustración 2. Anónimo. Virgen del Cerro. s. XVIII. Museo Casa de la Moneda, Potosí. La divinidad central, flanqueada por el sol y la luna, recuerda al esquema presente en la lámina de Santa Cruz Pachakuti Yamki (GISBERT, [1980] 2004). Esta vez el cerro (Pacha Mama) que corresponde al espacio masculino ahora se ubica en el centro de la imagen y se revela con un rostro y cuerpo femenino. La luna en sus pies y la presencia luminosa y solar de la trinidad cristiana es una cita al Apocalipsis según San Juan (Ap 12). Podemos detectar así la presencia de dos dualidades en conflicto: la pareja sol y luna colonial de orientación vertical, y la pareja sol y luna andina en orientación horizontal

Ilustración 3. VIRGEN DE ANDACOLLO. Los modelos estilísticos de la Virgen Cerro de Potosí junto a la Virgen de Copacabana, entre muchas otras, se difundieron por todo el continente de la mano de los artistas mestizos de los talleres de arte barroco (CRUZ DE AMENÁBAR, 2014).

"Esta estampa de 1936 se basa en la misma imagen que se populariza en el siglo XIX por acción del mayordomo de la cofradía y primer obispo de La Serena, José Agustín de La Sierra, quien en 1827 viste a la Virgen con los ropajes que hoy conocemos" (CONTRERAS & GONZALEZ, 2014)

Desde que comencé a *chiniar* hace ya cuatro años inicié también un ciclo de viajes constante dentro del circuito anual del itinerario festivo del *baile chino,* peregrinando a través de un sin número de localidades de la zona central y note chico de Chile, para asistir a las *salidas* en procesión de algún Santo Patrón o Virgen María tutelar. En este circuito confluimos múltiples cofradías-hermandades de *chinos* –y también a veces otros *bailes* como *morenadas, danzantes, caporales,* entre otros– dispuestos a ejecutar las flautas –muy similares a las *pifilkas* mapuche– para acompañar el paseo en *andas* de la imagen sagrada anfitriona. Los *chinos* y *chinas* de cada cofradía nos ordenamos en dos filas, cara a cara, para comenzar a soplar las flautas en forma alternada (sucesiones de respuestas sonoras entre las filas), a la vez que ejecutamos las *mudanzas* (coreografías que requieren un gran esfuerzo físico) que manda el o la tamborera ubicada al medio de las dos filas. Esta autoridad corporal que encarna el/la tamborero/ra, está mediada por otra particular autoridad: el/la alférez, portador/a de una bandera generalmente "chilena" y casi siempre jefe o jefa de la cofradía. Este/a abanderado/a despliega el canto a lo divino, el cual consiste en un canto poético improvisado que toma la estructura de las cuartetas y décimas que se introdujeron en Latinoamérica durante la colonia. A cada estrofa cantada, los y las chinas de su cofradía deben repetir los dos últimos versos coreando a todo pulmón, agachando la cabeza y llevando la flauta al contacto con el suelo. ¿Se trataría de un gesto indígena inconsciente de búsqueda de contacto con la Tierra? ¿O quizá se trate de un gesto táctico calculado y pulido durante 500 años de colonización, el cual hubiera permitido el despliegue de este ritual milenario, autónomo y propio que funda su propio espacio sagrado en su desplazamiento, dentro y fuera del espacio eclesiástico?

El canto improvisado del Alférez deriva en dos formas; una en contrapuntos (interlocuciones) de coplas cantadas entre dos alférez cuando dos cofradías se *saludan* al comenzar la fiesta; y otra en el saludo a las imágenes sagradas al principio, mitad y final de la procesión. La cofradía que acompaña a cada alférez siempre repite coreando los dos últimos versos de cada cuarteta o décima cantada, amplificando el decir del poeta. Corresponde a una conversación con lo humano y con lo divino: el/la alférez junto a su cofradía se ubican frente al altar con la imagen santa para cantarle, en un diálogo directo con la imagen, sin intermediación de alguna autoridad clerical, en la que los alférez muestran su destreza poética para improvisar versos en los que va narrando las "historias" bíblicas. Así, las antiguas sonoridades de la flauta de la flauta *china* se yuxtaponen al canto de décimas y cuartetas interpretado por el/la alférez cuya estructura se muestra como europea, mas sólo en la apariencia.

Ilustración 4. CAPÍTULO DE LOS ÍDOLOS/ Uacabilca Incap/ uanacampi/ uaca/ Tupaynga/ [Dioses uacas, que por ustedes no llueva, no hiele, no granice, han dicho ahora, no, ninguno de nosotros inca] / Con todas las huacas habla el Inga. Waman Puma de Ayala. Primer nueva crónica y buen gobierno. 1612-1615.

Ilustración 5. Con ídolos de piedra hablan y cantan los Caciques-Alférez del Baile Chino. Fiesta San Pedro de Loncura 2016, región de Valparaíso. Chile. Foto: Valentina Guajardo.

La bandera del *alférez*, el *paño* como se sabe llamarlo, tiene especial relevancia como objeto de poder para poder desplegar el canto a lo divino. Su apariencia fácilmente nos conlleva a reconocerla como un objeto alusivo a la nación chilena o a lo eclesiástico, pero, conectando las historias de los antiguos *alférez* cusqueños de la elite Inka que fue reconocida por la Corona con los testimonios de los caciques de Andacollo llamados hasta hoy *pichingas* (literalmente "Incas pequeños" en la lengua mapuche) me llevaron a dilucidar unos nudos históricos que habían permanecido ajenos en nuestra memoria: el *paño* con el que le cantamos a las imágenes sagradas resulta ser una reactualización de la antigua *macana* –objeto simbólico de poder comunal indio– el cual portaron tanto los *kurakas* (caciques) del Tawantisuyu como todavía lo portan los *lonko* (caciques) de los pueblo mapuche. La estrella de piedra en la punta del bastón –la cual podemos identificar como un símbolo de *Chaska Q'oyllur*, para el contexto altiplánico andino, o *Güñerlfe*, para el contexto mapuche; ambos referidos al planeta Venus– habría sido reemplazada por una cruz cristiana (ver las secuencias de imágenes del cronista Waman Puma de Ayala (1612) donde se puede ver la "evolución" de la macana desde la época prehispánica hasta sus transformaciones en época colonial), y, encima, se le incorporó la bandera. Pero a pesar de sus transformaciones, sin haber quedado invisible ni visible del todo, el poder de esta *macana* para intervenir en los diálogos comunales, o conectar lo humano a lo sagrado para producir una lluvia, detener una tempestad, pedir por algún enfermo, o agradecer una *manda*; se encuentra latente en el seno de estas cofradías.

Figura 6. El baile chino ha mantenido "tradicionalmente" una exclusividad masculina en sus participantes. Por suerte muchos de los "usos y costumbres" se han transformado. Fiesta San Pedro de Loncura, 2016. Foto: Valentina Guajardo.

Pero debo reconocer aquí que este tipo de reconocimientos no fue fácil para un *chino* primerizo como yo. De hecho, la primera vez que *chinié* sufrí una importante intolerancia a las imágenes católicas y nacionales, tampoco me hacía gracia el repetir los versos bíblicos del *alférez*. Tanta fue mi ignorancia que terminé *chiniando* en una roca a la orilla del mar, dándole la total espalda al ritual y al mismo San Pedro, el anfitrión de la fiesta. Pero, conforme continué exponiéndome al contagio vital del *baile chino,* la interpelación de la *Chinita* hacia mi propia persona se intensificaba. Un enorme repertorio de prácticas espirituales que antes no visibilizaba o incluso despreciaba, pasaron a constituir una fuente enorme de sabidurías comunitarias de las cuales me he apropiado en aras de mantener viva la memoria colectiva, aquel alimento del alma tan importante para cultivar y resguardar nuestra propia salud, la de nuestra comunidad y la del paisaje que habitamos.

Ya hace un par de años emprendí mi iniciación como *alférez* y fui adquiriendo lo que se necesita para improvisar y rimar los versos dedicados a nuestras wak'as cristianas, para invocar su agencia benefactora sobre las comunidades y sobre las fuerzas de la naturaleza. También aprendí que las narraciones bíblicas que improvisa el Alférez en el canto a lo divino no deben ser repetidos, sino continuamente reelaborados, "poniéndole siempre algo de la propia cosecha", como me dijo Bernardo Miranda, el Alférez que me enseñó a cantar.

La *China* había logrado interpelarme, confrontando constantemente mi *habitus* esencialista y fetichista respecto de las culturas "originarias", manchando mi mirada para sensibilizarla ante aquella "puesta en escena absoluta" (ECHEVERRÍA, 2002) que enuncia desde el cuerpo y la performance una historia subalterna no textual, pero en cuyos mensajes sin código (BARTHES, [1986] 1995) aparecen formas auténticas e insumisas de reproducción social y vital, propias de un particular "modo de ver" (BERGER, 1975).

Siguiendo el calendario ritual y de fiesta en los valles transversales en que habito me conecté con un mundo subterráneo de personajes y prácticas que el discurso nacionalista y racional ha pretendido silenciar históricamente. Es en la yuxtaposición del calendario agrícola con el calendario católico y cívico donde se superponen también la simbología popular con los logotipos de la nación, dando lugar a una batalla de apropiación y reapropiación simbólica cuya trinchera principal pareciera encarnarse justamente en las imágenes sagradas. Así, el tejido común de resistencia y creatividad de las comunidades indias o *chinas* ha sido constantemente saqueado de sentidos por la política hegemónica y por la historiografía dominante; aquella mirada ilustrada que pretendió erigir los fundamentos simbólicos, sociales e históricos para imaginar e inventarse la nación apropiándose del imaginario popular.

Tomando y cooptando de la creatividad indo-mestiza, lo que en algún momento fue motivo de castigo, persecución, censura, o de *extirpación de idolatría*, las elites de antes y de ahora se han valido de la labor productiva y simbólica popular, de su música, religiosidades y estéticas propias. Resulta elocuente por ejemplo el caso de la enorme diversidad de estilos de cueca enraizados de múltiples formas en este territorio desde que una inquietante mulata –la "Monona"– nos trajera la zamacueca desde el Perú hasta Chile (SALINAS, 2012), pero uniformada, folclorizada y "apatronada" desde que se transformó en un emblema oficial de la nación durante la última dictadura militar (ROJAS, 2009; JARA, 2011). O la captura estratégica del imaginario mapuche para elaborar un pasado heróico araucano como identidad mestizo-criolla frente a la identidad española durante la Independencia, cuya marca quedo inscrita en las tempranas banderas nacionales chilenas que incorporaron la estrella de 8 puntas Wüñelfe (el planeta Venus, lucero de la mañana o de la tarde, en mapuzungún) (CARTES, 2013).

En este plano de las luchas simbólicas se perfila "la más grande paradoja de la Ilustración latinoamericana: la conciencia esclarecida tiene por oficio prender velas a sus santos" (MORANDÉ, 1984).

Ilustración 7. Tratado de Maipú de Integración y Cooperación entre la República de Chile y la República Argentina. Foto sacada de Wikipedia

Como nota MONTECINO [1991] (2011) en el "padre de la patria" Bernardo O'Higgins, el primer Director (dictador) Supremo de Chile, se personifica la subjetividad ambigua de un ilustrado superado por su ethos barroco. Emergen en su personalidad pulsiones contradictorias: su lado ilustrado masónico le exige una conducta de acuerdo a la racionalidad eurocéntrica, sin embargo, O'Higgins –al igual como lo hizo San Martín–tomó a la Virgen del Carmen como

300

emblema del proceso de independencia, bautizándola como "Generalísima de las Armas y Patrona de Chile" y prometiéndole construir un templo en Maipú, lugar donde se libró una de las batallas decisivas de la guerra. Años después, en otro intento refundacional de la nación, Augusto Pinochet se valdría también de la Virgen del Carmen como elemento sostenedor de la identidad chilena, mandando a edificar el actual Templo Votivo de Maipú sobre las ruinas del templo que O'Higgins ordenó construir en pago de su promesa a la Chinita.

Sin duda el Templo de Maipú constituye un importante escenario fundacional en el que las elites de antes y de ahora han proyectado su genealogía del poder anclada a este artificio de la nación como comunidad imaginada (ANDERSON, 1983). Incluso hace pocos años, en uno de los pactos decisivos entre el gobierno de Chile con la agenda extractivista más ambiciosa en la historia del planeta implementado en nuestro continente, se eligió este espacio para la firma oficial del Tratado de Maipú de Integración y Cooperación entre la República de Chile y la República Argentina en el marco de la Iniciativa de Integración Regional para Sudamérica (IIRSA-COSIPLAN). Este Tratado Bilateral firmado por las ex presidentas de Chile y Argentina, Michelle Bachelet y Cristina Fernández, respectivamente, en el mismo Templo Votivo de Maipú, incluyó la firma del Protocolo Complementario sobre la Constitución de la Entidad Binacional para el Proyecto Túnel Internacional Paso de Agua Negra, conectando, a través de una perforación en la cordillera andina, el valle del Elqui de la región de Coquimbo con la vecina Argentina, pero además con todo un circuito neoextractivista de interés transnacional, sobre todo de capitales chinos.

Este evento reactualizó como un flashback el famoso "abrazo de Maipú" que se dieran O'Higgins con el argentino José de San Martín, luego de que las tropas de este último ganaran la decisiva batalla de Maipú contra los realistas en 1818. Símbolo de contradictoria articulación entre "modernidad" y "tradición" para ambas naciones vecinas, este mismo escenario se encarnó nuevamente ahora en cuerpos de mujeres, a través de estos dos emblemas vivientes de las conquistas femeninas en el espacio público, laboral y político. Estas mujeres que ocuparon el ápice de la estructura del poder ilustrado republicano –masculino por antonomasia– ocupan aquí el espacio ornamental central para la configuración de estos nuevos velos de violencia encubridoras de las formas de acumulación por despojo (neo)colonial. Por medio de la palabra disociada de los actos y de la doble moral (MONTECINO, [1991] 2011; RIVERA, [1993] 2010) la imagen 'femenina' e 'integracionista' encarnada en la conjunción de estas mujeres (las ex mandatarias y la Virgen del Carmen) se convirtió en disfraz del nuevo ciclo estractivista dominado por las nuevas potencias del mercado asiático, mostrando una faceta perversamente ambigua, cuya *contradicción inauténtica* pretende apoderarse de nuestra propia memoria colectiva y nuestro imaginario para encandilarnos con renovadas parodias de "desarrollo", "democracia", "ciudadanía", "integración", "sustentabilidad", "interculturalidad", "plurinacionalidad", en fin, cualquier artificio con el objeto de colonizar nuestra subjetividad.

A nivel macro político nuestra China resultó ser capturada por el poder neocolonial, no obstante, a nivel micro político, fui testigo de *otra* Chinita que se paseaba en ese mismo escenario, con la diferencia que esta se mostraba portadora de otros significados. A principios del año 2016, en conmemoración del mito fundacional de la nación chilena, se celebró –como todos los años– la fiesta de "la Promesa" en el mismo Templo Votivo de Maipú. Allí, también fuimos convocados para *chiniar* junto a una enorme multitud de *chinas, danzantes, morenadas, diabladas, gitanas* y *caporales*, para sacar en procesión a la Virgen del Carmen, el mismo ídolo de nuestros "padres y madres de la patria".

Esa vez experimente una sensación límite de encontrarme en aquel espacio en el que con tanta fuerza se pretenden fundar los códigos civilizatorios hegemónicos, pero a la vez desbordado por la *chimuchina* de múltiples sonoridades, corporalidades, estéticas, danzas, memorias e identificaciones en constante desplazamiento: ninguno de estos personajes coincidía con el estereotipo nacional de lo chileno, más bien parecía una verdadera burla frente a la construcción de la "chilenidad", a los símbolos patrios y la hegemonía neoliberal. No estábamos deviniendo "nación indígena" ni "pueblo originario", por el contrario, aquel día –como cada vez que salimos a *chiniar*– fortalecimos nuestros vínculos y rompimos nuevamente con las fronteras identitarias (auto)impuestas, viviendo la contradicción de una forma original y auténtica.

Ilustración 8. La chimuchina en la fiesta "La Promesa" en el Templo Votivo de Maipú, Abril 2016. Foto: Andrés Gálvez.

REFERENCIAS BIBLIOGRÁFICAS.

ANDERSON, B. (1983). *Comunidades Imaginadas. Reflexiones sobre el origen y la difusión del Nacionalismo.* México: Fondo de Cultura Económica.

BARRAGÁN, R. (1992). Entre polleras, lliqllas y ñañacas. Los mestizos y la emergencia de la tercera República. *Etnicidad, economía, simbolismo en los Andes.* 85-128 La Paz: HISBO/IFEA/SBH-ASUR/ASUR.

BARTHES, R. (1995) [1982]. Lo obvio y lo obtuso. Imágenes, gestos, voces. Barcelona: Paidós.

BERGER, J. (1975). *Modos de ver.* Barcelona: G. Gili.

BOURDIEU, P. (2007). *El sentido práctico.* México: Siglo XXI.

BÓRQUEZ, L. (1987). *Bailes Chinos, Aspectos Musicales y Coreográficos en Tres Fiestas Religiosas de Aconcagua.* Memoria para optar al título de profesor de Educación Musical. Esc. de Música de la U. Católica de Valparaíso, Valparaíso.

CARTES, A. (2013). Arauco, matriz retórica de Chile: símbolos, etnia y nación. *Si Somos Americanos. Revista de Estudios Transfronterizos,* (13)2, 191-214.

CIVALLERO, E. (2016). *Silbatos tradicionales de los Andes*. Madrid: Edgardo Civallero.

CONTRERAS, R., & GONZÁLEZ, D. (2014). *Será hasta la vuelta de año. Bailes chinos, festividades y religiosidad popular del Norte Chico*. Santiago: Consejo Nacional de las Culturas y las Artes. Gobierno de Chile.

CRUZ DE AMENÁBAR, I. (2014). Vírgenes Sur Andinas: María, territorio y protección. Pintura virreinal siglos XVII-XIX. Colección Joaquín Gangarillas Infante. *Vírgenes Sur Andinas. María, territorio y protección*. Santiago: Pontificia Universidad Católica de Chile.

ECHEVERRÍA, B. (1998). *La modernidad de lo barroco*. México: Era.

ECHEVERRÍA, B. (2002). La clave barroca de América Latina. *Bolívar Echeverría discurso crítico y filosofía de la cultura*. Recuperado el 30/09/2016 de www.bolivare.unam.mx/ensayos/La%20clave%20barroca%20en%20America%20Latina.pdf

FABRE, B., DE LA CUADRA, P., & PÉREZ DE ARCE, J. (2012). Antaras Aconcagua: un estudio antropológico y acústico. *Aisthesis*, (52), 325-342. https://dx.doi.org/10.4067/S0718-71812012000200017

GISBERT, T. [1980] (2004). *Iconografía y mitos indígenas en el arte*. La Paz: Gisbert y Cia.

GROSSO, J. L. (2012). *Del Socioanálisis a la Semiopraxis de la Gestión Social del Conocimiento. Contranarrativas en la telaraña global*. Popayán: Universidad del Cauca.

HALBWACHS, M. (1996) [1950]. *La memoria colectiva y el espacio* (Traductora Rivera Cusicanqui, S.). La Paz: Aruwiyiri.

JARA, I. (2011). Politizar el paisaje, ilustrar la patria: nacionalismo, dictadura chilena y proyecto editorial. *AISTHESIS*, 50, 230-252.

MERCADO, C. (1995-1996). Música y estados de conciencia en fiestas rituales de Chile central. Inmenso puente al universo. *Revista Chilena de Antropología* 13:163-196.

MERCADO, C. (2005). Con mi flauta hasta la tumba. *Boletín del Museo Chileno de Arte Precolombiono*, vol 10, núm 2, 2005, pp. 29-49. Museo Chileno de Arte Precolombino. Santiago: Museo de Arte Precolombino.

MERCADO, C. (2002). Ritualidades en conflicto: los bailes chinos y la Iglesia católica en Chile central. Revista Musical Chilena. 56(197), 39-76.

MERCADO, C. (2003) Chinieando en el Aconcagua. *Con mi humilde devoción. Bailes chinos en Chile central*, C. Aldunate, Ed, 11-17. Santiago: Museo Chileno de Arte Precolombino/Banco Santander.

MONTECINO, S. (2007) [1991]. *Madres y huachos. Alegorías del mestizaje chileno*. Santiago: Dos Siglos.

MORANDÉ, P. (1984). *Cultura y modernización en América Latina*. Santiago: Cuadernos del Instituto de Sociología Pontificia Universidad Católica de Chile.

PÉREZ DE ARCE, J. (1996). Polifonía en fiestas rituales de Chile central. *Revista Musical Chilena*, 1(185):38-59.

PÉREZ DE ARCE, J. (1997). El sonido rajado. Una historia milenaria. *Valles. Revista de Estudios Regionales*. (3)3, 141–150. La ligua: Museo de La Ligua.

PÉREZ DE ARCE, J. (2014). Flautas de piedra combarbalita morada de Chile Central y Norte Semiárido. *Boletín del Museo Chileno de Arte Precolombino* 19:29-54.

PÉREZ DE ARCE, J. (2017). Bailes Chinos y su identidad invisible. *Chungará, Revista de Antropología Chilena* 2017.

POMA DE AYALA, G. (WAMAN PUMA). (1988) [1613]. *El primer nueva corónica y buen gobierno*. Edición crítica de John V. Murra y Rolena Adorno con traducción qhichwa por Jorge L. Urioste. México: Siglo XXI.

PUMARINO, R. y A. SANGUEZA (1968). *Bailes Chinos en Aconcagua y Valparaíso*. Ed. de la Consejería Nacional de Promoción Popular, Santiago.

RIVERA CUSICANQUI, S. [1984] (2010).*Oprimidos pero no vencidos. Luchas del campesinado Aymara y Qhechwa, 1900-1980. La Paz: La Mirada Salvaje*.

RIVERA CUSICANQUI, S. [1993] (2010). En defensa de mi hipótesis sobre el mestizaje colonial andino. *Violencias (re)encubiertas en Bolivia*. La Paz: La mirada del jaguar.

RIVERA CUSICANQUI, S. [1997] (2010). Mujeres y estructuras de poder en los Andes: de la etnohistoria a la política. *Violencias (re)encubiertas en Bolivia*. La Paz: La mirada del jaguar.

RIVERA CUSICANQUI, S. (2010). Ch'ixinakax utxiwa: una reflexión sobre prácticas y discursos descolonizadores. Buenos Aires: Tinta Limón.

RIVERA CUSICANQUI, S. (2015). *Sociología de la imagen. Miradas ch'ixi desde la historia andina.* Buenos Aires: Tinta Limón.

RIVERA CUSICANQUI, S. & EL COLECTIVO (2010). *Principio Potosí Reverso.* Madrid: Reina Sofía.

ROJAS, A. (2009). Las cuecas como representaciones estético-políticas de chilenidad en Santiago entre 1979 y 1989. *Revista Musical Chilena,* 212, 51-76.

RONDÓN, V. (2003) La herencia indígena en la música y ritualidad rural de Chile central. *Con mi humilde devoción. Bailes chinos en Chile central,* C. Aldunate, Ed, 11-17. Santiago: Museo Chileno de Arte Precolombino/Banco Santander.

SALINAS, M. (1985). *Canto a lo divino y religión del oprimido en Chile.* Santiago: Rehue.

SALINAS, M. (1994). *Las Chilenas de la Colonia. Virtud Sumisa, Amor Rebelde.* Lom, Santiago.

SALINAS, M. (2012). Mujeres indígenas, moriscas y africanas: Los mestizajes y la representación de la sociabilidad amorosa de Chile. Chungará, Revista de Antropología Chilena. 44(2), 325-340.

URIBE, J. (1958). Contrapunto de Alféreces en la Provincia de Valparaíso. Ed. de los Anales de la Universidad de Chile, serie celeste Nº 1, Santiago

DIABLOS DANZANTES DE VENEZUELA: EXPRESIÓN DE RELIGIOSIDAD POPULAR

Sonia García[71]

Venezuela Dancing Devil Corpus Christi popular religiosity

The figure of the Devil, which arrived in America via Hispanic irruption, acquired hybrid, ethnical -mixed features. Integrated to the celebration of Corpus Christi in order to represent the submission of evil to divine power, it keeps its promise by dancing through the streets wearing a mask and a multicolored garment. In this way, this dancing devil, an attractive display of popular religiosity, keeps in Venezuela eleven congregations which, grouped in the Confraternity of the Sacred Sacrament, were declared by Unesco as an Intangible Cultural Heritage of Humanity in the year 2012.

> *Tres jueves*
> *hay en el año*
> *que causan*
> *admiración:*
> *jueves*
> *santo, Corpus*
> *Christi y*
> *jueves de la*
> *ascensión*
> Copla
> popular

El diablo danzante, una de las más vistosas y antiguas expresiones de religiosidad popular en Venezuela, protagoniza la sumisión del mal al poder divino en una festividad de la iglesia Católica, Corpus Christi.

¿Y por qué la figura del diablo? Por la identificación que de él hizo la iglesia con el concepto del mal, presente en el imaginario de todas las civilizaciones. De ahí su inclusión en la escenificación de

---

[71] Universidad Simón Bolívar, Caracas, Venezuela, sggarcia@usb.ve

"

Corpus Christi, junto con varios monstruos Al respecto vale puntualizar que el personaje tiene allí un rol puramente escénico, con propósito doctrinario, sin nexos con prácticas ocultas. Pero, paradójicamente, su vistosidad lo convirtió en centro del ritual dedicado al altísimo.

Máscaras San Francisco de Yare

Orígenes y expansión

Fiesta móvil ubicada entre mayo y junio, Corpus Christi nació en Belgica en el siglo XIII, se expandió por Europa, y, convertida en la más imponente celebración religiosa de la España medieval, llegó a América con el conquistador en el siglo XVI. A partir de allí la figura se expandió, tanto en el campo religioso como en el festivo o de carnaval; particularmente en el Caribe. El primero, el diablo danzante, de notoria diversidad en Venezuela, fue nombrado Patrimonio inmaterial de la Humanidad por la Unesco en el año 2012. Su diversidad proviene de la expansión alcanzada por la fiesta de Corpus en el país durante la etapa colonial; con el tiempo desapareció de muchos lugares pero se mantuvo en poblaciones de la región centro-norte y alrededores, eje de la dinámica agraria y comercial de entonces.

Puerto Cabello. Encuentro de Diablos

La población esclavizada, obligada a ejercer el papel del maligno en la escenificación de Corpus Christi, era admitida únicamente en la cofradía del Santísimo Sacramento. De ahí que ese organismo se convirtieera en centro de apoyo en casos de enfermedad y muerte y así, como era de esperar, generó en sus miembros lazos de hermandad y sentido de pertenencia. De este modo la cofradía adquirió caráctr de religión para el danzante.

. En cuanto a la festividad en sí, el proceso de sincretismo religioso resultante dio pie a la integración de elementos de cada localidad, comunidades aisladas entre sí por falta de vías terrestres. En este contexto era previsible que el ritual de base absorbiera aportes locales y fuera configurando variantes caracaterísticas de cada una de las once cofradías que, a fines del siglo XX, decidieron agruparse en la Asociación de Diablos Danzantes de Venezuela: Cata, Cuyagua, Chuao. Naiguatá, Ocumares de la Costa, Patanemo, San Francisco de Yare, San Millán, San Rafael de Orituco, Tinaquillo y Turiamo. Cada una cuenta con un número variable de promeseros, de 30 a 40 en las menos numerosas, hasta unos 800 o más en las de mayor cantidad, Naiguatá y San Francisco de Yare. Paralelamente se mantienen unas cuantas cofradías en varias poblaciones que no han sido integradas a la Asociación, entre ellas Guacara y Canoabo.

Diablos de Guacara.

La fiesta

La fiesta de Corpus Christi, preservada por tradición oral, tiene principal soporte en los cofrades, que rinden culto al Santísimo Sacramento. El tiempo de promesa -de por vida o por determinado número de años- lo establece el socio en el marco de su cofradía.

310

En la fecha de celebración los diablos recorren las calles con vestimenta ritual: -pantalón, camisa y alpargata (calzado del campesino en otros tiempos)-, además de la capa, látigo y cola que llevan algunas hermandades. La indumentaria remata en una llamativa máscara que destaca cuernos, fauces, lengua y adopta, según la cofradía, la clásica figura de Lucifer o rostro humano, imagen zoomórfica o de fantasía como en Naiguatá, donde cada traje y cada máscara suelen ser exclusivos.

Diablos de Naiguatá

El vistoso traje del diablo es confeccionado, en general, con llamativas telas estampadas, salvo unas pocas unicolores a partir de cambios realizados en el siglo XX. El traje de Naiguatá, pintado a mano, es totalmenate cubierto con figuras geométricas, religiosas y otras, sin espacio vacio por donde pudieran penetrar fuerzas oscuras implícitamente invocadas al adoptar la imagen del maligno. Esta búsqueda de protección se refuerza con medallas de santos, escapularios y cruces de palma bendita que, entre oraciones, se colocan en el cuerpo, traje y calzado. Con igual propósito, ciertas diabladas llevan cascabeles en el traje y un cinturón de campanas a la espalda. Los Diablos de la costa -Cuyagua, Ocumare, Patanemo y Turiamo- tienen ciertas similitudes, producto de la comunicación marítima que caracterizó la etapa colonial.

Diablos de la Costa

Ritual

Algunas cofradías inician su llamativo ritual, lleno de color y fe, en víspera de Corpus, el día miércoles, con el *bautizo* de los diablos nuevos que se incorporan a la cofradía. El día central de la fiesta -originalmente el jueves- es celosamente celebrado por todas las

312

hermandades del país, aún cuando en el siglo XX la iglesia decidió trasladarlo al día domingo.

El propio día -el jueves-, a mediodía, cohetes y campanas convocan a los promeseros a reunirse en los alrededores deL templo; aunque algunas cofradías pasan al interior de la iglesia, otras permanecen fuera durante la misa. El momento supremo del ritual -rendir honor al Santísimo-, simboliza la caída del ángel. Para *rendir* el diablo se echa al piso, boca abajo, con las piernas en cruz y, al concluir la misa, danza por las calles al son de los instrumentos siguiendo una coreografía de menor o mayor complejidad, según la cofradía. El paso va de pequeñas carreras a vigorosa danza, con grandes saltos y movimiento de pies que trazan la cruz en el aire.

Luego de recorrer las calles el grupo comparte un almuerzo que permite reposo y resguardo de la inclemencia del sol. Por la tarde se reúnen nuevamente para salir en procesión encabezados por el sacerdote, que lleva el Santísimo bajo el palio.

Chuao. Procesión

Los diablos mantienen distancia del Santísimo, sin darle jamás la espalda en señal de respeto. Así visitan varios altares levantados en las calles por promesa de algunas familias o de grupos e instituciones -la escuela del pueblo, pescadores, agricultores, taxistas, comerciantes- al estilo de los gremios medievales. Cada altar, entre flores y adornos, lleva imágenes de santos y ofrendas -dulces, frutas, bebidas-. La procesión se detiene ante cada altar para bendicirlo. Algunas hermandades se desplazan con el cuerpo ligeramente encorvado, no erguido, en señal de sumisión; unas cuantas suelen resguardar el espacio que rodea al Santísimo, -espacio sagrado- lanzando un latigazo a quien ose invadirlo, aunque la actual afluencia de turistas inadvertidos obliga a ser comedidos en esta

práctica.
Rejos, maraca, máscaras

La fiesta ofrece espacios lúdicos como la Danza del Vaso en Naiguatá, que consiste en realizar pasos de danza por encima de un vaso que contiene una bebida. El cajero reta al danzante acelerando el ritmo y, si éste logra concluir sin derramar el vaso, le corresponde en premio beber su contenido. En Patanemo realizan juegos como trepar la puerta de la iglesia o árboles cercanos. Los de Turiamo, con la Danza del Muerto, ponen a prueba la resistencia de quien se dispone a caer al piso, pues el resto de los danzantes lo pincha con el rejo o látigo para comprobar que no está muerto.

Como se puede observar, ritual y creencias ofrecen diferencias de una a otra hermandad; también el número de miembros, trajes, coreografía e instrumentos que acompañan la danza. La maraca, en la mano izquierda, es común a todas, pero algunos llevan caja o cuatro, solos o ambos a la vez.

San Rafael deOrituco

El ritual dicta variantes en los toques: de llamada, de juego o diversión y toque solemne para *rendir* ante el Santísimo. Algunos grupos bailan el palo de cintas o realizan una coreografía basada en columnas que se entrecruzan; o trazan la compleja figura del caracol, que exige varias sesiones de ensayo. El cruce de columnas y otros movimientos suelen repetirse tres veces en honor a la Santísima Trinidad.

Organización

Las cofradías de diablos danzantes mantienen una organización propia, independiente de la iglesia aunque en coordinación para los oficios religiosos. Esta organización evoca en ciertos aspectos a la sociedad colonial. Los representantes de la cofradía mantienen una jerarquía basada en antigüedad y buena conducta. Los cargos -Primero y Segundo Capataz, Perrero o bien Capitán o Diablo Mayor- se ejercen de por vida. Por otro lado, una junta directiva elegida asume tareas organizativas y de relaciones públicas.

Como es de esperar, la fiesta ha experimentado cambios a través del tiempo, no sólo en organización, sino en detalles de indumentaria, música, danza, coreografía y otros aspectos a fin de reducir crecientes costos, o en atención a cambios sociales, sentido estético, crecimiento del grupo, actividades de difusión y otras. En cuanto a creencias, para el promesero de otras generaciones la hermandad del Santísimo Sacramento era su *religión*, pero en los nuevos tiempos no se percibe el mismo grado de compromiso. Sin embargo los jóvenes mantienen celo por la promesa y sentido de pertenencia a la hermandad. Y conservan la costumbre de consagrar al Santísimo a los hijos recién nacidos.

En sus orígenes las hermandades admitían únicamente hombres adultos pero, a mediados del siglo XX, la escasez de integrantes llevó en ciertos casos a aceptar mujeres y niños para evitar la extinción de la hermandad. Y a fines de siglo, acordaron realizar encuentros con fines de difusión, de modo que rotan presentaciones en cada uno de los once pueblos de la asociación. Algunas diabldas disponen de la casa de la Cofradía.

Casa de los Diablos. Yare

Creencias mágicas

Primordial capítulo de esta tradición son las creencias mágicas, cruce de elementos religiosos y ancestrales de distinta prcedencia. Es el caso del empleo de cascabeles y campanas para alejar al maligno, así como la adopción de cruces de palma bendita, medallas y escapularios.

La simbología que acompaña el ritual llena una fe cargada de elementos mágico-religiosos. El irrespeto al ritual y al compromiso con el Santísimo ha generado narraciones donde cuenta la aparición del diablo en figura de perro con ojos llameantes. En Naiguatá se cuenta que un cura, siguiendo modernas disposiciones de la iglesia, decidió trasladar la celebración del jueves al domingo, pero el día del mandato, a la hora precisa, las campanas de la iglesia comenzaron solas su tañido...

En suma, si bien la fiesta ha experimentados cambios a través del tiempo, el Diablo Danzante mantiene sentido de pertenencia a la hermandad y las poblaciones donde se conserva una cofradía son apreciadas por este valor.

Diablo de Tinaquillo

FUENTES CONSULTADAS

AROSEMENA, Julio. 1994. *Danzas folklóricas de la Villa de los Santos*. Panamá.

FUENTES, Cecilia y Daría Hernández. 1989. "Corpus Christi". *Revista Bigott*, nº 15, Fundación Bigott. Caracas

GARCÍA, Sonia. 2007. *Diablos danzantes de Naiguatá*. Imp. Miguel Ángel García. Caracas.

INSTITUTO NACIONAL DE FOLKLORE. 1982. *Diablos Danzantes de Venezuela*. Fundación La Salle, Caracas.

FOTOGRAFÍAS Sonia García

DE-CANTANDO LA REPETICIÓN
Manuel Álvarez Huitrayao[72]

RESUMEN: El presente trabajo aborda la pregunta por lo que repite la voz en el canto. A partir de los desarrollos filosóficos de Gilles Deleuze, en permanente conversación con conceptualizaciones psicoanalíticas, el autor aborda parte de la problemática que supone la repetición para la vida humana. Para indagar en las repercusiones de esta noción, que ya había sido iluminada de manera acuciosa por Sigmund Freud, el artículo incorpora el campo de la música, específicamente lo que compete a la música popular y lo que ahí canta. El trabajo hace alusión a las teorías freudianas sobre la repetición, principalmente la primera de 1914, que Deleuze invierte para subrayar un factor singular, novedoso como también destacaran Kierkegaard y Lacan, y la segunda, que se desprende de la teoría del texto fundamental de Freud *Más allá del principio de placer*. Los cruces que se producen en este campo teórico problemático son desarrollados por el autor en relación a nociones sobre el tiempo y el canto.

PALABRAS CLAVES: *Repetición, Deleuze, Freud, Voz, Tiempo*

RESUMO: O presente trabalho aborda a pergunta pelo que repete a voz no canto. A partir dos desenvolvimentos filosóficos de Gilles Deleuze, em permanente diálogo com conceituações psicanalíticas, os autores abordam parte da problemática que supõe a repetição para a vida humana. Para indagar as repercussões desta noção que já havia sido iluminada de maneira diligente por Sigmund Freud, o artigo incorpora o campo da música, especificamente o que compete à música popular e ao que aí canta. O trabalho põe em tensão as teorias freudianas sobre a repetição, principalmente a primeira de 1914, a qual Deleuze inverte para destacar um fator singular, original, como também destacaram Kierkegaard e Lacan. Esta característica que se desprende da segunda teoria de Freud, a partir de seu texto

---

[72] Psicólogo-Psicoanalista. Doctor en filosofía por la Universidad Complutense de Madrid. Actualmente trabaja en la Unidad de Psiquiatría del Hospital de Ovalle y en consulta privada en La Serena en Chile, miembro del Grupo de trabajo y estudios en psicopatología y psicoanálisis: *Alteridades*.

fundamental *Más além do princípio do prazer*, é desenvolvido pelos autores em relação às noções sobre o tempo.

PALAVRAS-CHAVE: *Repetição, Deleuze, Freud, Voz, Tempo.*

Agradezco a la organización de este importante y necesario Congreso por la posibilidad de estar trabajando aquí con ustedes, principalmente por el intercambio que permite entre diversas disciplinas y temáticas contemporáneas. Es fundamental para los profesionales que trabajamos en la región, en mi caso tanto en La Serena como en Ovalle, poder reunirnos en espacios destinados al debate de problemáticas actuales, pero al mismo tiempo desde una perspectiva histórica. Poder actualizar nuestras miradas acerca las inquietantes temáticas propuestas, religiosidades populares, músicas y migraciones.

Si bien mi formación profesional no ha sido dentro del campo de la antropología, mi experiencia laboral, relacionada con la escucha de personas y sus problemáticas (en una unidad de psiquiatría y en la consulta privada), me ha permitido un acercamiento a diversas conflictivas humanas, tanto en relación con lo individual como con lo colectivo, lo sociocultural. Es desde el psicoanálisis, la filosofía y la psicología que me he interesado por dialogar con el campo de la antropología, y hoy particularmente en lo que toca al ser humano (parlante, sexuado y mortal) en su relación con las músicas, tal como lo ha llamado el Congreso que nos reúne.

En lo que a mi campo de acción refiere, además de escuchar las problemáticas desde una óptica clínica, en la institución hospitalaria en la que trabajo hemos ido desarrollando un espacio denominado "taller de musicoterapia", que permite entrecruzar el campo de la clínica con el mundo de la música y lo que ello provoca en los participantes. Una de las preguntas que nos genera particular interés es cuáles son los efectos que tienen los sonidos y sus resonancias en el trabajo que una persona realiza en un dispositivo de salud mental.

Con esto les señalo brevemente el contexto desde el cual les intentaré transmitir el contenido de la ponencia. Lo que me interesa presentarles en esta ocasión es a su vez fruto de un trabajo de investigación que he venido desarrollando acerca de la interpretación psicoanalítica del problema de la repetición. Problema que por cierto, ha sido trabajado también en el campo de la música, campo en el cual voy avanzando en mis investigaciones, aprovecho de mencionarles dos trabajos que me han parecido relevantes uno de Nacenta *"A la escucha de la repetición musical"* del año 2014 y otro compilado por Fridman *"Esto lo estoy tocando mañana. Música y psicoanálisis"* del año 2011.

FREUD Y EL PROBLEMA DE LA REPETICIÓN

Un primer punto a elucidar, y que supone un antecedente para lo que intentaré desarrollar, es el abordaje del problema de la repetición por parte de Sigmund Freud. Él ha trabajado el concepto de manera rigurosa y sistemática, y a partir de él, todo el sistema de pensamiento y trabajo psicoanalítico (Álvarez, 2016).

El primer acercamiento del creador del psicoanálisis es en 1914 en su texto *Recordar, repetir y reelaborar*, época en la cual surge su idea de que el paciente repite (*actúa* dirá) en transferencia lo que no puede recordar (Freud, 1914). Este pensamiento supone que la repetición se opone al recuerdo y al mismo tiempo, que se pone en escena frente al analista algo de lo inconsciente a través del acto. Gilles Deleuze señalará que esta es la forma *negativa* de la repetición, por cuanto se sitúa posterior a la represión: se dirá repetimos porque reprimimos (Deleuze, 1968)

El segundo momento surge a partir de su trabajo fundamental de 1920, *Más allá del principio de placer*. Este año Freud da cuenta de una *tendencia repetitiva* (como la llamará Lacan años más tarde), que sobrepasa la lógica de que el ser humano busca el placer y evita el displacer (Freud, 1920). El padre del psicoanálisis plantea, a partir del trabajo clínico y sus indagaciones (transferencia negativa y sueños de neurosis traumáticas), que habita en el ser humano una tendencia *demoníaca* de búsqueda del propio mal. En este momento emerge la idea de repetición ligada a un factor *autodestructivo* que se hará singular en cada ser humano. En palabras de Massimo Recalcati: *"la arqueología pulsional de Freud muestra que el impulso conservativo de la pulsión contrasta con todo programa de civilización del ser humano. Muestra que un resto pulsional, un plus pulsional, un triebhafter, no se deja gobernar por el programa de la Cultura"* (Recalcatti, 2007: 85).

Este factor, que surge en 1920, en la actualidad se piensa del lado del *exceso*, aquel *resto* con el cual tenemos que vérnosla en el día a día, y que muchas veces, tal como nos toca ver en la clínica, se torna ingobernable e inabordable para un individuo, tal como podría pensarse del lado de las adicciones o en los trastornos alimentarios, tan comunes en nuestra época.

Ahora bien, esta *ominosa* tendencia repetitiva del ser humano no ha sido únicamente abordada por el psicoanálisis, si bien es donde más fuerza ha cobrado el concepto, con la misma rigurosidad ha sido objeto de estudio de la filosofía. Pensadores anteriores y posteriores a Freud, como Kierkegaard en su trabajo *La repetición*, Nietzsche con su concepto del *eterno retorno*, o Deleuze en su tratado llamado *Diferencia y repetición*, han desarrollado parte importante de su trabajo en función de esta problemática noción (Álvarez, 2016).

LA REPETICIÓN EN DELEUZE Y EL CAMPO DE LO MUSICAL

Para explicar mejor lo que les estoy planteando en este trabajo, podemos pensar en aquello, que hablando del campo de la música aparece justamente como su *exceso*. O dicho de otra manera, aquello que desborda la estructura musical como proyecto de conservatorio. Proponemos rastrear aquello que propasa la historia de la música (tanto la oficial, como la under), intentar iluminar aquel *sonido transgresor* que no se somete y que a su vez, no puede ser leído desde la matriz de tonos y notas de las estructuras musicales de corte occidental, pudiendo acercándonos con ello a un factor central de lo que se ha denominado música popular.

Para indagar en esta *transgresión acústica* es interesante atender a algunos pasajes de la música popular brasileña (MPB), música que por cierto tiene entre sus raíces la sonoridad africana al menos en sus percusiones. Podemos recordar cómo en las bases de este movimiento aparece una defensa sustancial de la figura del "desafinado" en la canción homónima de Antonio Carlos Jobim, quien canta a pesar de la "insistencia en clasificar" lo que canta:

"Se você insiste emclassificar, meucomportamento de anti-musical, eumesmomentindodevo argumentar, que isto é bossa nova, que isto é muito natural. O que vocênão sabe nemsequerpressente, é que os desafinados tambémtêm un coração…"[73]

---

[73] Desafinado: es una canción de bossa nova compuesta por Antonio Carlos Jobim y Newton Mendonça

Del mismo modo, para iluminar esta problemática, podemos recordar la relación que sostiene el personaje del monólogo de Süskind llamado *El contrabajo,* con su instrumento. Recordemos que él, *"artista educado en el sentido clásico de lo bello"*, se ve enfrentado a la disyuntiva que le plantean la estructura y los compases de la orquesta nacional de Berlín, disciplinada y jerarquizada, y el *"sin sabor"* (tal como lo plantea el protagonista) de la improvisación y la sexualidad (Süskind, 1987).

Aparece así, en función de estas nociones la distinción absolutamente evidente y reconocida, no por ello menos interesante, entre lo popular, la música popular y la música clásica relacionada con la alta cultura y sus formas de medición. Distinción que permanentemente está en los debates y que ha sido puesta en discusión entre otros por José Luis Pardo en su libro *Esto no es música. Introducción al malestar en la cultura de masas.*

LA PERSPECTIVA DELEUZIANA

Deleuze dejó ver en diferentes momentos de su obra varias referencias a la música. Se interesó de manera fecunda en el campo del sonido, llegando a establecer sugerentes diálogos con teóricos de la música, tal como son los importantes intercambios con Pierre Boulez. A partir de esto, surge la posibilidad de considerar este campo como un terreno fértil para trabajar los alcances de la noción de repetición, específicamente la música popular que supone a la *voz* como soporte de lo que acontece en el canto.

Podemos pensar que el marco de referencia que propone Deleuze nos permite desprender ciertas preguntas sobre la relación entre la noción de repetición y la música, o de un modo más específico, con el canto. Preguntémonos: ¿Qué repite la voz en el canto?, Por cierto nos hacemos una pregunta amplia y este trabajo no intentará obturar o responder a cabalidad dicha compleja cuestión, lo que si intentaremos es acercarnos a este campo problemático que ya el psicoanálisis, a partir de Lacan, iluminó con el concepto de *pulsión invocante.*

El problema de la repetición para Deleuze se establece dentro de la noción sumamente filosófica de tiempo. Específicamente con lo que él denomina la *síntesis trascendental del tiempo.* Para el filósofo francés, a partir de un aforismo de David Hume, que dice *"la repetición no modifica nada en el objeto que se repite, pero cambia algo en el espíritu que la contempla"* (Deleuze, 1968: 119), se instala un nuevo problema, aludiendo al psicoanálisis diremos que el sujeto no asiste a la repetición, sino que ésta es su soporte.

Estas *síntesis del tiempo* (*síntesis pasiva*, ligada a la imaginación, y *síntesis activa*, ligada a la memoria y el entendimiento), no harían otra cosa "más qué" hacer el tiempo en el psiquismo, con lo extraño que nos pueda parecer la idea de que el tiempo se construye y no es una convención dada. Es esta idea particular la que hemos intentado poner en juego para pensar qué repite la voz en el canto. Para ser más precisos: qué repite *en* la voz

Para Deleuze este modo de pensar las cosas está ligado al sentido "positivo" de la repetición (Deleuze, 1968). El hecho de que la repetición tome un carácter absolutamente *singular*, de un constante ahora, del momento único, y dicho paradojalmente irrepetible, proviene del trabajo de interpretación deleuziana de la teoría freudiana, sobre todo desarrollada en *Más allá del principio de placer* y la conceptualización de la pulsión de muerte. Deleuze desprende de ahí el sentido *positivo* de la repetición, intercambiando los factores y señalando que: reprimimos porque repetimos, quedando la repetición en el lugar de lo inédito, como *terrible potencia independiente* dirá Deleuze (Deleuze, 1968). No podemos olvidar, en este mismo sentido, los planteamientos de Kierkegaard, que tanto sentido le hiciera también a Lacan, acerca de que la repetición supone lo nuevo (Kierkegaard, 1843).

Para Deleuze la repetición sostiene la idea, tal como he señalado, de hacer el tiempo en el psiquismo. Con ello se abre la posibilidad de que dicho tiempo se ponga en relación a su vez con aspectos más profundos del ser humano. Es decir, al ser el tiempo una síntesis y no una convención únicamente sociocultural, permite que aquel tiempo en tanto síntesis de un antes, un presente y un futuro se articule con lo que Bergson llamó el *zumbido profundo de la vida*, y que ha desarrollado bajo el concepto de *duración* (Bergson, 1957).

Este problema nos plantea el encuentro o desencuentro entre dos dimensiones del tiempo, aquello que la filosofía ha abordado a través de la distinción entre *Cronos*, que de alguna manera da cuenta de lo mensurable del tiempo, de una cierta estructura temporal. Y *Aión* que correspondería al lugar de los acontecimientos incorporales y de los atributos distintos de las cualidades, *es pura forma vacía del tiempo* (Deleuze, 1971). Veremos cómo esta distinción nos aporta al problema.

324

En cuanto al campo de lo musical y la voz que ahí canta, podemos pensar con los trabajos de Deleuze y la noción de síntesis del tiempo, que esta misma permitiría la inscripción de un acontecimiento *presente* (un sonido), situándolo frente a un *antes* (sonido previo) y un *por-venir* el sonido que se espera), operación que se resume en el concepto de *hábito* que Deleuze recogió de Hume (Deleuze, 1968). A partir del hábito podemos pensar en la inscripción de los sonidos en un individuo, como ejemplo podemos pensar en la inscripción de la voz de la madre o del padre, su sonoridad, su timbre, su tono, en el bebé recién nacido. No es la voz de la madre lo que se repite en el bebé, sino lo que ella evoca, ahí ha de pensarse el hábito, que permite a través de un ahora, evocar un pasado, y suponer un por-venir.

LO MUSICAL Y LOS DOS TIEMPOS, BERGSON Y BOULEZ

Volvamos a evocar un pasaje de la MPB, cuando le canta a aquello singular que está más allá de las notas de la escala musical, tal como podemos ver en la canción *Samba de uma nota só:*

"Eis aqui este sambinha feito de uma nota só. Outras notas vão entrar mas a base é uma só...E quem quer todas as notas: ré, mi, fá, sol, lá, si, dó. Fica sempre sem nenhuma, fique numa nota só."[74]

Este pasaje nos permite hacer referencia a la "nota única", aquella nota que no entra en la calificación de las notas de las escalas, sino que se presenta al modo del *zumbido profundo* que planteara Bergson. A este respecto, el filósofo francés, propone pensar, tal como les señalaba, en esta base de la experiencia humana bajo la noción de *duración*, que apela a lo indivisible, lo continuo, aquel movimiento que escapa al mundo de las representaciones (Bergson, 1957).

Bergson nos recuerda el ejemplo del filósofo presocrático Zenón de Elea quien sostuviera que al lanzar una flecha desde un punto A a un punto B se establece la dificultad de pensar el movimiento. Esto dado que cada instante de la flecha no tiene tiempo (cronológico), dado esto para pensar el movimiento de la flecha sólo nos queda hacer de él una serie de cortes o de marcas, de segmentos

---

[74] *Samba de uma nota só, es una canción brasileña de 1959 con letra de Newton Mendonça y música de Tom Jobim. La canción fue incluida en el álbum «Jazz Samba» de Stan Getz, Charlie Byrd y Antonio Carlos Jobim que obtuvo un premio Grammy en 1963*

que permitan visualizar el movimiento entre un corte y otro (Bergson, 1957). Esto significa que para poder "ver" el movimiento es necesario fijar dos instantes, tal como se ve con el reloj analógico y las marcas que sitúan el movimiento del segundero. Para ver el movimiento se hace necesario medirlo

La *duración real* que propone Bergson no es otra cosa que el tiempo sostenido en su pureza, con lo cual nos acercamos bastante al campo que abre Aión frente a Cronos. Esa pura forma vacía que no se deja medir. Tal como planteaba anteriormente es dable relacionar con esta forma vacía el *exceso* que no entra en las lógicas del pensamiento, de lo mensurable, de lo representacional.

Deleuze, a quien le gustaban tanto las metáforas de la naturaleza, señalaba que la duración no es otra cosa que el río que no detiene su fluir, dado que su cauce no coincide con lo inmóvil, no puede hacerse de ello su representación. Pienso que perfectamente puede hacerse mención a propósito de esto de lo que Lacan también iluminara con el registro que llamó *lo real,* eso imposible de ser simbolizado.

Bergson lo expresa así:

> *"Reconozco que por regla general nos colocamos en el tiempo espacializado. No tenemos ningún interés en escuchar el zumbido ininterrumpido de la vida profunda. Y sin embargo la duración real está ahí..."* (Bergson, 1957: 27)

Si bien Bergson nos interpela señalando de algún modo que no nos acercamos a la duración real, es dable preguntarse si acaso no es aquello lo que se pone en juego en la música popular, o planteado de otro modo, ¿no es lo propio de la música popular? Tanto si pensamos en Chile con la música de Violeta Parra que permanentemente le canta a la inmanencia de la vida: *"gracias a la vida que me ha dado tanto, me ha dado el sonido..."*, o con el fado portugués donde aparece la melancolía misma cantando, el tango argentino, el flamenco andaluz ¿no son modos de cantar la repetición?

Me parece muy interesante pensar en que hay *algo* en la música popular que es cantado, muchas de estas creaciones se articulan en su leitmotiv a una especie de "sin fin", un exceso que va y viene, los sinsabores del amor y la sexualidad. ¿No es acaso la vida la que está siendo cantada? ¿No es un constante *ahora* que está siendo cantando en la música popular? ¿Acaso no se *repetía* Violeta Parra en su canto? Por decirlo de alguna forma los cantores (y no cantantes) cantan *a*, cantan *desde*, cantan *por*, cantan *para*. Podemos pensar que la vida está siendo cantada, que suena, re-suena y reclama ser escuchada. La vida en Una vida *repite* su canto.

En el monólogo de *El Contrabajo* podemos leer la dificultad de imbricar, de poner en relación una suerte de pulso sexuado, por llamarlo de una forma que hace alusión a la noción de pulsión para el psicoanálisis, con el pulso que impone la orquesta nacional. El personaje (sin nombre con lo que resalta su anonimato) es el agente del pulso de la orquesta. Este alemán si bien da cuenta de la existencia de lo que él llama "el semen musical", aludiendo a la función creadora de la música, no puede por ello abandonar la problemática de vacío que en su existencia provoca este otro pulso (Süskind, 1987).

Es un tempo como señalara Pierre Boulez en su trabajo *Puntos de referencia* que se reconoce en los motivos de lo que se escucha, que permitiría a su vez poner en contra al personaje con su guión, al personaje con el autor, a la música tocada con la máquina (Boulez, 1981). En el mismo libro *El Contrabajo* aparece la fantasía en el protagonista del *"grito del contrabajo"*, como aquello que no sólo permitiría seducir a la soprano, sino que además dejar el orden jerarquizado y disciplinado de la orquesta-nación.

Aparece aquí un tiempo que opera en el canto, este tiempo que se canta, que suena en el canto, este pulso que pulsa en tanto se canta, pero que no se registra en el pulso de la composición escrita. Aparece como un tiempo fuera del tiempo, como pura duración que rebelde se hace oír, aquello que el mismo Boulez llamara la *locura útil* (Boulez, 1981), como un tiempo sin dimensiones cronológicas, que no se mide, pero que está presente y en guardia (o en compañía) permanente con el tiempo pulsado. Es un tiempo que opera en términos de velocidades, intensidades, alteraciones, retardos permitiendo la emergencia de una otra escena, haciendo alusión nuevamente al psicoanálisis y uno de los modos de denominar lo inconsciente podemos preguntarnos ¿Repite la voz ese *saber que no se sabe* del canto?

Finalmente pareciera ser que puede considerarse a la Voz como soporte de otro tiempo que el representado, puede hablarse de un *más allá* de la voz. Son planteamientos que permiten interrogar la repetición *de* y *en* la voz, cuestionamientos que serán necesarios de continuar desarrollando, interrogantes que en último análisis animan a pensar la territorialización del soplo *real,* o bien "nada más que": pensar o escuchar aquello que está por-venir a *ser* cantado.

REFERÊNCIAS

Álvarez, M.: *La repetición, una interpretación psicoanalítica: Freud y Lacan.* Madrid, Universidad Complutense de Madrid, 2016. http://eprints.ucm.es/38287/ Fechas de consulta: 15 de febrero de 2018

Bergson, H. [1957]: *Memoria y vida, textos escogidos por Gilles Deleuze,* Alianza, Madrid, 2004

Boulez, P.: *Puntos de referencia,* Gedisa, Barcelona, 1981

Freud, S. [1914]: *Recordar, repetir y reelaborar,* Obras Completas, Tomo XII, Buenos Aires, Amorrortu, 2000.

Freud, S. [1920]: *Más allá del principio del placer,* Obras Completas, Tomo XVIII, Buenos Aires, Amorrortu, 2001.

Deleuze, G. [1968]: *Diferencia y repetición.* Buenos Aires, Amorrortu, 2006.

Deleuze, G. [1971]: *Lógica del sentido.* Barcelona, Paidós Ibérica, 2005

Kierkegaard, S. [1843]: *La repetición,* Madrid, Alianza, 2001

Pardo, J, L.: *Esto no es música. Introducción al malestar en la cultura de masas.* Galaxia Gutenberg, Barcelona, 2007

Recalcati, M.: *Meditaciones sobre la pulsión de muerte,* en Alemán, J. [et. al.]: *Lo real de Freud,* Madrid, Círculo de Bellas Artes, 2007.

Süskind, P.: *El contrabajo,* Seix Barral, Barcelona, 1987

LA TIRANA Y SUS BAILES MORENOS: LO AFRO, LO PAMPINO Y LO CHILENO[75]

María Francisca Basaure Aguayo[76]

RESUMEN: El presente trabajo explora en los significados identitarios asociados a las danzas promesantes de Morenos ejecutadas durante la fiesta en el santuario de La Tirana, provincia del Tamarugal, Región de Tarapacá, Chile.

Asumiendo una perspectiva que acentúa las singularidades, describimos estos bailes religiosos con el objetivo de dar cuenta de la diversidad de este tipo de bailes, y como estos configuran hoy las identidades de lo afro, lo pampino y lo chileno. También intentamos demostrar que estos no solo expresan dichas identidades colectivas, sino que también las configuran mediante la propia performance.

Proponemos estudiar la fiesta y los Morenos como un fenómeno cultural significativo y relevante de la cultura del Norte Grande del pasado y el presente desde un enfoque etnográfico y patrimonial. A través de revisión de material fotográfico, audiovisual y bibliográfico, así como también, conversaciones y observación directa de Bailes Morenos en La Tirana 2016 y 2017.

PALABRAS CLAVES: Bailes Morenos – La Tirana – Religiosidad popular - Patrimonio Cultural

ABSTRACT : This paper explores the identity meanings associated with the promising dances of Morenos performed during the festival

---

[75] Artículo escrito para la obtención del grado de Magíster en Patrimonio Intangible, Sociedad y Desarrollo Territorial. Proyecto "Puesta en valor digital y formación del capital humano, para el patrimonio intangible de Tarapacá", financiado por el Fondo de Innovación para la Competitividad (FIC) del Gobierno Regional de Tarapacá y ejecutado por el Instituto de Estudios Andinos Isluga de la Universidad Arturo Prat (www.tarapacaenelmundo.cl). Publicado en la Revista de Ciencias Sociales de la Universidad Arturo Prat N° 39 (http://www.revistacienciasociales.cl/ojs/index.php/publicacion).

[76]Antropóloga social. Magíster en Patrimonio Intangible, Sociedad y Desarrollo Territorial. Instituto de Estudios Andinos Isluga. Universidad Arturo Prat. Iquique. Correo electrónico: francisca.basaure@tarapacaenelmundo.cl

at the sanctuary of La Tirana, province of Tamarugal, Tarapacá Region, Chile.

Assuming a perspective that accentuates the singularities, we describe these religious dances with the objective of giving an account of the diversity of this type of dances, and how they shape today the identities of Afro, Pampino and Chilean.

We also try to show that these not only express the collective identities, but also configure them through their own performance. Through review of photographic, audiovisual and bibliographic material, as well as conversations and direct observation of Bailes Morenos in La Tirana 2016 and 2017, we propose to study the festival and the Morenos as a significant and relevant cultural phenomenon of the Norte Grande culture from the past and the present.

KEY WORDS: Bailes Morenos - La Tirana - Popular religiosity - Cultural Heritage

INTRODUCCIÓN

La fiesta del santuario de La Tirana se desarrolla del 10 al 19 de julio de cada año, es la fiesta religiosa más masiva del Norte Grande, donde llegan más de 250 bailes religiosos que participan de este evento ceremonial. El origen de esta fiesta se relaciona con los obreros mineros de Huantajaya, Santa Rosa y Collahuasi (Núñez, 1988; Van Kessel, 1987; Díaz, 2011). Durante el siglo XIX la fiesta se celebraba en distintas fechas, por ejemplo, el 6 de agosto[77]. Actualmente el día de la Virgen del Carmen es el 16 de julio, feriado nacional en el que se celebra a la patrona del Ejercito de Chile.

De los 250 bailes religiosos que aproximadamente participan de la fiesta, 40 son bailes Morenos[78], es decir el 16%. Ellos vienen a saludar a la China[79] de distintos lugares del país, como: Santiago, Peralillo, La

---

[77] Fecha en que se conmemora la independencia de Bolivia y se rinde homenaje al patrono de Sabaya, San Salvador; el 5 de agosto se festeja también a la Virgen de Copacabana en el altiplano boliviano (González, 2006 en Díaz, 2011)

[78] 39 son Morenos de salto y un es Moreno de paso.

[79] China o chinita es como se nombra popularmente a la Virgen. En este caso se le dice "Chinita del Carmelo", "La China", "Chinita del Carmen", entre otros.

Serena, Taltal, Antofagasta, Calama, Tocopilla, Arica, Alto Hospicio e Iquique.

Este artículo es una reflexión sobre los Bailes Morenos, uno de los tipos de bailes religiosos más antiguo y numeroso que peregrinan a la fiesta de La Tirana y a otros santuarios del norte, como Andacollo, Ayquina, Tarapacá y Las Peñas.

De los Morenos no sabemos mucho, hay escasos escritos sobre ellos. Autores como Van Kessel (1970, 1984 y 1992), Uribe (1976), Espinosa (2013), Guerrero y Basaure (2017), son algunos de los que dan luces de esta expresión de la religiosidad popular del Norte Grande. Ahora bien, poco se ha estudiado sobre la historia e influencias de este tipo de baile, su importancia y vigencia en la fiesta de La Tirana.

Uribe escribía en su libro sobre La Tirana que el Baile de Morenos es un baile de paso[80], de gran difusión en la pampa y en los puertos de Antofagasta, Iquique y Arica, y que en su vestimenta es una de las cofradías que ofrece más variantes. En el mismo texto, el autor diferencia entre dos tipos de Morenos, los de salto y los de paso. Los primeros son más numerosos en La Tirana mientras que los segundos los son en Las Peñas. Uribe (1976) nombra a los segundos como pitucos, moreno moderno o baile de terno y recalca que no son populares en La Tirana, lo que se mantiene hasta la actualidad.

Se busca analizar el origen y desarrollo de los Bailes Morenos que asisten a La Tirana. Así como también su importancia en la producción de sentido cultural asociado a la reafirmación de la identidad nacional o chilenidad, y también a otros sentidos, la identidad afrodescendiente y la identidad pampina, ambas influencias constitutivas de la práctica.

Considerando lo anterior, y sumado que hace 27 años no se funda un Baile Moreno, es que se propone interpretar la diversidad de estos bailes religiosos que asisten a la fiesta de La Tirana desde el enfoque propuesto por la Unesco (2011) para el estudio del patrimonial cultural inmaterial, donde el primer paso es la identificación de la expresión, proceso descriptivo de los elementos en su contexto propio. Por tanto,

---

[80] Es decir, que "bailan frente a la imagen de la Virgen, en parejas. Avanzando rítmicamente, de a dos, con pasos cortos. Se separan dando vueltas por fuera de las columnas danzantes, para dar sitio a otra pareja" (Uribe Echeverría, 1976:21).

se revisarán variables como: territorialidad, antigüedad, tipo de organización, género, tipo de baile, coreografías, vestimentas y músicas. Se realiza el análisis a través de revisión de material fotográfico, audiovisual y bibliográfico, así como también, conversaciones y observación directa de Bailes Morenos en La Tirana 2016 y 2017 y en San Lorenzo. De igual manera, se utiliza el enfoque etnográfico, ya que se realiza una descripción/interpretación de los significados identitarios asociados a estos Bailes.

EL DESCONOCIMIENTO DE LA DIVERSIDAD DEL NORTE GRANDE

El centro y sur de Chile poco sabe y menos comprende el Norte Grande, asocia La Tirana con diablos y paganismos. Díaz postula que las Diabladas "se han convertido en el arquetipo que remite al ejercicio "mnemotécnico" para recordar, describir o imaginar la festividad popular del santuario, incluso con ciertos atisbos folclóricos o paisajísticos" (2011:58). Consecuentemente esto ha invisibilizado la riqueza de la religiosidad popular y la diversidad de bailes existentes: Chunchos, Pieles Rojas, Gitanos, Cuyacas, Zambos, Kullawadas, Llameradas, Diabladas… y por supuesto Morenos.
Conocer, reconocer y potenciar el patrimonio cultural asociado a la Fiesta de La Tirana es necesario para fortalecer nuestros pueblos e historias, ya que esto permite sensibilizar sobre la importancia de estos, así como también promover la creatividad y la autoestima. Según la Unesco (2011) el patrimonio cultural se mantendrá vivo en la medida en que haga sentido y sea pertinente para su comunidad, esto hará que este se recree continuamente, trasmitiéndose de generación en generación. Debemos cuestionarnos y responder sobre ¿qué conocemos de nosotros? ¿qué somos? ¿en que creemos? ¿qué pensamos? ¿qué sentimos?

Un intento de puesta en valor se vivió el 18 de febrero de 1985, cuando el grupo Calichal gana la gaviota de plata en la competencia folklórica del Festival de Viña del Mar con el tema "Reina del Tamarugal"[81], realizando una presentación en la que dos de sus integrantes van vestidos de Morenos, y la única mujer va vestida de Chuncho, relevando así dos de los bailes más antiguos de esta fiesta, lo que por supuesto llamó la atención del público de esa época que no conocía este tipo de expresión. Esa victoria debe ser vista y recordada como un intento de trasmitir la religiosidad popular del Norte Grande al resto del país. Una religiosidad que se caracteriza por la fe, la organización, los cantos y los bailes.

IDENTIDAD

Concepto que hoy se entiende desde la fragmentación. La integral, originaria y unificada identidad, ha sido criticada desde variadas disciplinas (Hall, 2003). En la actualidad se postula, que las identidades son construidas de diversas maneras a través de discursos, prácticas y posiciones diferentes, a menudo cruzados y antagónicos (Hall, 2003). Citamos:

> "Aunque parecen invocar un origen en un pasado histórico con el cual continúan en correspondencia, en realidad las identidades tienen que ver con las cuestiones referidas al uso de los recursos de la historia, la lengua y la cultura en el proceso de devenir y no de ser" (Hall, 2003: 18).

La identidad no responde a la preguntas de ¿quienes somos? o ¿de donde venimos? sino ¿en qué podríamos convertirnos? la identidad es un permanente volver al pasado, no para quedarse allí, sino para proyectarse hacia el futuro (Candau, 2001).

Hablamos entonces de construcciones simbólicas, que se constituyen dentro de la representación, en relación con un referente, como: la nación, la clase, el género, la etnia (Ortiz, 1996: 77). En ese

---

[81] Ver video en YouTube: https://www.youtube.com/watch?v=U0dUVai21K0&list=RDU0dUVai21K0

instante, "somos nosotros mismos, los que nos reconocemos como pertenecientes a un grupo u otro" (Baumann 2001: 79).

Siguiendo a Hall:

> "Las identidades son, las posiciones que el sujeto está obligado a tomar, a la vez que siempre <sabe> que son representaciones, que la representación siempre se construye a través de una <falta>, una división, desde el lugar del Otro" (2003:21).

Las identidades se construyen y se expresan siempre en el tiempo presente (Delannoy, 2015:102). Se ancla tanto en el lugar como en el cuerpo. Entonces, tiene dimensiones tanto simbólicas como espaciales, corporales y territoriales. Ahora revisaremos como a través de estos bailes se continua siendo afro, pampino y chileno.

Siguiendo las ideas de Citro (2009) consideramos que los Bailes Morenos son prácticas constitutivas de la experiencia social de los actores; y que más que representar las identidades ya mencionadas, contribuye a construirlas, generando un espacio local de reafirmación y complementariedad de estos sentidos.

Entenderemos el Baile Moreno como expresiones rituales que reproducen y/o transforman determinados códigos culturales. Es decir, no es solo una expresión de significados sino que a la vez es un mecanismo configurador. También podemos etenderlos como un ejercicio de memoria (Candau, 2001), un sistema de registro diferente a la escritura, que va configurando su propio lenguaje a través del experienciar la ritualidad en el baile.

Siguiendo a Mercado (2014) intentamos alejarnos de las ideas que postulan que en los Bailes Religiosos sobreviven clandestinamente ciertas identidades oprimidas (Salinas,1991), si no que pretendemos ver las danzas promesantes como espacios abiertos a la construcción de significados y al moldeamiento permanente de las identidades.

Se propone entonces que los Bailes Religiosos, y los Morenos en particular, tienen la capacidad de incidir de manera práctica y a nivel corporal en la articulación y reformulación constante de las identidades sociales.

Lacarrieu (2004) nos propone observarlos como experiencias performáticas que incluyen un sistema de comunicación y creencias, prácticas ejecutadas de los saberes, donde la creatividad de los sujetos involucrados incluye aspectos sensoriales y emotivos. De esta forma La Tirana es la escenificación y ejecución de los saberes. Donde se desarrollan diversas manifestaciones culturales públicas, que se expresan en elementos tangibles como imágenes de la virgen del Carmen, los estandartes de los bailes religiosos, los trajes, los instrumento, entre otros elementos, que adquieren su sentido en relación a los rituales que existen asociado a ellos (Guerrero, 2013).

ANTIGUOS Y TRADICIONALES BAILES MORENOS

Preguntan si soy pagano, idólatra o pecador,
por vestirme de Gitano o Moreno saltador,
me dicen a Dios se llega,
se llegan sin mediador, me dicen
que soy un loco, porque bailo con amor.

(Fragmento de la canción "Bailarín del Silencio")

Los morenos al ser nombrados por diversos investigadores siempre se encuentran dentro de las clasificaciones de bailes "tradicionales" (Uribe, 1976), "antiguos" (Van Kessel, 1982), "de ancestro colonial" (Núñez, 2004), "antiguos bailes andinos" (Díaz y Lanas, 2013), "danzas de antigua estirpe" (Mercado, 2014) y "bailes locales" (Guerrero y Basaure, 2017). Siempre acompañados de bailes como los chunchos y las cuyacas.

Los Bailes Morenos aparecen en la época colonial, tienen semejantes en el altiplano boliviano y en el sur del Perú, y su tradición es tan o más antigua que la de los Chinos (Van Kessel, 1970).

Desde sus orígenes siempre han participado ininterrumpidamente de la fiesta de La Tirana [82]. Adquieren popularidad en las oficinas salitreras desde la década del 30. Desde esa fecha en adelante, asombra el número constante de creación y la

---

[82] El registro más antiguo que poseemos de la evidencia de Bailes Morenos en La Tirana es del diario El Nacional donde aparece una noticia que los nombra el 17 de julio de 1898 en Iquique (Guerrero y Basaure, 2017).

variedad de tipos de Morenos, como por ejemplo: Indúes[83], Alí Babá y Árabes. Hoy podemos reconocer 6 bailes de este tipo que participan de la fiesta. Es en 1953 que aparece el primer Moreno Indúe, los Rusos en 1959, Alí Baba en 1961, Sultanes en 1979, Kalimanes en 1984 e Indúes en 1984. Lo que nos habla de la creatividad y la capacidad inventiva propia de la religiosidad popular. Para Daponte (2015) este fenómeno fue un tipo de estrategia para negar su origen africano camuflándose bajo trajes moriscos, ligados al imaginario árabe.

Foto n°1. Morenos Alí Baba

En el Norte Grande los Bailes Morenos participan, de sur a norte, en distintas festividades religiosa: Ayquina[84], La Tirana, San Lorenzo[85] y Las Peñas[86], además de algunas fiestas patronales. Sin embargo, es en la fiesta del 16 de julio donde más se concentran, y asisten de diversos lugares: Antofagasta, Tocopilla, Calama, Iquique,

---

[83] Así lo escriben los bailes religiosos.

[84] En esta fiesta solo participa el Baile Moreno Hijos de Guadalupe, fundado el 14 de diciembre de 1944. Los bailarines son hombres y mujeres, y bailan con banda percusionista promesada.

[85] A esta fiesta asisten la Sociedad religiosa Morenos de San Lorenzo de Árica (1958) y Morenos de la oficina salitrera Victoria (1942), ambos bailes también asisten a la fiesta de La Tirana.

[86] El más antiguo, fundado el año 1924, es el baile de Hilario Aica. Se acompañaba de zampoñas (Van Kessel, 1981: 30).

336

Alto Hospicio[87], Arica, María Elena, Pedro de Valdivia, Peralillo, Taltal y Santiago[88].

A La Tirana asisten Bailes Morenos arraigados desde Arica hasta Santiago, una expresión extendida por 2.036,8 km del actual territorio nacional, eso sí teniendo en consideración que donde más se concentran es en el Norte Grande, aún así nos permite dar luces de su importancia.

Por su parte, en el Norte Chico también hay Bailes Morenos. A Andacollo llegan desde el Norte Grande. Lina Barrientos cuenta en comunicación personal del 4 de enero de 2017 que: "El primer baile moreno llegó de visita a Andacollo desde Antofagasta. Después se formaron dos, uno en Coquimbo y otro en La Serena" (Guerrero y Basaure, 2017: 39).

En la región de Tarapacá el Baile Moreno más antiguo del cual se tenga registro es de 1882 y pertenece a Usmagama (Comuna de Huara, Región de Tarapacá), el cual "se funda coincidentemente con la instalación de la administración chilena en la región" (Daponte, 2015:128). Este Baile Moreno, que viste los colores y emblemas nacionales, continua participando en las fiestas de su pueblo, en la misa andina en la fiesta de La Tirana y celebrando al Señor de Exaltación en Escara (Bolivia). Por otro lado, se registra como otro de los Bailes Morenos más antiguos, al Baile Moreno de Pica que data de 1918 y que celebra a San Andrés, patrón de la localidad. Ambos territorios agrícolas, donde existió presencia de población africana (Guerrero y Basaure, 2017).

En la actualidad de los bailes más antiguos que asisten a La Tirana encontramos:

1. La Sociedad Religiosa Morenos Humberto Gutiérrez (1933) de la oficina salitrera Mapocho. Cuando cierra la oficina se divide en 2 bailes, uno en Iquique y otro en Arica, este último aparece en los registros como fundando en 1970, pero en su estandartes conserva

---

[87] Asiste la Sociedad Religiosa Morenos María del Carmen de Alto Hospicio (1985).

[88] Desde la comuna de La Florida en Santiago de Chile acude la Sociedad Religiosa Morenos Chilenos Antonio Huerta Ugalde (1977).

el año 1933. Se visten de colores amarillo y negro, usan turbante tricolor. Tradicionalmente todos los años realizan su entrada a la fiesta el día 14 de julio a las 16:00 horas.

2. El Baile Moreno de la ex oficina salitrera Victoria (1942) es el segundo más antiguo. Acude a la fiesta de La Tirana y la fiesta de San Lorenzo en el pueblo de Tarapacá, desde la década de los años ochenta. Se visten de colores blanco, azul y rojo en La Tirana. Y en San Lorenzo, se les puede ver vestidos de rojo y amarillo.

3. Sociedad Religiosa Morenos de San Pedro de Cavancha (1947) que asiste a La Tirana y también tienen un rol fundamental en la celebración de San Pedro en Iquique. Se visten de colores blanco y verde.

4. Sociedad Religiosa Morenos de Humberstone (1948) pertenecen a la oficina más emblemática de la región, hoy patrimonio de la humanidad. Se visten de colores negro y blanco.

5. Sociedad Religiosa Morenos Chilenos de Alianza (1949) campamento cercano a Victoria. Se visten de colores blanco, azul y rojo.

De estos cinco bailes más antiguos, cuatro de ellos son creados en oficinas salitreras y el otro por antiguos pescadores de Cavancha. Llama la atención que estos bailes sigan adscribiendo a un territorio que ya no habitan. Hoy el 16% de los bailes que asisten a La Tirana son Bailes Morenos, de los cuales la mayoría fueros desplazados de sus orígenes de fundación, ya sean oficinas salitreras o antiguos barrios, y aún así siguen remitiendo a ese lugar, es decir, que continúan adscribiendo a un territorio que ya no habitan, pero que al bailar vuelven habitar, activando sus vínculos comunitarios y solidarios.

De muchos Morenos que dejaron de existir no tenemos registros. Sabemos que hubo un Moreno en la oficina salitrera Santiago, ya que tuvieron un personaje legendario, el ciego Marín, quien era caporal del Baile Morenos de la Oficina Santiago. Cierta vez hubo de emborracharse en plena fiesta y no salió a bailar. Cuando despertó, ya había terminado la procesión y estaba ciego. Todos los años Marín aparecía vestido de Moreno y con una matraca en la mano se incorporaba a cualquier baile. Recuperaba la vista, por breves segundos, a mediodía del 16 de julio (1930 Morenos, en línea: http://fiestadelatirana.cl/1930-morenos). Así como también sabemos, que existió el Baile Moreno de la oficina salitrera Peña Chica, del cual sabemos ya que Sara Oriele Huerta Hidalgo, nacida el 3 de abril de 1942, cuenta que en el año 1936 sus abuelos bailaban en dicho baile (Guerrero y Basaure, 2017).

Aún teniendo en cuenta que muchos bailes creados puedan ya no existir, quisimos analizar las fechas de fundación de los cuarenta bailes que hoy asisten a La Tirana. (ver tabla n°1)

Tabla n°1

Bailes Morenos y sus décadas de creación

Décadas	N° de Bailes Morenos
30`	1
40`	6
50`	7
60`	8
70`	9
80`	8
90`	1

En la tabla podemos apreciar que hoy asisten bailes creados durante siete décadas, desde 1933 hasta 1990, lo cual nos habla de la dinámica y vigencia de este baile. De la misma manera podemos ver que entre las décadas del 40 y el 80 las creaciones son parejas, es decir se crean entre seis a nueve bailes por década. Ahora bien, llama la atención que en la década del 70 se hayan fundando nueve bailes, el número más alto de fundación, teniendo en cuenta los acontecimientos históricos, el Golpe de Estado y posterior dictadura de Augusto Pinochet, por lo que no se fundan Morenos durante los años: 1973, 1974 y 1975, pero el año 1976 se fundan tres bailes, es la única década en que en promedio se funda un Baile Moreno por año. Los bailes fundados fueron: Sociedad Religiosa Morenos Tocopillanos, Sociedad Religiosa Morenos Chilenitos Santa Teresita (Arica) y Sociedad Religiosa Morenos de Jesús (Arica). Catorce Bailes Morenos, el 35% del total de Morenos que hoy asisten a La Tirana, se crearon durante la dictadura de Pinochet.

Se podría pensar que estos se crean para reactivar los vínculos comunitarios que la dictadura militar pretendía borrar. Por otro lado, crear bailes Morenos, es menos sospechoso (no son indios), y además utilizan, más que otras cofradías, símbolos del Estado Nación.

La Federación de Bailes Religiosos agrupa a 11 asociaciones, de las cuales todas tienen al menos un Baile Moreno, (Ver Tabla n°2):

Tabla n°2
Número de bailes por asociación

Asociación	N° de bailes
Virgen de La Tirana Arica	3
Sur del Carmen Iquique	6
Antofagasta	2
Central de Bailes Religiosos Valerio Cebrian González de Tocopilla	5
Cuerpo de Bailes Religiosos de Iquique	3
José María Caro Iquique	1
María del Desierto el Loa Calama	2
Pedro de Valdivia	2
Salitre Del Carmen de María Elena	1
San José de Arica	10
Victoria y Alianza Iquique	3
No asociados (los bailes de Taltal y Peralillo)	2

Hay que evidenciar la importancia de los Bailes Morenos de Arica, sobre todo en la asociación San José de Arica, quienes luego de finalizar la Guerra del Pacífico o del Salitre, comienzan a peregrinar al santuario de La Tirana, ya que se les prohibió realizar la fiesta devocional a la Virgen de las Peñas.

CARACTERIZACIÓN GENERAL DE LOS MORENOS

Los Bailes Morenos, son bailes chicos, en cuanto número de danzantes, y en comparación con los bailes nuevos de tipo: Diabladas, Zambos, Tinkus, entre otros, que pueden llegar a tener más de 50 danzantes. Los Morenos se componen de una o más familias, los integrantes de esta comunidad participan, bailando, tocando, portando el estandarte, cargando la imagen, llevando agua a los bailarines, registrando y acompañando. En promedio podemos decir que cada baile tiene entre 10 a 30 danzantes aproximadamente.

Todos estos bailes son mixtos, a excepción de los Morenos de Victoria y Cavancha, que son exclusivamente de hombres y que a la vez forman parte de los más antiguos. Cuando se pregunta sobre las razones de esta desición, se alude primero a la tradición, que desde su origenes siempre habría sido así, y luego aparece la idea que las mujeres son un factor de disputa entre los hombres, ellos le llaman "líos de faldas". Zoila Santibañez, dirigenta del Baile Morenos de Victoria, en comunicación personal, 30 de agosto de 2017, nos cuenta que: "Los niños pueden no medir las consecuencias y enamorarse de alguna chiquilla que pololeé con otro bailarín", entonces eso podría provocar quiebres dentro del baile.

Ahora bien, si analizamos la coreografía podemos decir que es solo un tipo de baile, no se distinguen los pasos entre hombre y mujeres.

En los bailes mixtos, en los cuales es notoria la presencia numerosa de mujeres en las filas como por ejemplo: el Moreno Condor, Humberto Gutierrez de Arica, Moreno del Carmén de Tocopilla, entre otros. A la pregunta porque hay más mujeres que hombres, ellas siempre responden que los hombres tienen otras cosas que hacer, trabajos o estudios, razones por las que ellas además de realizar los trabajos domésticos asociados a la fiesta, han ido ganando poder en los espacios públicos de la fiesta, llegando a liderar sus bailes en terminos organizacionales y de performance.

VESTIMENTA

A principios de su conformación, los bailarines de este grupo vestían trajes representativos de la estética morisca, como describe Uribe (1976) el moreno antiguo vestía casaca gruesa, bordada con adornos (soles, mariposas); pantalón bombacho a media pierna;

medias blancas y zapatos blancos, de caña. El mismo autor señala que hay Morenos que usan camisa y pantalón de seda de diferentes colores. Los pantalones son bombachos y sujetos con cinta a los tobillos. Y que los Morenos de terno o pitucos se visten generalmente de chaqueta negra cruzada, pantalón blanco y guantes del mismo color.

Como ya hemos mencionado anteriormente en este texto, este tipo de baile es uno de los que presenta más variaciones en sus vestimentas, por lo que intentaremos decribir dichas variante:

En la cabeza los danzantes pueden utilizar coscacho, turbante o sombrero. En la parte superior utilizan blusa o camisa, algunos pueden llevar chaquetas o capas. En la parte inferior se visten de pantalones rectos o bombachos. En los pies utilizan zapatillas. Y en sus manos transportan una matraca que hacen sonar al bailar, las cuales son distintas para cada baile, adquiriendo diversidad de tamaños, formas, colores y sonido. Estos trajes muchas veces son realizados por los mismos bailarines o socias del baile, vestirse de Moreno cuesta entre 20.000 a 50.000 pesos chilenos aproximadamente, dependiendo del baile.

MUDANZAS

Se informaba a inicios del siglo XX que en La Tirana:

> [...] Descuellan entre las numerosas comparsas, los morenos, cuyos bailes tienen numerosas figuras y son un tanto pintorescos. Las cuadrillas compuestas de doce a quince individuos son dirigidas por un caporal jefe de los danzantes y á la vez es quien hace el gasto, en cumplimiento de algún voto religioso. El caporal dirige el baile, ordenando todos los cambios de figuras con una chicharra y alrededor de los danzantes es de rigor que se hagan cabriolas y dé saltos y carreras vertiginosas un individuo que lleva el grotesco traje de diablo con su correspondiente máscara"
>
> El Tarapacá, 15 de julio, 1907

Al igual que las cuyacas y los chunchos, los morenos bailan en dos filas frente a la imagen de la Virgen. En parejas avanzan rítmicamente. Se separan dando vueltas por fuera de las columnas danzantes, para dar sitio a otra pareja. El caporal se sitúa al centro de la columna para ir marcando el paso y dando a conocer la mudanza siguiente. Cada mudanza es representativa de una figura, un baile puede tener entre 4 a 6 mudanzas, las cuales van variando o se van renovando según procesos internos de cada grupo.

Antiguamente los acompañaban figurines personaje vestido de diablo que iba bailando, ordenando la comparsa y molestando a los peregrinos, sin embargo hace ya varias décadas este personaje ha desaparecido de los Morenos por mandato de un sacerdote (Báez, 2010 en Espinosa, 2013). Los Morenos de Victoria, tuvieron diablos por mucho tiempo, mujeres de la familia se vestían ya que al no poder bailar en la fila esta era una oportunidad, esto fue prohibido por la iglesia (Guerrero y Basaure, 2017). Aún así hoy los Morenos de Victoria bailan con un achachi o abuelo.

MARCHA, SALTO Y TROTE

Entre los 40 Bailes Morenos podemos encontrar ritmos como 2x2, 2x3 y 3x3. Y diversos tipos de bandas, algunos bailes pequeños solo utilizan percusión **promesante**, como cajas y bombos, **donde son los hombres de las familias quienes asumen esta labor.** Otros, los más grandes y con mejor situación económica, han agregado los instrumentos de bronce, a esto hay que sumarle que algunas bandas tienen platillos y pífanos. Aún así con todas estas variantes podemos decir que en su mayoría todos bailan al son de marchas, saltos, y trotes, marcando el paso con sus matracas. Se pudo observar en La Tirana 2016 y 2017 a Bailes Morenos con banda de percusión de 4 personas, dos adultos y dos niños, así como bailes con banda de percusión, bronce y pífano donde habían más de 25 músicos.

HUMILDES Y ELEGANTES

Estos bailes se consideran así mismos como humildes, tanto desde el punto de vista económico, por la escasez de recursos, como por la cantidad de danzantes. Existe orgullo por esa condición, así como también al explicar que son bailes de tradición familiar, de un compromiso que "se lleva en la sangre", que viene de generación en generación, que uno nace con él. Donde la disciplina y exigencia física que requiere la rigídez corporal del baile los hace clasificarse como "los más saltadores" y "los más cumplidores". En las diversas conversaciones sostenida en la fiesta de La Tirana 2016 y 2017 se puede apreciar el discurso de que ellos bailan por devoción, sin lujos, de manera austera, para la Virgen y Jesús, no para espectadores.

Cabe recalcar que pocos de estos 40 bailes se encuentran formalizados como organización comunitaria ante el Estado. Es decir, que no poseen personalidad jurídica[89] en los bailes que les permita postular a fondos concursables, por lo que su manera de financiar el gasto festivo es a través de platos únicos, rifas, lotas y cualquier tipo de evento que les permita reunir fondos para realizar de buena manera su peregrinaje.

Foto n° 2 Entrada al Carnaval Pampino Lo afro

Morenos, negritos,
negra nuestra fe,
pero aunque negritos
postrados a tus pies.
(Fragmento de canción de Morenos de Arica)

---

[89] Es un registro nacional y único en el que deben ser inscritas asociaciones, fundaciones organizaciones comunitarias, juntas de vecinos y uniones comunales. Según la ley 19.418 promulgada el 25 de septiembre de 1995.

Desde 1565 Arica ya funcionaba como Corregimiento. Sin embargo, recién el año 1574 el Virrey Toledo establece los límites del Corregimiento, que abarcaba los Repartimientos de Tacna, Lluta, Tarapacá y Pica (Cúneo Vidal, 1977 en Briones, 2004). Tanto en Arica y Tarapacá existió un número importante de negros y negras. En 1871 los negros puros representaban el 58% de la población ariqueña.

Briones (2004) postula que la población negra se mantuvo en un número importante, creciente y permanente, desde comienzos del siglo XVII hasta las últimas décadas del siglo XVIII, debido a la necesidad de mano de obra para trabajos agrícolas y por sobre todo para el servicio doméstico. La misma autora (2004) señala que si bien esta población fue permanentemente sometida a medidas discriminatorias y segregacionistas, lograron reinventarse una y otra vez desde ese "no lugar".

Díaz, Martínez, Briones y Pereira postulan que negros y negras formaron parte de las cofradías, ya que al constituirse estas como una institución de control social para el Estado, a la vez que funcionales para el formato evangelizador, la población negra también debió haberse considerado como parte de ambas preocupaciones (s.f: 22).
La hipótesis de estos autores sugerida por la documentación es que las poblaciones andinas al igual que las africanas, hubieran encontrado en las cofradías un espacio de reelaboración y de resignificación del sistema religioso, lo cual las constituye como un importante escenario de análisis de las prácticas y discursos étnicos locales que habrían sido parte de un mecanismo de resistencia y adaptación religiosa y cultural en los Andes (s.f: 22).
Mercado (2006) postula que el origen de los Bailes Morenos se encuentra en las cofradías de esclavos africanos, y que se introducen a La Tirana desde Bolivia, a través de los trabajadores salitreros. Por otro lado, Daponte (2015:117) propone que los Bailes Morenos representan la travesía de los esclavos que, llegados a las costas de la región, venían encaminados hacia las minas del desierto y el altiplano.

Daponte (2015) postula que los aspectos que remiten a la esclavitud son:

1. Los pasos "cansados" de los bailarines. simbolizan la larga marcha

hacia sus nuevos destinos.

2. El ritmo usado para los desplazamientos de la cofradía, es la marcha. representan la travesía de los esclavos hacia los lugares mineros.

3. El sonido del instrumento musical idiófono, llamado matraca[90], evoca las cadenas que llevaban puestas a los pies los esclavos.

Este relato es muy difundido entre el imaginario popular. La asociación entre esclavitud y matraca ha sido utilizada axiomáticamente por investigadores, protagonistas y periodistas. Hoy, estos elementos son exaltados en la reivindicación de un origen afro por parte de muchos integrantes de estos bailes (Daponte, 2015: 135).

Foto n°3 Matraca de los Morenos de la oficina salitrera Victoria

A consecuencia de la no valoración de la "negritud" o "morenidad", a principios del siglo XX los Morenos adquieren una imagen que evoca al mundo morisco, remitiendo de esta manera al imaginario del mundo árabe. De esta manera, proliferaron

---

[90] Daponte (2015:133) postula que la matraca aparece a mediados del siglo XIX, en el horizonte andino, ligado a las cofradías, gremios y bailes religiosos que representan a los negros, como la Morenada en el altiplano de Bolivia y Perú y el Moreno en Chile.

346

adquiriendo otros significados, no directamente relacionados con lo "afro", sino como parte de la herencia religiosa colonial del auto sacramental de moros y cristianos (Daponte, 2015: 128).

Con respecto a los Bailes Morenos en Arica encontramos en Van Kessel (1992: 44) el testimonio de Hilario Aica, fundador de uno de los bailes más antiguos, comenta: "Andrés Baluarte, de Azapa, juntó también una compañía y fue a la Virgen de Las Peñas. Eran puros negros no más; tenía harta familia mi compadre". En la misma línea aparece el relato de José Manuel Cegarra en comunicación personal en marzo 2012 (En Espinosa, 2013) quien expresa: "eran puros afro…eso sigue…mi bisabuelo Andrés, mi abuelo Raymundo, mi papá me cuentan que era pura gente negra…y uno ve las fotos, ahora no po, hay más bailes, bailes nuevos". Esto permite evidenciar que en Arica y en los primeros Bailes de Morenos participaban principalmente familias negras.

Hoy nuestra herencia africana se encuentra presente en muchas expresiones culturales, si pensamos en las danzas se debe mencionar que los zambos caporales, morenadas y morenos, que sin duda tienen parte de sus raíces afroamericanas (Memoria Chilena y CRESPIAL, 2013).

Los Baile Morenos representan a los esclavos africanos que habitaron este territorio, son herencia contemporánea de ese pasado, que a través de esta expresión se reconfiguran en nuevos discursos de reivindicación y reconocimiento.

LO PAMPINO

Centenares de oficinas salitreras poblaron el desierto. En la pampa calichera se construyó el pampino, una nueva forma de ser, en la que participaron personas provenientes desde la ruralidad sureña de Chile, como también boliviana, peruana, argentina, china, inglesa, entre muchas otras. Los trabajadores y sus familias habitaron este territorio, lo que para Bahamonde (1978:13 en Bravo Elizondo y Guerrero, 2000) "significó un lento proceso de integración; integración del hombre a esta tierra y, además, integración de la tierra a la economía nacional".

Las ganancias del ciclo del Salitre no representó para este territorio, sus habitantes y trabajadores una mejora en su calidad de vida, menos aún significó una preocupación por los aspectos sociales.

A raíz de lo anterior el norte se transformó en lugar de actividades de luchas políticas y sociales. El pampino con su fuerza colectiva modificó parte de la historia social de Chile, y en el proceso dio origen a la organización de la clase obrera a través del Partido Obrero Socialista fundado en 1912 (Bravo Elizondo y Guerrero, 2000).

Poesía, canciones, novelas y registros históricos son fuentes que nos informan sobre la situación de pobreza de los pampinos. Sin embargo, muy poco se comunica acerca de la religiosidad popular. Las notas que existen se las debemos a la prensa de la época y a la llamada novela del salitre, ambas desde el paradigma ilustrado (Guerrero, 2017).

Durante el apogeo del salitre el santuario de la Tirana se convirtió en el mayor centro de peregrinación de toda la región. Un factor que contribuyó fue que los dueños de las salitreras, los ingleses, no eran católicos y por lo tanto no dotaron los pueblos salitreros de iglesias (Daponte, 2015). Por otro lado, Núñez (2004) postula que la consolidación de la capilla de los "pozos de La Tirana", se debió a la posibilidad de encontrar agua a pocos metros de profundidad; lo que permitió realizar agricultura de subsistencia en un desierto que destaca por su aridez.

La realidad multicultural y obrera, hizo florecer en este territorio la religiosidad popular. Núñez postula que "Este crisol de poblaciones formó las cofradías que comenzaron a realizar peregrinajes al único templo de la zona, el santuario de la Virgen de La Tirana" (2004:92). De la misma manera, Guerrero (2015) plantea que los bailes que asisten a La Tirana son la expresión de una multiculturalidad puesta en escena por los obreros del salitre.

Siguiendo a Guerrero (2017) consideramos que los obreros del salitre encontraron en el culto a La Tirana instancias de sociabilidad, de organización independiente, además de elaborar un proyecto de vida colectivo. Los bailes religiosos construyeron un discurso de la diversidad, donde sus trajes, coreografías y cantos son el modo de registrar la experiencia de lo sagrado mediante la ritualidad del bailar y del cantar. Por su parte, Fritis y Hernández (2015) proponen que los bailes religiosos pampinos, formados por linajes familiares, son los espacios donde la familia mantiene su tradición, protegiendo sus intereses y resguardando la lucha social.

Gálvez (2000: 3-4, en Fritis y Hernández, 2015) expresa que en la Pampa la religiosidad popular, fue un espacio de articulación de la tradición, en que los bailes religiosos, pueden ser entendidos como un mecanismo de aceptación de la modernidad.

Muchos de los Bailes Morenos que hoy asisten a La Tirana se fundaron durante el apogeo del salitre. Fue en las oficinas salitreras donde se popularizó este tipo de baile, podríamos incluso decir que por cada oficina existió un Baile Moreno. Y hoy a 67 años de cerrada la oficina salitrera Mapocho, sus Morenos siguen bailando. Hoy a 57 años de cerrada la oficina salitrera Humberstone, sus Morenos siguen cantando. Hoy a 38 años de cerrada la oficina salitrera Victoria, sus Morenos siguen haciendo sonar sus matracas, y así podríamos seguir. Una religiosidad no de la palabra sino del culto (Morandé, 2010), centrada en el cuerpo que busca ser colectivo. El baile religioso viene a ser el nosotros que sintetiza los cuerpos individuales.

El desarraigo físico de estos bailes a su lugar de origen, no significó el abandono de las prácticas comunitarias. Los pampinos deshabitaron la pampa calichera, pero siguieron con sus formas de vidas en los centros urbanos, en especial, con su religiosidad, sus bailes, sus cantos, sus trajes, sus imágenes y su organización. Lo que especialmente podemos ver en la Asociación Religiosa Victoria y Alianza, fundada en 1964 para agrupar a los bailes de ambas oficinas. En la actualidad pertenecen a ella 16 bailes, de los cuales 3 son Bailes Morenos[91]. Reafirmando así que las oficinas salitreras concentraron una sociabilidad de la que en la actualidad aún quedan huellas (Guerrero, 2017).

Los Bailes Morenos que hoy asisten a La Tirana, son bailes fundandos principalmente en la pampa, por familias de obreros del salitre, quienes desarrollaron esta práctica a través de la innovación. Hoy los Bailes Morenos son memoria viva del pasado salitrero, les permite seguir sintiendose pampinos y experienciar la pampa durante la fiesta.

LO CHILENO

---

[91] Sociedad Religiosa Morenos de ex Oficina Salitrera Victoria (1942), Sociedad Religiosa Morenos Chilenos de Alianza (1949) y Sociedad Religiosa Morenos del Carmen (1965).

Los simbolos de chilenidad aparecen en los Bailes Morenos como mayor frecuencia en comparación con los otros tipos de bailes, como: Pieles rojas, Gitanos, Cuyacas, Morenadas, entre otros. Siguiendo a Daponte (2015) la representación del negro se vio obstaculizada en el curso de la chilenización; los negros fueron asociados a los peruanos. Por tanto, podríamos interpretar que este tipo de baile tuvo que justificar su chilenidad. Y demostrar que si bien representaban la negritud tambien podían representar la chilenidad.

Foto nº4 Morenos de la oficina salitrera Victoria

5 Bailes Morenos se autodenominan como chilenos:

    1. Sociedad Religiosa Morenos Chilenos de Alianza (1949)

    2. Sociedad Religiosa Baile Moreno Los Chilenitos (1953)

    3. Baile Moreno Los Chilenos (1958)

    4. Sociedad Religiosa Morenos Chilenitos Santa Teresita (1976)

    5. Sociedad Religiosa Morenos Chilenos Antonio Huerta Ugalde (1977)

Estos 5, representan el 12,5% del total de Morenos. Llama la atención si lo comparamos con el resto de bailes y evidenciamos que solo existe un baile, la Sociedad Religiosa Chuncho Chilenito (1972), donde se produce el mismo fenómeno de evidenciar 2 identidades. Similar ocurre con dos Diabladas que aclaran su territorialidad en el nombre, Sociedad Religiosa Servidores de la Virgen del Carmen, Primera Diablada de Chile (1957) y Sociedad Religiosa Diablada Reina de Chile (2003).

Además de la denominación, encontramos un número importante de Bailes Morenos que se visten con los colores de la bandera chilena, rojo, azul y blanco, en sus infinitas combinaciones. O poseen en sus chaquetas o capas el escudo de la nación. De la misma manera, hay otros bailes que demuestran las chilenidad en sus matracas, pintadas con los colores, con la bandera o el escudo. Ahora bien, hay otros bailes en que el simbolo de chilenidad es sutil, usan cinta tricolor cruzada en el pecho o faja.

A través de los Bailes Morenos, se logra mixturizar dos identidades, la africana y la chilena, que aparentemente eran contradictorias para el Estado de Chile. El cual pretendía que invisbilizar la existencia del negro chileno, postulando que el negro era el peruano.

A MODO DE CONCLUSIONES

La religiosidad popular es experiencial, dinámica, creativa e innovadora. Un hecho social total que agrupa y genera sentido en los individuos. A través de ella se construyen historias y se practican las creencias. Contreras y González (2014) nos recuerdan que los rituales religiosos son polisémicos, que comunican mensajes relacionados con lo sobrenatural, lo económico, lo social, lo lúdico, lo étnico, la identidad y con todo el sistema cultural.

Los Bailes Religiosos, constituyentes de esta religiosidad popular, son entendidos como una tradición, herencia contemporánea, dinámica y contradictoria a veces, que responde a los poderes del momento y atraviesa diversos ámbitos de la vida social (Contreras, R y González, D. 2014). Estos llaman nuestra atención, ya que conocer sus historias y particularidades nos permite aproximarnos al Norte Grande y nos acerca más aún a la comprensión de su religiosidad popular.

Compartimos las ideas de Frittis y Hernández, quienes postulan que los Bailes Religiosos se han consolidado como instituciones, redes de amistad, de apoyo y fe, en definitiva, son familias unidas por la tradición y su característica fundamental es que son verdaderas escuelas que forman a las personas en varios ámbitos de la vida social, enseñan a través de la práctica, por ejemplo, el respeto, la devoción, la disciplina, la palabra, asimismo, a cumplir roles como ser dirigentes o caporales, con funciones sociales, políticas y religiosas concretas (2015: 200).

Foto nº5 Morenos María del Carmen

Proponemos la idea que una forma de habitar el Norte Grande es a través del peregrinar hacia los santuarios populares. Y una de las formas de peregrinar es a través de bailes religiosos. Esto a raíz de la idea de Thomas (2008) quien postula que habitar es una relación entre la tradición y las prácticas que se puntualiza en el paisaje.

La religiosidad popular, espacio de memoria y sentidos de lo colectivo, permite construir y fortalecer el entramado social y cultural de familias y comunidades, que vivencian las creencias católicas a través de la performance, la música y el ritual. Los Morenos en La Tirana nos presentan un modo de hacer sagrado, de inscribir personas, lugares momentos, en esa textura diferencial del mundo-habitado (Martín, 2007: 77).

Parafraseando a Kush (2007:3) podemos concluir que los Bailes Morenos nos permiten tener "la convicción sobre la continuidad del pasado en el presente" puesto que la vida social no es lo que la persona hace, sino aquello que experiencia: un proceso en el que los seres humanos no crean sociedades, sino que, viviendo en sociedad, se crean a sí mismos y unos a otros (Ingold, 1986:202 ss.; Ingold y Hallam, 2007:8 en Ingold 2016:3).

Ahora bien, Ingold (2016) expresa que todo experienciar es recordar. El mismo autor siguiendo al fenomenólogo Bernhard Waldenfels (2004:242), recuerda que: "somos más viejos que nosotros

352

mismos" entonces en el acto mismo de la performance de los Morenos, ellos se encuentran recordando sus historias pasadas, africanas, pampinas y chilenas.

Existen 40 Bailes Morenos que asisten a la fiesta de La Tirana por devoción a la Virgen del Carmen. Año tras año permiten afianzar lazos de solidaridad, memoria, orgullo, e identidad, y ser un ejemplo del dinamismo propio del patrimonio cultural inmaterial, y su capacidad de integrar nuevos escenarios sociales y culturales. la vigencia de los Morenos nos habla de una eficacia simbólica, de una gestión familiar existosa, comunitaria y solidaria.

Este artículo pretende la identificación del fenómeno para encaminar la valorización y trasmisión de este patrimonio en sus distintos aspectos. Visibilizar la manifestación de los Morenos, destacando las razones que le dieron origen y sentido. Pone en valor la expresión, las condiciones de producción, sus rasgos más visibles y materiales; y la lógica social que le dio origen. El Patrimonio Cultural Inmaterial, y los Morenos como tal, nos permiten tener la certeza que pertenecemos a un lugar, relacionar el pasado con el presente y proyectar el futuro, como experiencia subjetiva, que se gesticula, corporiza y contiene pruebas inequívocas de cómo los ciudadanos somos capaces de crear cultura.

Los Bailes Morenos son una práctica, un saber, un sentir que se ha trasmitido entre distintas generaciones de seres humanos, por lo menos por más de 100 años. La transmisión produce inevitablemente innovación. Las prácticas, los saberes y los sentires se resignifican y se apropian. Para muchos de los Morenos, las historias de nuestros territorios o de los mismos bailes son desconocidas, y la realización de la práctica tiene su fundamento en la tradición familiar. Hoy, podemos reconocer que Los Bailes Morenos son la transmisión, hasta el momento, de 3 construcción identitarias.

Figura n°3

Relación entre las 3 identidades que constituyen los Bailes Morenos

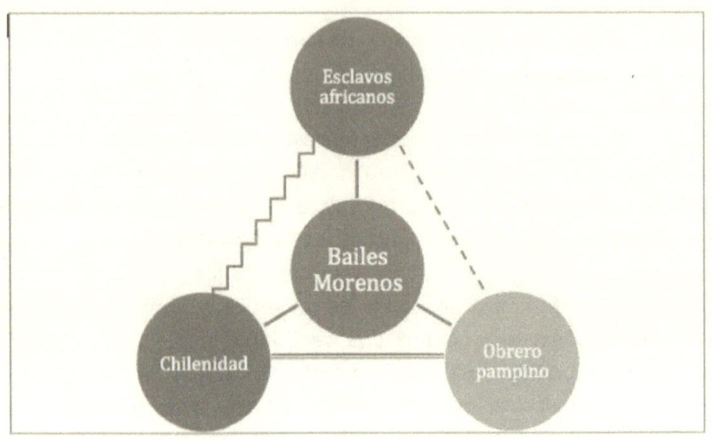

Como se aprecia en la figura n°1, Los Bailes Morenos en sus
orígenes representan a la población de esclavos africanos, lo cual se
relaciona conflictivamente con la identidad nacional del Estado
Chileno que desde fines del XIX intenta invisibilizar la negritud del
pasado colonial en el norte de Chile. Por otro lado, la relación entre los
esclavos africanos y los obreros pampinos, se aprecian como una
relación distante, en que la categoría de oprimidos permitiría visbilizar
una constante. Por otro lado, la chilenidad y lo pampino se unen en
una relación cercana, marcada por el proceso de chilenización y la
escuela nacional. Morenos/Chilenos/Pampinos son las 3 identidades
relevantes a la hora de pensar en este baile devocional, y en como estos
se convirtieron en recursos claves para ocultar o visibilizar sus
identidades, por medio de "la experiencia compartida de pertenencia a
un grupo común que persiste a través del tiempo" (Citro y Aschieri,
2012 :163).

Bailar vestido de Moreno, con una matraca en las manos,
hacerla sonar, saltar, cantarle a la imagen, son acciones de una práctica
que cotidianamente va configurando un entramado de sentido donde
se mixturan elementos de lo social, lo religioso, lo económico y lo
lúdico, en que determinadas formas de comprender el mundo siguen
reproduciéndose, en diversos contextos sociales, en constantes
transformaciones que permite la integración de nuevos elementos,
conformando nuevas dinámicas entre la tradición y la modernidad,
formando así lo popular, definido gramscianamente como una "común

condición de subalternidad" que "permite abarcar sintéticamente todas las situaciones de subordinación y dar una identidad compartida a los grupos que coinciden en un proyecto solidario" (Giménez, 2017: 12).

Generalmente "se nace" Moreno, lo que significa aprender desde pequeño a bailar y a cantarle a la Virgen, conociendo desde esa práctica una forma de peregrinar, de ser católico, de vivir en compañía de primos y amigos danzantes, donde existen normas de comportamiento ligadas a la iglesia católica. Espacios donde se vive la comunidad, donde el hacer y estar en compañía es primordial. Es a través del baile en que se relacionan con la pampa del tamarugal, se trasladan a ese territorio y en tiempo de fiesta se encuentran, recuerdan, crean, fortalecen y proyectan sus vinculos sociales. Siguiendo a Citro y Aschieri (2012) podemos concluir que los Bailes Morenos, tienen la capacidad de representar lo afro, lo pampino y lo chileno, a la vez que pueden producir y resignificar aspectos de la vida social, abarcando significados, conocimientos y sentimientos.

Los Bailes Morenos aportan un testimonio excepcional de una tradición cultural viva[92], ya que a través de ellos se expresan diversas identidades que configuran la historia social de este territorio. Nos revelan como la esclavitud negra, el ciclo del salitre y el proceso de chilenización confluyeron en la formación, desarrollo y vigencia de este tipo de baile antiguo, abundante y diverso.

BIBLIOGRAFÍA

Baumann, Gerd. (2001) El enigma multicultural. Un replanteamiento de las identidades nacionales, étnicas y religiosas. Buenos Aires: Paidós Studio.

---

[92] Se termina este artículo con especial alegría, este 15 de octubre de 2017 en La Estrella de Arica aparece la noticia de que los Morenos de paso ahora son Tesoros Humanos Vivos, ya que la Sociedad de Morenos María Cárcamo, Manuela de Marconi y Corazón de María recibieron este reconocimiento avalado por la Unesco. Sin duda un logro de los Morenos de Arica que asisten a la fiesta de Las Peñas que debe ser valorado y replicado en Tarapacá.

Bravo, Pedro y Guerrero, Bernardo. (2000) Historia y ficción literaria sobre el ciclo del salitre en Chile. Eds. Campus, Universidad Arturo Prat. Iquique.

Briones, Viviana. (2004). Arica colonial: libertos y esclavos negros entre el lumbanga y las maytas. Chungará (Arica), 36 (Supl. espect2), 813-816. https://dx.doi.org/10.4067/S0717-73562004000400022

Candau, Joël (2001) Memoria e Identidad. Buenos Aires: Ediciones del Sol.

Citro, Silvia. (2009) Cuerpos Significantes. Travesías de una etnografía dialéctica. Biblos. Buenos Aires.

Citro, Silvia y Aschieri, Patricia. (2012). Cuerpos en movimiento: antropología de y desde las danzas. Biblos. Buenos Aires.

Crespial. (2013). Salvaguardia del patrimonio cultural inmaterial de los afrodescendientes en América Latina 1. México.

Contreras, Rafael y González, Daniel. (2014) Será hasta la Vuelta de Año: Bailes Chinos, Festividades y Religiosidad Popular en el Norte Chico. Primera edición. Edición Consejo Nacional de la Cultura y las Artes de Chile, Santiago.

Daponte, Jean Franco (2015) El sonido de la esclavitud: discursividades de los bailes morenos en el Norte Grande de Chile. En Saberes para Chile. Memorias de la II Jornada Académica de Investigadores Chilenos en Europa. Asociación de Profesionales, Estudiantes e Investigadores Chilenos en España-APIECHE. Punto rojo libros.

Delannoy, Luc. (2015). Neuroartes, un laboratorio de ideas. Ediciones metales pesados.

Díaz, Alberto. (2011). En la pampa los diablos andan sueltos: Demonios danzantes de la fiesta del santuario de La Tirana. Revista musical chilena, 65(216), 58-97. https://dx.doi.org/10.4067/S0716-27902011000200004

Díaz, Alberto; Martínez, Paula; Briones, Viviana y Pereira, Magdalena. (S/f). Cofradías en los Andes coloniales de Arica y Tarapacá. Dinámicas sociales y sistema de cargos religiosos. Artículo resultado de los proyectos FONDECYT No 1100132 y 1090119.

Espinosa, María. (2013). "Reconstrucción identitaria de los afrochilenos de Arica y el Valle de Azapa". Tesis para optar al grado de Licenciada en Antropología y al título de Antropóloga. Escuela de Antropología, Universidad Academia de Humanismo Cristiano.

Fritis, Katherine y Hernández, Felipe. (2015) Religiosidad Popular mariana en Antofagasta: lo andino, lo minero y la influencia de la iglesia católica. Cuadernos de Teología. Vol. 7, Núm. 2. Universidad Católica del Norte.

González, Sergio. (2006). La presencia indígena en el enclave salitrero de Tarapacá: una reflexión en torno a la fiesta de La Tirana. Chungará *(Arica)*, *38*(1), 35-49. https://dx.doi.org/10.4067/S0717-73562006000100005

Guerrero, Bernardo. (2013). "Chile, aquí tienes a tu madre": chilenización y religiosidad popular en el Norte Grande. Revista Persona y sociedad. Vol. XXVII / N° 3. Universidad Alberto Hurtado. Pp 101-124.

Guerrero, Bernardo. (2015). Religiosidad popular y vida cotidiana en el Norte Grande de Chile" En: Cuadernos de Teología. Vol. VII. No 2 Departamento de Teología. Universidad Católica del Norte. Pp 158-177.

Guerrero, Bernardo. (2017). Chuzos, lápices y matracas: Proletarios poetas y promesantes en el Norte Grande de Chile. Proyecto Dinámicas identitarias en el Norte Grande de Chile: Nación, región y religiosidad popular. No 1141306 Fondecyt. Manuscrito.

Guerrero, Bernardo y Basaure, María. (2017). La victoria de Los Morenos. Proyecto "Puesta en valor digital y formación del capital humano, para el patrimonio intangible de Tarapacá", financiado mediante el Fondo de Innovación para la Competitividad - FIC - del Gobierno Regional de Tarapacá. Universidad Arturo Prat, Iquique.

Hall, Stuart. (2003). ¿Quién necesita identidad? En Cuestiones de identidad cultural, 13-39. Stuart Hall y Paul du Gay (comps.). Buenos Aires : Amorrortu.

Ingold, Tim. (2016). La creatividad que se experiencia. Traducción publicada en revista de Innovación e Investigación en Arquitectura y Territorio. Departamento de Expresión Gráfica y Cartografía. Arquitectura. Escuela Politécnica Superior. Universidad de Alicante. N°5 diciembre 2016

Kusch, Rodolfo. (2007) Obras completas: Pocket. 1° edición. Fundación Ross. Rosario

Lacarrieu, Mónica. (2004). El patrimonio cultural inmaterial: un recurso político en el espacio de la cultura pública local. VI seminario sobre Patrimonio Cultural "Instantáneas locales" organizado por la DIBAM, Chile.

Martín, Eloísa. (2007) "Aportes al concepto de religiosidad popular: una revisión de la bibliografía argentina". En: Ciencias Sociales y religión en América Latina. Carozzi, María julia y Ceriani Cernadas, César (Coordinadores). Editorial Biblios. Buenos Aires, Argentina. Pp. 61-86

Mercado, Javier. (2014). Práctica ritual y tensiones identitarias en las danzas promesantes de la fiesta del Santuario de Ayquina, norte de Chile. Diálogo Andino, (45), 193-213. https://dx.doi.org/10.4067/S0719-26812014000300016

Mercado, Claudio. (2006) Fiestas populares tradicionales de Chile. Convenio Andrés Bello. IPNAC.

Núñez, Lautaro. (1988). La Tirana. Universidad del Norte, Antofagasta.

Ortiz, Renato. (1996). Otro territorio. Ensayos sobre el mundo contemporáneo. Buenos Aires: Universidad Nacional de Quilmes Editorial.

Salinas, Maximiliano. (1991). Canto a lo divino y religión popular en Chile hacia 1900. Ediciones Rehue. Chile

Thomas, Julian. (2008). Archaeology, Landscape and Dwelling. En Handbook of Landscape Archaeology, editado por B. David y J. Thomas, pp. 300-306. Left Coast Press, California.

Uribe, Juan. (1976). Fiesta de La Tirana de Tarapacá. Ediciones Universitarias de Valparaíso. Segunda edición. Valparaíso.

Unesco. (2011). Patrimonio Cultural Inmaterial. En línea: https://ich.unesco.org/doc/src/01856-ES.pdf

Van Kessel, Juan. (1970). Los Bailes Religiosos de Tarapacá y Antofagasta. Una sub-cultura en vía de transformación integrativa. Presentado en FLACSO-ELAS. Santiago.

Van Kessel, Juan. (1987). El Desierto Canta a María. Ediciones Mundo, Santiago.

Web

Enciclopedia de La Tirana. En línea: http://www.tarapacaenelmundo.cl/index.php/patrimonio/religiosid ad-popular/la-tirana-del-tamarugal

Africana. En línea: http://www.memoriachilena.cl/602/w3-article-93990.html

1930 Morenos. En línea: http://fiestadelatirana.cl/1930-morenos

Prensa

La Estrella de Arica. *Morenos de paso ahora son Tesoros Humanos Vivos.* Página 8. 15 de octubre de 2017. En línea: http://www.estrellaarica.cl/impresa/2017/10/15/full/cuerpo-principal/8/texto/